民国档案修复技术手册

中国第二历史档案馆 编

九州出版社 | 全国百佳图书出版单位

图书在版编目（CIP）数据

民国档案修复技术手册 / 中国第二历史档案馆编；
邵金耀主编. —北京：九州出版社， 2021.8
　　ISBN 978-7-5225-0324-0

　　Ⅰ．①民… Ⅱ．①中… ②邵… Ⅲ．①档案修复—手
册—中国—民国 Ⅳ．①G272.4-62

　　中国版本图书馆CIP数据核字（2021）第148545号

民国档案修复技术手册

作　　者	中国第二历史档案馆　编	
责任编辑	张万兴　姬登杰	
出版发行	九州出版社	
地　　址	北京市西城区阜外大街甲 35 号（100037）	
发行电话	（010)68992190/3/5/6	
网　　址	www.jiuzhoupress.com	
印　　刷	鑫艺佳利（天津）印刷有限公司	
开　　本	720 毫米 ×1020 毫米　16 开	
印　　张	16	
字　　数	226 千字	
版　　次	2021 年 8 月第 1 版	
印　　次	2021 年 8 月第 1 次印刷	
书　　号	ISBN 978-7-5225-0324-0	
定　　价	158.00 元	

审　稿　曹必宏

主　编　邵金耀

副主编　陆　君　邹素珍

参　编　王伟郦　李光发　王泽川　李　宇

　　　　汪一珺　吴静雷　王　琦　窦　茜

目　录

绪　论

档案是指过去和现在的机关、团体、企业事业单位和其他组织以及个人从事经济、政治、文化、社会、生态文明、军事、外事、科技等方面活动直接形成的对国家和社会具有保存价值的各种文字、图表、声音等不同形式的历史记录[1]。从新修订的《中华人民共和国档案法》对档案的定义看，档案有四个方面的内涵。一是档案的主体。档案是各类组织或者个人在特定的社会活动中形成的，记录其社会活动具体情况的各种材料，档案的主体不仅是指机关、企事业单位，也包括其他社会组织和个人。另外，档案的主体既包括现在的，也包括过去的。二是档案的形式。档案作为一种信息，依附于特定的载体。档案的形式就是指档案信息载体的形式。档案的记录方式具有多样性的特点，除了文字以外，还包括图表、声像等其他形式，与此相对应的，则是档案载体的多样性。不同的记录方式，可以体现在不同的载体上，如以文字记录方式体现的档案，其载体可以是竹简、纸张、胶片等；以声像记录方式体现的档案，其载体可以是唱片、胶片、磁带。三是档案的价值。档案是保存备查的各种形式和载体的记录，如公文、手稿、照片、录音录像、业务数据、电子邮件、网页文件、社交媒体信息等各类材料，需要具有特定的价值。档案应当是对国家和社会有保存价值的记录。所谓对国家和社会具有保存价值，既包括具有

1　《中华人民共和国档案法》（2020 年修订）第一章第二条。

现实查考使用的价值，也包括对历史、科学技术、艺术、教育等方面研究、查看的价值。四是档案的属性。档案是原始的历史记录，也是直接的真实记录，这是档案区别于其他各种资料的主要特点和本质属性。档案不同于一般的历史遗物，它是以具体内容反映其形成主体在从事特定社会活动情况的历史记录物，具有很强的记录性，因而具有很高的查考价值。同时，档案也不同于一般的信息资料，与情报资料、图书、文献等其他信息资料相比，它是特定主体在特定的社会活动中直接形成的具有保存价值的文件等材料，而不是事后编写或者随意收集的材料，因而具有原始性、真实性的特点。从档案的内涵看，档案是国家经济社会发展全方位活动的历史记录，是不可再生、不可替代的宝贵资源，是文明传承、历史延续的重要载体，在社会文明、历史发展中具有重要价值。习近平总书记指出，档案工作是一项非常重要的工作，经验得以总结，规律得以认识，历史得以延续，各项事业得以发展，都离不开档案。档案作为党和国家各项工作和人民群众各方面情况的真实记录，是促进我国各项事业科学发展、维护党和国家及人民群众根本利益的重要依据。档案工作是党和国家事业发展、社会治理过程中不可或缺的一项基础性、支撑性的工作，也是经济社会发展水平和文明程度的一个重要指标。档案工作存史资政育人，是一项利国利民、惠及千秋万代的崇高事业，在中国特色社会主义新时代，在中华民族伟大复兴新征程中，档案和档案工作必将发挥越来越重要的作用。

一、民国档案的形成历史及概况

1912年1月1日，孙中山在南京就任中华民国临时政府临时大总统，民国纪年开始。中华民国仅走过了38年的历史。民国历史虽然短暂，但形成了南京临时政府、民国北京政府、南京国民政府、伪满洲国和汪伪政权等中央和地方各级行政机关，中国国民党和其他党派、团体，文教卫生和科研部门，工商企业、外国驻华机构以

及著名人物等大量档案。目前，全国（不含港、澳、台地区）各级国家综合档案馆
保存的民国档案数量达1300余万卷[1]。

（一）民国档案的形成历史 [2]

新中国成立后，中央人民政府十分重视档案工作，及时接管和妥善保管旧政
权留下的档案资料。1949年10月25日，中央人民政府政务院第二次会议决定，组织
以陈云副总理为主任的政务院指导接收工作委员会，负责统筹指导与处理有关国民
政府中央机关人员、档案、图书、财产、物资等接收事宜。1950年1月5日，中央人
民政府政务院总理兼外交部部长周恩来发表声明：所有前国民党政府驻外使领馆及
前国民党派驻外国的办事机构和办事人员，"在中央人民政府接管以前均应照旧供
职，并负责保护一切资产、图表、账册和档案，听候清点和接管"。同年1月9日，
周总理又命令原国民党中央政府和地方政府驻香港的办事机构主管人员和全体员
工，"务必各守岗位，保护国家财产、档案，听候接收"，并重申："保护国家财
产有功者，将予以奖励，如有偷窃、破坏、转移、隐匿者必予重办。"

南京和上海是国民政府的政治、经济中心，是民国档案的主要集中地。南京解放
后，1949年5月，军管会接收原国民政府国史馆所藏档案，档案内容包括清代内务府及
民初内务部、内政部、内政部警察总署、行政院、军事委员会等机构档案，总计127箱
又4144捆，因一时无法清点、统计，具体案卷数量不详。1949年12月，政务院指导接
收工作委员会华东工作团在南京设立办事处，负责处理国民党政府中央机关的接收工
作，调用国民党中央各部会署及其所属机关原保管人员和在华东人民革命大学南京分
校学习人员（大多是国民政府中央各部会署的旧职员）200人，分赴各旧机关，挑选中
央人民政府各部会署所需档案和图书。由于时间所限，除慎重挑选出一小部分运往北

---

1 全国民国档案目录中心根据全国31家省、自治区、直辖市国家综合档案馆上报的民国档案案卷
   数量汇总的数据（截至2020年年底）。
2 曹必宏主编. 光辉历程——中国第二历史档案馆60年 [M]. 北京：九州出版社，2011：2-25.

京外，仍有大量档案来不及清点、整理。华东工作团在南京接收的档案和图书，包括40多个单位，档案总数100余万宗，图书300余万册。

西南地区是中国抗日战争的大后方，也是国民政府溃逃台湾时的最后地点，遗弃档案数量庞大。1950年1月16日，陈云副总理电示：西南原国民党中央各机关的档案资料等，应责成地方接管机关妥为保管，等待政务院决定处理办法。3月16日，周恩来总理电示西南军政委员会：应有组织、有系统地搜集集中原国民党散在成渝两地的档案。4月15日，重庆成立"原国民党中央机关档案清理委员会"，对国民党中央机关的档案进行审核分类、造具造册。经初步统计，清点审核69个单位共11192箱71763卷6634宗357502件194043册150捆档案、76箱1336册100本图书、5768张图表，造具档案清册共53册；5月8日，"原国民党中央机关档案清理委员会"成都总分会成立，接收清理档案2634箱又192188件（册）。

此外，各地军管会按照中央人民政府的指示，着手开展国民党政府各机关人员、档案、图书、财产、物资等接收工作。在中央人民政府的高度重视下，大量分散、遗弃在全国各地的民国档案得到及时、有效的集中和保护。此后，综合考虑各方面情况，国家决定将全国各地收集的民国档案实行集中统一管理，历届中央政权及其直属机构的档案由中国第二历史档案馆保管，地方档案仍留存在地方各级档案馆自行保管，民国档案保管体系初步形成。

（二）民国档案收藏概况

为集中管理国民党政府机关档案，1951年2月，中国科学院近代史研究所成立了专门负责集中保管旧政权档案的南京史料处理处。该处成立后，陆续接收了南京、成都、重庆、昆明、广州和上海等地国民政府中央机构的档案，奠定了馆藏档案的基础，后在此基础上成立了中国第二历史档案馆（以下简称"二史馆"）。至2020年，二史馆收藏档案数量达258万余卷。主要包括：

1. 孙中山及南京临时政府档案。1912年1月至3月，南京临时政府时期形成的档案。

这部分档案虽然不多，但极为珍贵，其中有不少是孙中山亲自批示和签发的文件。

2. 民国北京政府档案。1912年3月，袁世凯在北京建立民国中央政府，至1928年6月，张作霖退出北京这一时期形成的档案。

3. 南方革命政权档案。孙中山在广州成立的护法军政府及广州国民政府、武汉国民政府档案。

4. 南京国民政府档案。二史馆典藏民国档案主体，包括国民政府五院、中央各部会署及所属机关档案，国民党中央及各机构档案。

5. 日伪档案。主要是汪精卫伪中央政府、伪华北临时政府和日本侵华机构的档案。

6. 人物档案。包括蒋介石日记抄本、陈布雷日记、邵元冲日记及张大千等艺术家的作品等。

除二史馆外，全国31个省、自治区、直辖市档案馆也都藏有数量不等的民国档案，据初步统计，截至2020年底，共有1100余万卷。这些档案基本上都是地方档案，具有显著的地方特色，与二史馆的民国档案互为补充，反映了民国时期社会各方面的历史状况和社会风貌。

台湾地区也是民国档案典藏数量较多的地区。国民党败退台湾时，带走了一部分重要的机关和个人档案。据初步估计，台湾各机构典藏的民国档案总数约60万卷。基本情况如下。

1. "国史馆"藏民国档案：主要有国民政府及其院部会署档、蒋中正个人档，以及阎锡山、汪兆铭、戴笠等个人档，台湾省行政长官公署及台湾省政府档，专藏档案等。

2. 国民党中央党史馆藏民国档案：主要有国民党党史沿革档、党务会议记录及组织专档、特种档案、重要人物档等。

3. "中研院"近代史所藏民国档案：主要有清末与北洋时期外交档、经济档案，"中研院"院史资料，台湾"二二八"事件档案资料等。

4. "国史馆台湾文献馆"（台湾文献委员会）藏民国档案：主要有日据时期台

湾历史文件，包括台湾总督府档案、台湾总督府专卖局公文类纂、台湾拓植株式会社文书等。

5.台湾"档案管理局"藏民国档案：主要有"府""院"政策档、"立法""监察"档、"司法"档、内务人事档、"外交侨务"档、经贸教育档、交通文化医疗档等，另有国民党军沿革史、年鉴与要案纪实档案、战史档案、重要将领档案、各重要单位工作报告及会议记录等。

二、民国档案保护状况概述

民国档案形成于20世纪上半叶，其时，中国社会处于半殖民地半封建状态，内忧外患，战争持续不断，社会生产力极其低下。在这种背景下，民国档案自形成之初就状况不佳，加之上百年的自然老化和保管条件不善，档案破损、霉烂、虫蛀、鼠咬等病害情况严重。下面结合二史馆馆藏档案状况，以档案破损情况为例，说明民国档案病害严重程度。

（一）民国档案破损情况

为了解民国档案破损情况，2015年，二史馆对馆藏民国档案破损情况进行了摸底调查。本次摸底调查共检查档案120个全宗18917卷，共2641597页，其中破损页数达1169053页，平均破损率为44.25%。具体情况见表1。

表1 二史馆馆藏民国档案破损情况调查表

序号	抽查内容	全宗数	案卷数	总页数	破损数	破损率
1	未数字化档案	36	2477	436446	178466	40.89%
2	已数字化档案	84	16440	2205151	990587	44.92%
	合 计	120	18917	2641597	1169053	44.25%

从摸底情况看，民国档案破损情况比较严重。此外，民国档案其他病害情况也相当普遍，如档案酸化、霉斑、褪色、扩散等。总之，民国档案的整体保护状况堪忧。

（二）民国档案破损原因

民国档案破损比例较高，破损情况严重，与档案制成材料的性能、社会背景以及档案保管条件等密切相关。民国档案形成之初，受社会客观条件限制，档案制成材料（纸张、字迹）耐久性不佳，连续不断的战争使档案缺乏稳定安全的保管环境。档案保管条件比较简单，基本处于自然条件下的保管状态。解放后，新中国百废待兴，民国档案保管条件一时也无法改善。民国档案保存至今已有百余年，档案制成材料的自然老化也是档案变质破损的一个重要因素。

1. 客观条件制约

纸质档案是由纸张和字迹组成的。民国时期档案用纸主要有手工纸、国产机制纸、进口机制纸三种。手工纸是民国档案用纸的主要类型之一，但手工纸没有统一的技术规范和质量标准，都是手工作坊按照传统习惯和自身经验进行生产，致使手工纸产品质量参差不齐。民国时期社会动荡、战火不断，手工纸生产没有稳定的外部环境，生产技术不能发展，生产原料时常短缺，在这种客观条件制约下，手工纸面临的主要问题是保生产、保供应，质量问题就顾之不及了；国产机制纸基本上是照搬西方技术生产的产品，文化用纸主要以禾本科植物纤维为主要成分，新闻纸、书刊纸主要以磨木浆为主要原料制成，因为原料和工艺问题，两种机制纸的耐久性都不理想；进口机制纸（也称道林纸）基本上以化学木浆为主，纸张质量较好。因此，进口机制纸在国内纸张市场上竞争力较强，用量超过国产机制纸。受造纸技术的限制，当时机制纸都是酸性的，而纸张酸化是影响档案耐久性的主要因素，这也是导致民国档案破损变质的一个重要内在因素。

民国时期经济发展水平极低，社会动荡不定，民国档案安全保管缺乏坚实的经济基础和稳定的社会环境，这是当时客观条件所决定的。民国档案自形成之初就一直处于自然保存状态，环境变化对档案耐久性影响较大。高温高湿环境加速档案制成材料的老化，加快档案病害发生，对民国档案耐久性产生了直接的影响。民国时期战争持续不断，民国档案不停搬迁、转移，直接、间接毁于战火的民国档案不计其数，长期恶劣的保管环境使民国档案遭受了巨大损失。

2. 保管条件影响

中华人民共和国成立后，党和国家高度重视民国档案保护工作，及时将民国档案进行分类集中保管，建立民国档案集中保管机制，为民国档案的长期安全保管打下了坚实基础。解放初期，新中国百废待兴，基础薄弱，一时还没有能力全面改善民国档案保管条件。据二史馆档案记载，接收的档案主要保存在淮海路原"国史馆"简易平房和中山东路"中国国民党中央党史史料陈列馆"宫殿楼两处地方。淮海路平房本来质量就很差，国民党时期又没有修理。史料整理处接收时，房屋已经出现房顶破漏、墙壁倾裂、地板折损、电线残毁等各种破损情况；中山东路房屋条件比淮海路相对要好，但宫殿楼当时也已经建成有15年之久，有些地方开始出现渗漏现象，需要进行维修。南京解放后，档案组接收的档案都存放在这栋楼内。除一楼留下两三间作为办公、宿舍之用外，所有楼上下的房间、走廊和走道，到处堆满箱箧和麻袋，档案数量约80万宗。史料整理处成立之初，几乎每年都进行库房维修工作，通过维修库房，改善档案保管条件，加强档案安全保管。新中国成立之初，全国各地民国档案保管情况也大致如此。

随着国家经济形势的逐步好转，档案库房建设提上议事日程。1957年，二史馆开始建设第一栋档案库房，至1990年，共完成4栋民国档案库房建设工作，建筑面积合计达15000平方米，民国档案安全保管条件大为改善。但遗憾的是，20世纪90年代以前，档案库房还没有空气调节系统，只能依靠人工因地制宜开展库房温湿度控制工作。如采取在库房屋顶铺设保温棉、加强门窗密闭、在窗户上加装泡沫保温板、利用除湿机去湿等措施，控制库房温湿度。虽然这些方法在一定程度上有效缓解了库房温湿度的波动，延缓了民国档案老化受损的速度，但库房温湿度条件距离科学规范的要求还相差甚远。从民国档案集中保管到20世纪90年代40年的时间，民国档案的保管条件一直未能得到有效改观，保管条件不佳，对民国档案病害发生产生了明显的影响。

3. 自然老化因素

民国档案保存至今已有百余年的历史，档案制成材料的自然老化也是民国档案病害发生的另一个重要原因。档案自然老化既有内部原因也有外部原因，内部原因包括制成材料的组成、生产工艺等；外部原因即外部环境因素，包括高温高湿、光线、酸性气体、氧化等。

纸张的主要成分是纤维素、半纤维素和木质素。这些物质能与水、氧化剂等物质发生水解、氧化和光解等化学反应。因此，任何纸张都会发生自然老化情况。相对而言，纤维素的稳定性最好，半纤维素的稳定性不如纤维素，木质素的稳定性最差。在外部环境相同的情况下，木质素含量高的纸张老化速度快，纤维素含量高、木质素含量低的纸张老化速度慢。当然，纸张的生产工艺也会对纸张的自然老化产生一定的影响，如制浆过程中的酸性物质残留、漂白过程中的氧化剂残留、施胶过程中的酸性施胶剂等均会对纸张耐久性产生不利影响。

民国档案纸张主要以禾本科植物纤维为原料，禾本科植物纤维的纤维短、纤维素含量低、木质素含量高、杂细胞多，用禾本科植物纤维造出来的纸张强度低、耐久性差，容易发生老化变质。民国时期的新闻纸、书刊纸很多是以机械木浆为原料制成的，纸张中含有大量容易氧化的木质素，木质素氧化后产生氧化木质素，使纸张发黄变脆。当然，纤维素、半纤维素的氧化以及纸张的酸性施胶等因素也会引起纸张的发黄变脆。因此，民国档案纸张的原料和成分耐久性不佳，自然老化的速度更快，自然老化产生的病害程度更加严重。

三、中国第二历史档案馆民国档案修复历史

二史馆是新中国成立最早的档案馆之一，也是开展档案修复工作较早的档案馆。通过对二史馆民国档案修复历史的回顾，可以进一步加深对民国档案修复历史和修复工作的理解和感悟。

（一）民国档案修复工作起步

史料整理处成立之初，工作人员发现，有相当比例的档案出现了鼠咬虫蛀、潮湿霉变的情况，急需抢救修复。因档案破烂影响档案整理工作，史料整理处立即着手开展档案修复工作。二史馆现存最早的档案修裱工作记录是1955年5月的档案保管组工作总结，"裱糊与装订职员录21册"[1]。从这份记录看，民国档案修复工作至少在1955年上半年就已经开始了。1955年下半年，为适应形势需要，史料整理处抽调人手，在档案保管组内设立修复室，有组织、有计划地开展档案修复工作。"1955年下半年，我组开展了特殊性的任务，即配合国家各项运动而开展档案调阅使用工作——我组自开展档案调阅使用工作，乃组织目录室、阅览室、修复室等。"[2]

解放初期，新中国档案事业刚起步，缺乏档案管理专业人才，档案修复工作更是如此。当时，史料整理处发挥旧政权留用人员特长，利用他们担任过图书、档案整理员的经历，积极开展民国档案抢救修复工作。有了师傅，工作就开展起来了，后来抽调人员，成立机构，扩大规模，民国档案修复工作步入正常轨道。

（二）民国档案修复技术的发展

在二史馆70年的发展进程中，民国档案修复技术在不断地进步和发展。例如，档案干燥方法的改进、修裱过程的质量控制、新技术的运用等。

---

1 "1955年4月份档案保管组工作总结"，二史馆档案，卷号5516。
2 "档案保管组五年来（1953—1957）工作总结"，二史馆档案，卷号5722。

　　民国档案修复工作之初，修裱档案的干燥方法是将修裱后的档案夹在报纸中（先将报纸装订成册，一般30张报纸一册），一般是每页夹2张档案，然后将报纸放置在炕上进行烘干。这种干燥方法比较简单，解决了批量档案的干燥问题，保证了修裱工作的正常开展。一直到20世纪80年代中期，都采用这种档案干燥方法，使用时间长达30年。不足之处是遇到阴雨天或梅雨季节，档案不容易干，需要将档案从原来的报纸夹中换到另外干的报纸夹中继续干燥，增加劳动量，影响修裱工作进度。此后，开始采用大墙和活动板（纸绷）的方法干燥档案。大墙是我国传统的修裱干燥工具，干燥速度快，干燥后的档案比较平整，但这种方法只能解决少量档案的干燥，如果修复量大，就需要有足够大的场地。为了解决批量档案干燥问题，又开始利用木质活动干燥架和密闭加去湿的方式解决修裱档案干燥问题。

　　修裱过程中的质量控制，既反映了修复人员的技术水平，也是保证档案实体安全的重要手段。修复人员严格按照传统修裱技术要求和档案修裱安全管理要求开展工作，加强修裱过程中档案修裱质量的控制，保证档案实体安全。例如，民国档案中染料墨水字迹比较常见，包括纸张中的红色线条，这些字迹在遇水后大部分会发生扩散。修复人员在早期就发现了这个问题，并积极想办法解决这个难题。先是采用干浆糊修裱，减少纸张吸水量，以降低字迹扩散程度，但使用这种方法修裱后的档案不平整，影响修裱质量。后来又采用在字迹上涂动物油的办法，把字迹和水隔离开来，防止字迹遇水扩散，这种办法基本解决了字迹扩散问题。为了提高修复工作质量，修复人员还尝试开展纸浆修复技术，"在裱糊破损档案时除原有浆子裱糊方法外，又试验了用纸浆裱糊法，增设了纸浆修补档案的简易设备，基本掌握了纸浆修复文件的技术"[1]。

　　受全国技术革新形势的鼓舞，修复人员根据工作需要，积极开展技术革新项

1　"档案史料整理处 1959 年工作总结""保管利用组工作总结"，二史馆档案，卷号 5910。

目，"革新的项目有裱糊机（首创的项目）——最初研究用机器喷水，后来又想出机器喷浆，下纸、揭纸、烘干等，总之想把裱糊工作的全部过程连成一条线，制成一架比较切实可行的裱糊机来"[1]。为了提高修裱质量，修复组在吸取外单位经验的基础上，积极开展了多种新技术的试验探索，"1.用高锰酸钾加草酸除霉；2.用明矾溶液防止字迹扩散；3.以化学浆糊为主裱糊档案；4.用塑料布代替油布（修裱的档案比原来平整，修裱的时候，字迹容易对齐）"[2]。修复组与文物部门合作，引进丝网加固设备，开展双面字迹档案的加固工作；为加快修裱工作进度，尝试引进修裱机，开展机器修裱工作；对待档案砖的问题，修复人员也进行了积极的尝试。初期用开水烫、隔水蒸的办法进行尝试，后来又用抽负压、冷冻等方法进行试验，积累了宝贵的经验，许多档案砖得到了及时有效的抢救和保护。

（三）民国档案修复工作业绩

经过70年不懈努力，二史馆几代档案修复工作者脚踏实地、开拓进取，完成700余万张民国档案抢救修复工作，为历史文化遗产保护工作作出了重要贡献。为了更好地了解二史馆民国档案修复工作业绩，根据有关档案记录，现将二史馆历年修复民国档案工作情况汇总成表2。

表2 二史馆馆藏民国档案修复工作情况统计表

年代	档案名称	数量（张）	备　注
1955	职员录	2100	档案保管组1955年工作总结，卷号5516。材料上记录的是21册，我们按每册100张换算为2100张
1956		23152	该数据是根据当时工作情况和以后的统计数据推断出来的
1957		28313	档案保管组五年来（1953—1957）工作总结，卷号5722
1958	霉烂档案	24836	南京史料整理处1958年工作总结，卷号5828

---

1 "技术革新（1960年3月至6月）小结"，二史馆档案，卷号6012。

2 "技术组1980年工作总结"，二史馆档案。

年代	档案名称	数量（张）	备　注
1959		6030	保管利用组工作总结，卷号 5910。在 5839 卷中有一本小册子，对史料整理处 9 年来各方面的工作进行了汇总，其中在档案保管利用组情况介绍中提到，九年来共修复档案 84431 张
1960		1738	对虫蛀破损的 15 个卷共 1738 张文件进行修补裱糊，卷号 6004
1961	霉碎档案	14422	南京史料整理处 1961 年工作总结，卷号 6113
1962	霉损档案	15884	1962 年工作总结，卷号 6201
1963	破碎的、价值较大的	20836	1963 年工作总结，卷号 6309
1964	行政院等	35617	技术组 1964 年工作小结及 1965 年工作计划
1965	财政部	11218	技术组第一季度工作小结及第二季度工作计划，技术组 1965 年第二季度工作情况汇报
1966– 1976			"文革"期间，资料缺失，统计数据不完整。1966—1969 年、1974—1976 年共 7 年没有修裱工作记录，1970 年只有半年的记录。据当年工作的老同志回忆，这一时期修裱工作一直未停
1970		2644	上半年工作总结（1970.8.15），卷号 7001
1971		21113	清档办公室 1971 年工作总结，卷号 7102
1972		22276	清档办公室 1972 年工作总结，卷号 7201
1973		44759	1973 年工作情况总结，卷号 7306
1977		1372	关于中国第二历史档案馆情况的汇报（1977.6），卷号 7701
1978	财政部等	10961	1978 年工作总结，卷号 7806
1979	北洋等	15372	保管利用部 1979 年工作总结和 1980 年工作打算，二史馆档案
1980	北洋	15469	1980 年工作总结，卷号 8006。截止到 1980 年共修裱档案 320126 张
1981	北洋、南京临时政府	14120	1981 年工作总结，卷号 8106
1982	北洋、南京临时政府	9101	技术组 1982 年度工作总结

续　表

年代	档案名称	数量（张）	备　注
1983	南京临时政府	10608	1983 年工作总结，卷号 8306
1984	南京临时政府	12447	1984 年工作总结，卷号 8401
1985	南京临时政府、大元帅大本营	9706	其中字画 42 幅，技术室 1985 年工作总结
1986	大元帅大本营、广州国民政府等	12275	其中字画 4 幅，丝网加固 100 张。技术室 1986 年工作总结
1987	大元帅大本营、广州国民政府等	65120	技术室 1987 年工作总结。为了加快档案修裱进度，向部队租房扩大了修裱场所，成立了档案修复社
1988	国防部史政局、蒙藏委员会	1049661	修复社 1988 年工作小结
1989	北洋、国防部史政局	911888	技术室 1989 年工作总结
1990	国防部史政局、蒙藏委员会	244648	其中字画 18 幅。技术室 1990 年工作总结。到 1990 年底，共完成档案修复 2659534 张
1991	行政院	187732	其中字画 48 张。技术部 1991 年工作总结
1992	行政院	160342	其中字画 31 幅。裱糊组 1992 年工作总结
1993	行政院、中央大学	232713	其中字画 65 幅。1993 年工作总结，卷号 9303
1994	中央大学、云南特派员公署等	287457	其中字画 4 幅。技术部 1994 年工作总结
1995	总统府、云南特派员公署、黎元洪等	186876	其中字画 21 幅，拓片 171 张。技术部 1995 年工作总结
1996		192904	1996 年工作总结，卷号 9608
1997	财政、教育等	151465	其中字画 70 幅。技术部 1997 年工作总结
1998	总统府、2188 零散档案	31606	其中字画 50 幅。技术部 1998 年工作总结
1999	2188 零散档案	900	其中照片 15 张，字画 45 幅。1999 年技术部工作总结
2000	钱币、字画	220	其中钱币 106 枚，字画 114 幅。2000 年技术部工作总结
2001		21200	其中字画 87 幅。2001 年工作总结，卷号 200105

年代	档案名称	数量（张）	备　注
2002		8189	其中机器修裱档案 6360 张，手工修裱 1785 张，字画 44 幅。2002 年部门工作总结
2003	财政	53366	其中字画 26 幅，丝网加固 9 张。2003 年部门工作总结
2004	财政	37080	2004 年工作总结，卷号 200405
2005	财政	62070	2005 年工作总结，卷号 200520
2006	财政	72358	其中机器修裱 60075 张，手工修裱 11973 张，丝网加固档案 310 张。技术部 2006 年工作总结
2007	财政、中研院	81947	其中丝网加固 279 张。技术部 2007 年工作总结
2008	教育部、中研院等	58601	其中机器修裱 53325 张，手工修裱 5070 张，丝网加固 148 张，修裱商标档案 58 枚。技术部 2008 年工作总结
2009	教育部、外交部、社会部、农林部、国史馆等	77915	其中机器修裱 72350 张，手工修裱 5515 张，丝网加固 50 张。技术部 2009 年工作总结
2010	教育部、外交部、社会部、农林部、国史馆等	148290	其中机器修裱 128700 张，手工修裱 19550 张，丝网加固 40 余张，修复商标档案数十枚。技术部 2010 年工作总结。到 2010 年底，共完成档案修复 4714012 张
2011	社会部、中执会、设计局、农林部、国史馆等 14 个全宗	128678	其中机器修裱 84257 张，手工修裱 42925 张，丝网加固 1170 张，补洞 250 张，修复海疆项目地图（大尺寸）41 张，孙文宣言 1 张，字画 4 幅，商标 30 枚。技术部 2011 年工作总结
2012	蒙藏委员会、最高法院、党史编撰委员会、财政等 6 个全宗	179520	其中机器修裱 88900 张，手工修裱 84430 张，丝网加固 6190 张。技术部 2012 年工作总结
2013	金陵女子学院、金陵大学、中央训练部、兵工署、中宣部、财政等 12 个全宗	267387	其中机器修裱 179663 张，手工修裱 71061 张，丝网加固 12111 张，补洞 4552 张。技术处 2013 年工作总结
2014	经济部、财政部、交通部、北洋等	288286	中国第二历史档案馆 2014 年数字化项目绩效报告
2015	海关总署、汪伪立法院、警政部、内政部等	358322	2015 年数字化项目修裱产出数量指标为 34 万张，按序时进度，到 8 月底应完成 226666 张

年代	档案名称	数量（张）	备　　注
2016	财政部、教育部、交通部等 30 个全宗	312491	手工修复 158900 张，机器修裱 142627 张，丝网加固 8630 张，补洞 1672 张，揭裱 662 张
2017	财政部、主计部、立法院等 49 个全宗	292869	其中手工修复 127640 张，机器修裱 157490 张，丝网加固 5540 张，补洞 1324 张，揭裱 875 张
2018	公路总局、资委会运务处、赈济委员会等 10 个全宗	190386	其中手工修复 186295 张，丝网加固 1613 张，补洞 2478 张
2019	公路总局、中国茶叶公司、财政部贸易委员会等 9 个全宗	200122	其中手工修复 192916 张，丝网加固 1032 张，补洞 6174 张
2020	公路总局、审计部、四联总处等 6 个全宗	110872	其中手工托裱 94242 张，修补 7344 张，丝网加固 2594 张，揭砖 6692 张
合　计		7039850	1955 年的 21 册按 2100 张估算（每册按 100 张计算）

四、编写本书的目的及意义

如前所述，民国档案是民国历史的真实记录，是国家和民族珍贵的历史文化遗产。民国档案在服务经济和社会发展、服务党和国家中心工作及祖国统一大业方面具有重要和独特的价值。随着中国特色社会主义进入新时代，民国档案在推进国家治理体系和治理能力现代化进程中，在传承中华优秀传统文化，继承革命文化，发展社会主义先进文化，增强文化自信，弘扬社会主义核心价值观等方面，必将发挥越来越大的作用。但从目前来看，民国档案病害情况严重，大量受损民国档案急需抢救修复。民国档案的重要和独特价值是做好民国档案抢救修复工作的必然要求。

档案修复工作是档案馆的一项重要基础工作，也是体现档案馆自身特点的一项重要业务工作。二史馆是全国收藏民国档案数量最多的国家档案馆，也是最早开展民国档案修复工作的档案馆。二史馆几代档案修复人员脚踏实地、开拓进取、默默奉献，在民国档案抢救修复工作中作出了突出贡献。特别是近10年来，国家投入了大量的物力、财力，民国档案修复步伐加快，工作人员大幅度增加，工作场所、工作条件明显改善，每年平均完成的民国档案抢救修复数量达20万张左右。但同时，我们也清醒地认识到，民国档案破损情况严重，亟待抢救修复的民国档案数量庞大。因此，民国档案抢救修复工作不仅具有紧迫性、必要性，同时也是一项长期、艰巨的任务。

民国档案修复工作不仅需要财力、物力支撑，更需要一大批具有专业知识和工匠精神的专业修复人员。但是，随着大批长期从事档案修复专业人员的退休，档案修复人员青黄不接的现象十分突出。同时，限于人力、技术等客观条件的制约，大多数民国档案的抢救修复工作目前都是以服务外包的形式进行，外包人员的业务基础、操作水平和档案意识等各不相同，民国档案修复质量参差不齐，民国档案修复不科学、不规范的情况时有发生。如果馆方缺乏专业的监督、检查，就会导致不当修复后的档案或修复质量不合格的档案回到库房，给民国档案长期安全保管造成一定威胁。因此，编写一本对民国档案修复技术具有指导性和可操作性的工具书尤为必要。

在二史馆成立70周年之际，为总结民国档案修复工作历史，吸收民国档案修复最新技术成果，我们组织编写了《民国档案修复技术手册》（以下简称《手册》）。《手册》全部由直接从事民国档案修复和保护技术工作的同志编写，其中绝大多数是青年同志，他们都是通过国家公务员考试陆续进入二史馆修复岗位的，具有良好的专业基础，同时又从事了几年乃至十余年的实际修复工作，积累了一定的实践经验。在实际工作中，年轻人发挥自身优势，用理论指导实践，在实践中丰富理论，迅速成长为新一代民国档案修复专业技术人员。本《手册》的主要特点是，系统总结了民国档案的来源、组成以及民国档案修复工作的历史；以二史馆民国档案修复工作的历史成就，真实展现了新中国民国档案修复事业不平凡的发展历史；以民国档案实体案卷为样本，采用高清数字化图片，直观、清晰地展示了民国档案纸张和字迹病害的客观状况，为读者深入学习和研究民国档案病害情况提供了第一手资料；科学地提出了民国档案修复规则与要求，结合民国档案修复技术发展成果，吸收最新档案修复科研规范，确立了民国档案修复工作的基本原则、总体要求和工作流程，为科学开展民国档案修复工作提供了根本保证；全面展示了民国档案修复操作过程，并以二史馆馆藏民国档案珍品修复为例，全方位展示民国档案修复技术的步骤和细节，为爱好者学习档案修复技术提供了生动的教材，为档案修复工作者开展民国档案修复工作提供了科学指导。

档案修复技术是档案保护技术中的一项专业技术，中国人民大学的档案保护技术学系列教材、国家档案局档案科学技术研究所编写的《档案保护技术实用手册》对纸质档案的修裱、修复都有深入的论述和研究，冯乐耘教授主编的《中国档案修裱技术》，对纸质档案修裱技术进行了专门的总结和研究，部分档案馆也结合实际工作编写了一些纸质档案修裱内部参考用书，但针对民国档案修复技术编写工具书尚属首次，希望本《手册》能够为读者了解民国档案修复工作提供良好契机，为民国档案修复工作者提升业务水平提供有益借鉴，为民国档案修复事业高质量发展提供有力支撑。

由于我们的水平有限，《手册》中错谬之处在所难免，祈望同行斧正。

第一章　民国档案纸张和字迹的性能与耐久性

一份档案一般由两部分组成，一是档案信息的载体材料，二是档案信息的记录材料，即档案信息是记录在什么材料上的以及档案信息是用什么材料记录的。一般将档案载体材料和记录材料合称为档案制成材料。民国时期档案的形式主要有两大类，一类是纸质档案，另一类是声像档案。纸质档案的载体材料是纸张，包括各种性能的机制纸和手工纸，记录材料是各种字迹材料，即含有各种色素成分的书写材料，如墨汁、墨水等。声像档案与纸质档案不同，载体材料和记录材料的界限没有纸质档案那么清晰，有时甚至合二为一。如唱片档案，通过机械压制的方式在载体材料上刻录声槽记录声音，载体材料和记录材料合二为一，没有其他专门的记录材料。另外，声像档案一般不能直接阅读、利用，需要通过专用设备将声像信息还原后才能利用。这是声像档案和纸质档案的一个明显区别。因此，纸质档案和声像档案不仅载体材料的种类、性能不同，其记录方式、利用方式也有很大不同。了解民国档案制成材料的性能，对做好民国档案修复工作至关重要。

第一节　纸张的性能与耐久性

民国档案的主体是纸质档案，全国各级各类档案馆典藏的民国档案绝大部分也是纸质档案。纸质档案保护始终是民国档案保护工作的主要内容。纸张的性能与档案的寿命密切相关。不同的纸张有不同的性能，了解纸张的性能和耐久性，对做好纸质档案抢救和保护工作十分重要。

一、纸张的成分

纸张是用植物纤维通过制浆、漂白、打浆、加填等一系列造纸工艺处理而制成的。因此，纸张的成分主要有两种：一是造纸植物纤维，二是造纸过程中残留的物质。

（一）造纸植物纤维

植物是由各种不同形状的细胞组成，造纸用的主要原料是植物细胞中一种两头尖、中间空、细而长的纤维细胞（又称厚壁细胞或死细胞），一个纤维细胞就是一根纤维。植物纤维的主要化学成分是纤维素、半纤维素和木质素。

植物体从环境中吸收二氧化碳和水，在光和叶绿素的作用下，发生光合作用产生葡萄糖，葡萄糖脱水聚合生成纤维素。纤维素的分子结构是由相邻葡萄糖分子中 C_1 和 C_4 原子上的氢氧基脱水聚合而成的直链状高分子化合物。纤维素的聚合度为 200~10000。聚合度的大小表示纤维素分子链的长短。聚合度越大，葡萄糖基越多，纤维素的分子链越长。半纤维素与纤维素有相似之处，都是由单糖脱水聚合而成的聚糖类高分子化合物，但半纤维素是由许多不同的单糖（木糖、甘露糖、葡萄糖等）脱水聚合而成的"不均一聚糖"，其分子式不能简单地用一种单糖的分子式表示。半纤维素的聚合度很小，分子链很短，并且有支链。木质素存在于植物纤维细胞与细胞的胞间层中，即存在于植物纤维细胞的四周，紧包着纤维细胞。木质素分子结构比较特殊，它与纤维素、半纤维素不同，不是直链状的化合物，而是一种网状空间结构。木质素也是由碳、氢、氧组成的高分子化合物。木质素的基本结构单元是苯基丙烷。木质素的结构很复杂，不同的植物，其分子结构也有差别。

（二）造纸过程中的残留物质

纸张的生产过程复杂，工序也较多，对纸张性能有影响的主要是制浆、漂白、施胶和加填过程。制浆是从植物纤维原料中分离出纤维的过程，根据分离纤维的方法不同，制浆通常可分为机械法制浆和化学法制浆两大类。机械法制浆是利用机械的方法磨解造纸原料达到分离纤维的目的，不使用其他处理材料，不直接给纸张增加其他物质成分；化学法制浆是把植物纤维原料和化学药品一起蒸煮，从而分离纤维。制浆过程中需要使用一些酸、碱化学药品，这些酸、碱物质会在纸张中有一定的残留。

制浆后得到的纸浆，因为原料和化学药品的关系，都会有一定的颜色，需要利用漂白剂去除纸浆中的有色物质，以获得洁白、性能良好的纸浆。漂白可分为还原性漂白和氧化性漂白两大类。还原性漂白只能脱色而不能去除木质素，适用于木质素含量较高的纸浆即机械浆；氧化性漂白是利用氯、次氯酸盐和二氧化氯等化学物质来处理纸浆，在漂白纸浆的过程中去除木质素，适用于木质素含量少的化学浆。氧化性漂白虽然能使纸张长时间保持较高的白度，但氧化性漂白剂也会残留在纸张中。

经过漂白、打浆后的纸浆，纤维内部及纤维之间仍然存在许多毛细孔，吸水性很大，如果直接在这样的纸上书写，墨迹会很快扩散，需要通过施胶工艺来解决这个问题。施胶就是在浆料中添加抗水性的胶体物质和沉淀剂，提高纸张抗水能力，保证书写时墨迹不扩散。过去施胶常采用松香和明矾，松香是抗水性胶料，明矾是沉淀剂，保证松香沉淀到纤维的细毛孔中。松香是松脂蒸馏后的一种弱酸性物质。明矾的主要成分是硫酸铝，硫酸铝遇水会发生水解产生硫酸。因此，施胶工艺在解决问题的同时，给纸张带来了酸性物质，增加了纸张的酸度。

纸张是由植物纤维交织而成的，交织后纤维之间还有相当大的孔隙，纸张粗糙、不平整、透明度高，不适合书写和印刷。加填就是在纸浆中加入一些基本不溶于水的白色矿物质，以改善纸张的适印性、平滑性和不透明性。造纸常用的填料有滑石粉、碳酸钙、高岭土等。填料使用的品种、质量、数量与纸张生产种类、生产工艺、技术水平等密切相关。

一、纸张的性能

纸张是从悬浮液中将适当处理（如打浆）过的植物纤维、矿物纤维、动物纤维、化学纤维或这些纤维的混合物沉积到适当的成型设备上，经干燥制成的一页均匀的薄片（不包括纸板）[1]。纸张具有多种性能，纸张的性能通常可分为物理性能、化学性能、光学性能、机械性能等。

（一）纸张的物理性能

1. 定量与厚度

定量是指单位面积的重量，一般以每平方米纸张有多少克表示，即g/m^2，如常用的四尺单宣的定量一般约$25g/m^2$。

纸张厚度表示纸张的厚薄程度，是指在一定的面积和一定的压力下，测得纸张两面之间的垂直距离。普通民国档案纸张的厚度一般在0.1厘米左右。

2. 紧　度

紧度是指每立方米纸张的重量，以g/m^3。紧度是衡量纸张结构松紧程度的指标，在很大程度上表示纸张的结构，与纸张的多孔性、吸收性、强度都有密切的关系，对纸张的物理性能、机械性能和光学性能都有影响。

3. 施胶度

施胶度表示纸张抗水能力的大小。施胶度以标准墨水划线时，不扩散也不渗透的线条最大宽度（mm）表示。多种纸张的质量检验指标都对施胶度有一定的要求。

4. 吸收性

纸张具有吸收液体和气体的能力，不仅能吸收水等液体，还有从空气中吸收水分和气体的能力。因此，纸张通常含有一定的水分。纸张正常的含水量一般为7%左右。纸张的吸收性能对纸张耐久性有直接的影响。

（二）纸张的化学性能

1. 水　分

水分是指纸张在100℃~150℃下烘干至恒重时所减少的重量与原重量之比，以

1　中华人民共和国国家质量监督检验检疫总局、中国国家标准化管理委员会.纸、纸板、纸浆及相关术语：GB/T 4687-2007[S].北京：中国标准出版社，2007.

百分率表示。水分是检验纸张质量和影响纸张性能的重要指标。

2. pH 值

纸张pH值是衡量纸张酸碱程度的指标。每种纸都有一定的酸碱性，纸张的酸碱性是影响纸张耐久性的重要因素。纸张pH值测定有无损的表面测定法[1]、有损的冷抽法[2]，也可以利用试纸、pH测试笔进行简易的检测。

3. 铜　价

铜价是指在特定的条件下，100克绝干纤维素（纸浆）使氧化铜还原为氧化亚铜的克数。铜价主要用于鉴别纤维素链上还原基的多少，以及链的长短。铜价的大小可以反映纤维素水解、氧化等变质的程度，是纸张耐久性的一项重要指标。

4. 黏　度

纸张黏度是表示纤维素分子链的平均长度。通过测试纸张的黏度，可以了解纤维素发生水解、氧化、光解等降解反应的程度。

（三）纸张的光学性能

白度是纸张最重要的光学性能。白度是指纸张受到光照后表面反射光能力的指标，也称纸张的亮度，以百分数表示。如新闻纸的白度一般为45%~52%，书刊纸的白度为55%~75%。白度下降是纸张老化的主要表现。

（四）纸张的机械性能

1. 抗张强度

抗张强度是指纸张所能承受的最大张力。通常以一定宽度的试样的抗张力表示，单位是kN·m（千牛·米）。抗张强度是衡量纸张机械性能的主要指标。影响纸张抗

1　中华人民共和国国家质量监督检验检疫总局、中国国家标准化管理委员会.纸和纸板，表面 pH 的测定：GB/T 13528-2015[S].北京：中国标准出版社，2015.

2　中华人民共和国国家质量监督检验检疫总局、中国国家标准化管理委员会.纸、纸板和纸浆水抽提液酸度或碱度的测定：GB/T 1545-2008[S].北京：中国标准出版社，2008.

张强度的因素有纤维结合力的大小、纤维平均长度，以及纤维本身的强度。

2. 耐破度

耐破度是指纸张在单位面积上所能承受的均匀增大的最大压力，以Pa（帕）或kPa为单位。影响耐破度的主要因素是纤维结合力、纤维的平均长度、纤维本身的强度和纤维交织情况等。

3. 耐折度

耐折度是指在一定张力条件下，将试样来回做一定角度折叠，直至其断裂时的折叠次数，一般以往复"次"数表示。纸张耐折度是纸张机械强度的重要指标之一。它与纤维的长度、柔软性、纤维间的结合力以及纤维本身的强度都有密切的关系。

4. 撕裂度

将纸张切出一定长度的裂口，从裂口开始，撕到一定距离时所需的力称为纸张的撕裂度，单位是mN（毫牛）。撕裂度的大小取决于纤维的长度、纤维本身的强度以及纤维的交织情况等。

（五）纸张的性能鉴别

纸张的性能大多需要通过特定的仪器来检测，但也有一些纸张的性能可以通过简单、直观的方法进行鉴别。

1. 手工纸和机制纸鉴别

把纸张拿起来通过透射光观察，纸内存在一条条像竹帘似的印子，这就是手工纸的标志。机制纸内呈现的是密密麻麻的小孔似的印子。前一种叫帘印（或帘纹），后一种叫网印。这是由于在纸张生产过程中采用了不同的造纸工具形成的。手工纸采用竹帘人工捞纸，浆料均匀地沉积在竹帘上脱水，干燥后便在纸内留下明显的竹帘印记。机制纸是利用造纸机将浆料脱水干燥成纸，纸浆在铜网上滤水，网眼又圆又小，虽然还要经过压榨、干燥工序，但纸内还会保留铜网印记。

民国时期也有机器仿制手工毛边纸和连史纸，它们是用圆网造纸机生产出来的，属于机制纸。但这种纸内也有帘印，这是因为网笼上的铜网改成了竹帘的缘故。仿制手工纸是为了迎合国人手工纸消费习惯，扩大机制纸销路。仿制手工纸是通过铸铁烘缸进行干燥的，正面比较有光泽，而手工纸是贴在烘墙上干燥或贴在木板上晒干，光泽度不高。另外，仿手工纸因为原料和工艺的差别，纸张脆性较大，轻轻甩动纸张，可以听到清楚的响声，而手工纸则比较绵柔，不会有明显的响声。所以，通过眼看、手摸、耳听，我们就可以很容易地区分手工纸和机制纸。

2. 纸张正反面鉴别

（1）直观法

将纸张的一角翻折过来加以对比就可看出：正面反光，反面不反光。或者用拇指和食指在纸的两面轻轻地摸一下，手感光滑的是正面，毛糙的则是反面。

（2）湿润法

用热水或稀氢氧化钠溶液浸渍试样，然后用吸水纸将多余溶液吸掉，放置几分钟，观察两面，如有清晰的网印，即为反面。有些高级纸张经过压光处理，正反面光滑程度很高，肉眼和手感难以区分纸张的正反面，可以裁一条纸样，用水润湿后将其晾干，纸条就会卷曲，向里卷的是纸张的反面，朝外边的一面就是纸张的正面。

（3）撕裂法

一只手拿试样，使其纵向与视线相平，将试样表面接近于水平放置，另一只手将试样往上拉，使纸样首先在纵向上撕开。然后，将试样撕裂的方向逐渐转向横向，并向试样边缘撕去。反转试样，使其相反的一面向上，并按上述步骤重复类似的撕裂。比较两条撕裂线上的纸毛，一条线上比另一条线上应起毛显著，特别是纵向转向横向的曲线处，起毛明显的为反面向上。

3. 纸张纵横向鉴别

（1）撕裂法

将纸张从两个不同的方向撕开，如果裂口整齐就是纵向，裂口不整齐（呈波浪状）且有许多纤维从裂口伸出则是横向。

（2）对比法

取两条相互垂直的长约200毫米、宽约15毫米的试样，将试样重叠，用手指捏住一端，使其另一端自由弯曲，如果两个试样重合，则上面的试样为横向；如果两个试样分开，则下面的试样为横向。

（3）卷曲法

平行于原样品边，切取50毫米×50毫米或直径为50毫米的试样，并标注出相当于原纸样边的方向。然后将试样漂浮在水面上，吸水后卷曲的是横向（因为横向收缩快），与卷曲轴平行的方向为纵向。

三、纸张的耐久性

纸张耐久性是指纸张抵御外部环境影响和保持原有理化性能的能力。纸张耐久性是衡量纸质档案耐久性的主要指标之一，纸张的耐久性好，档案的耐久性就好；反之，则差。档案的耐久性好，档案的保存时间就长；反之，则短。纸张的耐久性好与差是由纸张本身的性能决定的，同时，在纸张保管和使用过程中，外部环境也会对纸张耐久性产生影响。

（一）影响纸张耐久性的内部因素

纸张耐久性是由纸张本身的性质决定的。纸张是由植物纤维制成的，植物纤维的质量、植物纤维化学成分的性能、造纸生产过程都会对纸张耐久性产生重要影响。

1.植物纤维的质量与纸张耐久性

造纸植物纤维一般分为木材纤维和非木材纤维两类。木材纤维包括各种杉木、松木等针叶木和杨木、枫木等阔叶木；非木材纤维包括种毛纤维、韧皮纤维和禾本科纤维。种毛纤维主要是指棉花；韧皮纤维包括亚麻、黄麻、苎麻等各种麻类以及檀皮、桑皮、楮皮等各种树皮；禾本科纤维包括竹子、稻草、麦秆、芦苇、龙须草、甘蔗渣等草类纤维。不同种类的造纸植物纤维，由于纤维形态和化学成分含量的不同，其纤维质量也各不相同，制成纸张的强度与耐久性也有一定的差别。质量好的纤维，成纸的强度大、耐久性好；反之，则差。

造纸植物纤维的质量与植物纤维的形态、纤维中化学成分的含量以及杂细胞含量有关。纤维的形态主要指纤维的长度、宽度、长宽比、均一性和壁腔比等。不同种类的植物纤维原料，其纤维的长度与宽度各不相同，即使同一种原料因产地不同，其纤维的长度与宽度也会不同。纤维的长度有几毫米、几十毫米甚至几百毫米，宽度有几微米到几十微米，长宽比从十几、几十到几千。从成纸的质量看，纤维长、宽度小、长宽比大的植物纤维原料，造出的纸张机械强度就好；原料中纤维的长度、宽度比较一致，均一性好，有利于纤维的结合，对提高纸张的强度和耐久性比较有利；壁腔比小的纤维柔软富有弹性，相互之间交织较好，造出的纸张强度大。

不同的植物纤维原料，其化学成分的含量是不同的。植物纤维的主要化学成分是纤维素、半纤维素和木质素。纤维素是纸张的主要成分，也是植物纤维中稳定性最好的物质，用纤维素含量高的植物纤维原料制造的纸张耐久性就好。半纤维素的稳定性不如纤维素，造纸过程还需要保留适量的半纤维素，便于打浆保护纤维，提高得浆率和纸张强度。半纤维素含量适当的植物纤维原料用于造纸，更有利于提高纸张的耐久性。木质素对纸张耐久性来说是完全不利的，应选用木质素含量低的植物纤维原料来制造高质量的纸张。此外，使用纤维素含量高、半纤维素含量少、木质素含量低的原料造纸，可以减少化学药品的用量，降低对纤维的损伤，节约成本。

除纤维细胞外，植物纤维中还含有一定数量的杂细胞。杂细胞的纤维素含量少，形态较短，不利于交织，是造纸植物纤维原料中的杂质，在造纸过程中应尽量去除。另外，在去除杂细胞的过程中，不仅对纤维素会产生一定的损伤，还会增加造纸成本。因此，杂细胞的含量也是衡量植物纤维原料质量的重要指标。从造纸植物纤维的种类看，种毛纤维是最好的造纸原料，其次是韧皮纤维、木材纤维，最差的是禾本科纤维。

2.植物纤维化学成分与纸张耐久性

造纸植物纤维的主体是纤维的细胞壁，细胞壁的主要化学成分是纤维素、半纤维素和木质素。纤维素不溶于水和一般的有机溶剂，其基本单元和直链结构使得分子之间容易产生氢键和分子间力，稳定性较好。纤维素的稳定性是纸张能够长期保存的重要因素。但纤维素也有一些不稳定的性质，影响纸张的耐久性。如：（1）纤维素的水解：在高温、高湿、酸、酶等不利因素的作用下，纤维素容易发生水解反应，生成水解纤维素，纤维素分子链断裂，聚合度下降，分子间力和氢键力减小，纸张强度下降；（2）纤维素的氧化：纤维素可以与氧化剂发生氧化反应，生成氧化纤维素，纤维素分子链断裂，聚合度下降，纸张强度下降，耐久性下降；（3）纤维素的光解：在光线（特别是紫外光）的照射下，纤维素会发生光解反应，在有氧状态下，还会发生光氧化反应，使纸张强度下降，耐久性下降。在水、氧、光同时作用于纤维素时，纤维素会同时发生水解、氧化、氧化降解、光解和光氧化作用，纸张耐久性迅速下降。

半纤维素是由不同的单糖脱水聚合而成的直链状高分子化合物，与纤维素在结构上有一定的相似性，但半纤维素的分子链很短，聚合度很小，并且有支链。分子结构的特性使得半纤维素难以产生氢键和结晶区，分子间结合力不强，易溶于碱溶液，易吸水膨胀，更易发生水解、氧化和光解反应。因此，半纤维素的稳定性比纤维素差，对纸张耐久性不利。

木质素不溶于水，常温下不容易稀碱、稀酸溶液，容易氧化，尤其在光照条件下，氧化更快。木质素氧化后生成氧化木质素，使纸张发黄变脆。新闻纸之所以特别容易发黄变脆，主要是因为新闻纸是由机械木浆制成的。纸张中含有大量的木质素，木质素容易氧化，导致新闻纸容易老化发黄变脆。当然，纸张长期保存后发黄变脆，并不是木质素氧化这一个因素造成的，纤维素、半纤维素的氧化以及酸性施胶等因素也会引起纸张的发黄变脆。木质素是植物纤维三种成分中稳定性最差的，对纸张耐久性不利，造纸过程中一般都是尽量去除。

3. 纸张生产过程与纸张耐久性

纸张的耐久性除了与造纸植物纤维原料的质量及其化学成分的性质有关外，还与纸张的生产过程有关。纸张的生产过程复杂，工序也较多，都会对纸张的质量产生影响。

（1）制 浆

制浆就是从植物纤维原料中分离出纤维的过程。根据分离纤维的方法不同，制浆通常可分为机械法制浆和化学法制浆两大类。机械法制浆是利用机械的方法磨解造纸原料达到分离纤维的目的。机械法制浆的优点：①得浆率高，原料中几乎所有成分都保留下来了；②成本低，制浆设备和工艺都比较简单；③生产出来的纸张吸墨性好，不透明度高，适宜印刷；④没有环境污染问题，因为不需要使用化学药品。不足之处：①纸张容易发黄，因为纸浆中保留了原料中全部的木质素；②纸浆中的纤维粗而短，不利于相互交织，纸张强度低。化学法制浆是把植物纤维原料和化学药品一起蒸煮，从而分离纤维，同时去除了大部分木质素。化学法制浆的优点是纸浆中的纤维素含量高，成纸强度大，不易发黄，耐久性好；不足之处是制浆过程使用酸、碱化学药品，纤维素受到一定的破坏，酸性物质会残留在纸张中，对纸张耐久性产生严重的不利影响。

（2）漂 白

制浆后得到的纸浆，因为原料和化学药品的关系，都会有一定的颜色。漂白就是用漂白剂去除纸浆中的有色物质，获得洁白的、具有良好物理和化学性能纸浆的过程。根据原理不同，漂白可分为还原性漂白和氧化性漂白两大类。还原性漂白只能脱色而不能去除木质素，适用于木质素含量较高的纸浆即机械浆。还原性漂白的漂白效果是暂时的，长时间受空气氧化后，纸浆又会恢复原来的颜色。氧化性漂白是利用氯、次氯酸盐和二氧化氯等物质来处理纸浆，在漂白纸浆的过程中能去除木质素，适用于木质素含量少的化学浆。氧化性漂白虽然能使纸张长时间保持较高的白度，但也给纸张耐久性带来了不利影响：①氧化漂白过程中，纤维素和半纤维素也会发生氧化，纤维质量受到影响，纸张强度下降；②氧化性漂白剂残留在纸张中，会继续氧化纸张中的纤维素和半纤维素，对纸张耐久性产生有害影响。

（3）打　浆

经过制浆和漂白，纸浆中的纤维状态以纤维束为主，纤维分离还不充分。已有的单根纤维还缺乏足够的柔软性，交织能力不足，不适宜造纸。打浆就是用机械的方法来处理悬浮在水中的纤维和纤维束，使纤维的形状及物理性质发生改变。打浆过程是植物纤维润涨、疏解和分丝的过程。打浆的优点主要表现在两个方面：一是纤维束疏解成单个纤维细胞，单个纤维细胞进一步分化成细纤维和微纤维，使纤维细软、表面积增加、交织面积增加，提高纸张的机械强度；二是纤维表面暴露出更多的氢氧基，可以形成更多的氢键，提高纸张的强度和耐久性。总之，打浆对提高纸张耐久性是有利的。

（4）施　胶

以前，施胶通常采用松香和明矾，其中松香是抗水性胶料，明矾是沉淀剂，保证松香沉淀到纤维的细毛孔中。这是一种酸性施胶，对纸张耐久性影响较大。明矾的主要成分是硫酸铝，水解后会产生硫酸，增加纸张酸度。明矾中的金属离子会促进纤维素、半纤维素的氧化。松香是弱酸物质，会给纸张带来酸。加入松香后纸张会发黄。胶料会对纤维之间的结合产生一定的影响，降低纸张强度。目前，施胶基本上都是中性施胶，生产出来的纸张呈中性或微碱性，纸张耐久性大幅度提升。

（5）加　填

加填就是在纸浆中加入一些基本不溶于水的白色矿物质，以改善纸张的适印性、平滑性和不透明性。涂料粒子比较小，能够填补纤维间的孔隙，使纸张平整、光滑，有更好的适印性。加填的优点是可以增加纸张的白度，提高纸张的不透明度，降低生产成本，碱性填料还能中和纸张中的酸性物质，提高纸张的耐久性。不足之处是降低纸张的机械强度，降低施胶度，影响施胶效果。

（二）影响纸张耐久性的外部因素

纸质档案在保管、利用过程中，会不同程度地受到外部环境的影响，如高温高湿、光线、灰尘、有害生物、有害气体等。纸张的耐久性受到破坏后，档案的耐久性就会受到损害，档案的保存时间就会缩短，有的甚至会遭到毁灭性的损失。因此，在档案管理工作中，我们应将档案库房的环境控制作为档案保护工作的重中之重，做到预防为主，防患于未然，以最大力度降低不利环境对纸张耐久性的影响。

1. 温湿度

在室温条件下，纸张中的纤维素和添加物是稳定的，纸张理化性能的变化是非常缓慢的。随着温湿度升高，纸张的理化性能就会随环境的变化发生明显的变化，对纸张耐久性产生不利影响。温度升高，纸张中的游离水蒸发，纸张变干，开始脆化。同时，纤维素分子振动加剧，分子链断裂，聚合度下降，纸张强度降低。湿度升高，纸张就会吸收空气中的水分，水分子进入纤维素分子链之间，破坏氢键结合力，降低纸张强度、韧性和弹性。在潮湿环境中，纸张中的铜、铁离子会成为纤维素水解的催化剂，加速纤维素的水解。造纸添加的施胶剂（硫酸铝），在纸张水解时会分解出硫酸，对纸张进行腐蚀，造成纸张理化性能迅速恶化；高温高湿对纸张耐久性的破坏作用更加显著，纤维素的水解速度会进一步加快，有害生物的滋生蔓延会更加有利，对档案的破坏会更加严重。总之，库房温湿度控制是环境控制的重要内容，尤其是要控制好库房的湿度。

2. 光

研究表明，纸张纤维素对波长为253.7纳米的紫外光最为敏感，也就是说，这个波长的紫外光对纸张的破坏最大。在紫外光照射下，纤维素分子链中的贰键断裂，纤维素分子发生降解，纸张强度下降。因此，档案在保管、利用过程中，应特别注意防止紫外光的照射。

3.有害气体

空气中的有害气体对纸张耐久性影响较大。酸性气体与水分子结合后会形成酸性物质，增加纸张的酸度，降低甙键活化能力，加速纤维素分子链断裂，造成纤维素酸水解而加速老化，纸张强度下降。因此，档案库房应做好有害气体控制和净化工作。

4.氧　化

纸质档案在保管和使用过程中，不可避免地要与空气中的氧气接触。氧是一种化学性质非常活泼的分子，能与许多物质直接发生氧化反应。因此，纸张发生氧化是很正常的现象。此外，空气中的氧化性气体如臭氧、二氧化氮、氯气等，会氧化纤维素分子中的羟基，发生氧化降解反应，造成纤维素分子链断裂，聚合度下降，纸张强度和耐久性下降。因此，档案库房应做好空气净化工作，防止有害气体对纸张的破坏。如果有条件，可以降低档案保存环境的含氧量来防止纸张的氧化变质。

四、纸张的种类

中国造纸历史悠久、源远流长，千百年来，纸张在社会发展和文化传承中发挥了不可替代的作用。鸦片战争以后，国门打开，一方面国外机器造纸技术和设备引入国内，开始生产机制纸；另一方面，国外机制纸开始倾销中国市场。至民国时期，纸张市场呈现手工纸、国产机器纸、进口机器纸三足鼎立之势。下面简要介绍一下民国时期常见纸张的品种。

（一）手工纸的种类

1.竹　纸

竹纸是指以毛竹、麻竹、篁竹、慈竹、白夹竹等竹料为原料制成的纸张，以毛竹为主要原料。不同地区、不同品种的竹料以及不同的生产工艺，生产出的成纸的质量和名称也各不相同。

（1）毛边纸

毛边纸主要产于江西、福建、四川等省，以嫩竹为原料，经石灰处理后捣烂成浆，再用竹帘抄造而成。毛边纸的纸色淡黄，纸面匀润，厚薄适度，落笔流畅，使用起来，宜笔锋、不凝滞、发墨彩；同时，售价比较低廉，是用途最广、用量最大的手工纸。

（2）连史纸

连史纸主要产于江西铅山，福建光泽、邵武及连城等地，以嫩毛竹为原料，经过多次弱碱蒸煮、天然漂白以及"三帘水"（也称"三套水"）的抄造方式而成纸。因生产工艺复杂，有"措手七十二"之名。连史纸厚薄均匀，洁白细腻，久不变色，是质量上乘的竹纸。

（3）白关纸

白关纸原产于福建将乐县关山地区，又称关山纸。以嫩竹为原料，因制浆时间相对较短，质量不如毛边纸，但其纸色稍白，较为轻柔，用途较广，如书写、记录，或用作稿纸、包装。

（4）官堆纸

官堆纸是指过去衙门整理诉讼官司所用的状纸，原产于福建龙岩，以竹浆为原料制成。官堆纸比毛边纸略厚，纸色淡黄，强度稍好。通常用作公文纸，也用来印刷各种书籍。

（5）元书纸

元书纸，古称赤亭纸，原由浙江富阳生产，以嫩毛竹为原料，纸质较薄，透光、帘纹清晰可见。纸面呈浅黄色，不施胶，吸水性好。着墨后渗化较慢，浸水后会部分散开。后又进行了一些改良，以竹料、稻草为原料，成纸色泽微黄，纸面平滑，吸水性好，利于书写。

（6）贡川纸

贡川纸原产于四川夹江地区，也称夹江纸。因纸质优良，明清两朝将该地所产的纸列为"贡品"，钦定为"文闱用纸"，因而得名贡川纸。该纸以竹为原料，纸质较薄，纸幅较小，纸色偏暗，可供书写和印刷使用。

（7）对方纸

抗日战争时期，四川夹江地区生产一种白色文化用纸，以慈竹、白夹竹为原料，为了节省燃料，不进行烘干，采用湿纸页悬挂自然晾干的方式干燥纸张。晾干时，纸页两方对齐，因而被称为"对方"。对方纸纸质松软、吸水性强，可以用于书写，也可以用来代替吸水（墨）纸。

2. 皮　纸

皮纸是指主要以皮料为原料制成的纸张，皮料分为桑树皮、青檀树皮、麻皮等。

（1）宣　纸

宣纸原产于安徽宣城地区，以青檀皮、沙田稻草为原料。按加工方法，宣纸可分为生宣和熟宣两类。生宣多用于书法、写意画、木版水印、古画修复等；熟宣因经过胶矾处理，抗水性能增强，适宜于工笔画。按原料配比，宣纸分为特净、净皮和棉料三大类。特净宣纸含80%皮料和20%草料；净皮宣纸含70%皮料和30%草料；棉料宣纸含30%皮料和70%草料。宣纸色泽洁白耐久，质地细腻柔韧，酸碱性适中，有"纸寿千年"的美誉。

（2）腾冲书画纸

腾冲书画纸产于云南腾冲，用于书法、国画和印制古籍等。早期腾冲书画纸以构皮为原料，后来在原料中加入了少量草料和竹料。腾冲书画纸定量为$29g/m^2$~$35g/m^2$，白度80%左右。

（3）都匀皮纸

都匀皮纸产于贵州都匀市，以构皮为主要原料，用于书法、绘画及加工纸等。都匀皮纸色白，质地柔韧。

（二）机制纸的种类

1. 新闻纸

新闻纸，俗称"白报纸"，主要以机械木浆制成，用于印制报纸。机械木浆中纤维短而粗，含木质素和杂质较多，纸张容易发黄、变脆，不耐久。

2. 有光纸

有光纸分白色与有色两种。白色有光纸也称办公纸、雪连纸或粉连纸，主要供普通书写、油印使用，或作为稿纸、包装用纸或裱糊纸盒用纸等。有色有光纸主要用于写宣传标语，也称标语纸。有光纸是用途较广、销售量较大的一种薄纸。有光纸纸面均匀紧密，厚薄一致，光洁平滑，用普通墨水写字不会洇，印刷时字迹清晰。有光纸一般是用苇浆、草浆、蔗渣浆、竹浆和废纸浆等制成。为了提高纸张抗水性能，在制造过程中，还须加入适量的胶料，如松香、明矾等。制造有色的有光纸时，还需要加入一些色料。

3. 道林纸

道林纸，又称"道林""桃林纸""道令纸"等。20世纪20年代，有上海纸商从香港英国道林造纸股份有限公司买来了一些胶版印刷纸和质量较好的书写纸，为了招揽顾客，标以"道林"（英文Dowling的音译）纸，主要供印制高档书刊和日记本、账册等之用。这种纸以化学木浆为原料，纤维长而有柔性，交织力好，成纸后较新闻纸坚实平滑，并有抗水性。

4. 嘉乐纸

嘉乐纸是指由四川嘉乐机器造纸厂生产的机制纸，主要原料为竹料和稻草等。嘉乐造纸厂于1926年在四川嘉定建成，利用圆网造纸机生产本色报纸，年产量150吨。初期，嘉乐纸质量较差，纸张粗糙，后因抗战时期改良技术、扩大生产，纸质得到提升。国民政府迁都重庆后，嘉乐纸厂所产机制纸被经济部列为管制物资，向学校、政府机关、报社等单位供应报纸。

第二节　字迹的性能与耐久性

档案字迹是指纸质档案上的各种文字和图案。这些文字和图案都是有颜色的，这些颜色来源于各种着色物质，我们通常称这些着色物质为字迹色素，档案字迹主要是由这些字迹色素组成的。档案字迹是档案的必要组成部分，档案字迹的性能与耐久性是决定档案寿命的重要因素。字迹性能稳定，耐久性就好，不易发生褪色、扩散等病害，档案的保存时间就长；反之，则容易发生病害，保存时间短。档案字迹的耐久性是指档案字迹抵御外部环境影响、保持原有色泽和清晰度的能力。保持"原有色泽"是指字迹不褪色、不变色；保持"清晰度"是指字迹不扩散、耐磨损等。研究档案字迹的性能与耐久性，有助于我们了解档案字迹的保护学特性，为科学开展档案保护工作提供坚实基础。本节主要对民国档案中的字迹性能进行介绍，其他新型字迹材料不在此讨论，有关内容可参考其他著述。

一、字迹的种类与性能

民国档案字迹种类较多，如传统的墨、墨汁、印泥以及各种油墨、印台油、墨水、复写字迹、圆珠笔、铅笔字迹等。

（一）墨和墨汁

墨和墨汁是我国传统的书写材料，毛笔字迹是民国档案中的主要字迹材料。墨的主要成分是碳黑、动物胶和防腐剂。碳黑是有机物不完全燃烧后的产物，分为松烟、桐烟、漆烟和墨灰四种。碳黑的理化性质很稳定，以碳黑为色素成分的字迹耐久性最好。动物胶的作用，一是调和碳黑颗粒，使之粘固在一起；二是把碳黑固定在纸张上。常用的动物胶有牛皮胶、骨胶等。防腐剂的作用，一是防止动物胶长霉；二是去除动物胶的臭味；三是增加墨的渗透力，使字迹与纸张结合更加牢固。常用的防腐剂有麝香、樟脑、冰片等。墨汁是以碳黑为色素成分，用虫胶作黏合剂，以硼砂作防腐剂，再加入适量的水配置而成的。因此，墨和墨汁的成分基本一样。

（二）油　墨

油墨是由色素、黏结剂、填充料和辅助剂等成分组成的一种浆状胶粘体。民国档案中常见的油墨颜色有黑、蓝、红三种。

1. 色素成分

色素在油墨中起着色作用。印刷油墨中的色素主要是颜料。黑色印刷油墨的色素主要是碳黑和苯胺黑。碳黑是一种黑度高、化学性能非常稳定的无机颜料，以碳黑为色素成分的油墨是档案文件理想的字迹材料。蓝色印刷油墨的色素主要是铁蓝（学名亚铁氰化铁，又称普鲁士蓝）或酞菁蓝，均为无机颜料，化学性质稳定，耐光、耐热性能好，是比较耐久的字迹材料。红色印刷油墨常用的色素是金光红和立索尔红，均属于有机偶氮颜料。金光红耐酸碱，不耐热，立索尔红耐酸、耐热，不耐碱，两者均稍有水渗现象。红色油墨色素的耐晒坚牢度不如黑色和蓝色印刷油墨色素。

2. 黏结剂

黏结剂的作用是黏结色素并将之转移固定在纸张上。黏结剂的性能对油墨的质量影响较大，不同用途的油墨使用不同的黏结剂。黏结剂可分为油型黏结料、树脂型黏结剂、溶剂型黏结剂和水型黏结剂四种。油型黏结料以干性植物油炼制而成，如桐油、亚麻仁油等。树脂型黏结剂的主要成分是天然树脂和合成树脂，如松香、虫胶、酚醛树脂、乙基纤维素等。树脂型黏结剂常用于胶印、铅印油墨。溶剂型黏结剂主要由树脂和溶剂组成，不含植物油，属于挥发干燥型黏结剂。水型黏结剂是用水和树脂配制而成的，是一种先进、环保的产品。印刷油墨与纸张结合的牢固程度取决于油墨的干燥方式。使用不同黏结剂的油墨，其干燥方式也不一样。归纳起来，油墨的干燥方式有三种：一是氧化结膜。如以干性植物油为黏结剂的油墨转移到纸上以后，干性植物油在空气中会发生氧化聚合反应，在油墨表面形成有光泽、耐摩擦的油墨膜。二是渗透干燥。油墨的干燥是通过纸张纤维毛细管的吸收和油墨的渗透作用完成的，如报纸上油墨的干燥过程就属于这种形式。三是挥发干燥。通过溶剂的挥发，将油墨中的颜料和树脂留着在纸上，树脂在颜料表面氧化结膜，进一步固定颜料。

3. 填充料

为增加油墨拉力、降低成本，油墨中还加入少量的填充料，如碳酸钙、氢氧化铝、硫酸钡等白色固定粉末物质。它们都是无机颜料，化学性质稳定，不会对油墨的性能产生影响。

（三）印　泥

印泥也是民国档案中常见的字迹材料，这与传统印章文化有关。古时对印泥质量要求很高，其主要成分是朱砂（硫化汞）、蓖麻油、艾绒和冰片，称为朱砂印泥。朱砂属无机颜料，性能稳定，色泽鲜艳，不会褪变，可长期保存。蓖麻油是为了调和颜料，帮助色素渗透、固定在纸张上。艾绒是艾叶加工后的绒状物，可以吸收色素和油，使印泥保持湿润状态，便于使用。冰片是防腐剂，可以防止艾绒发霉。

现代使用的印泥，多为仿朱砂印泥，其色素成分是红粉和黄粉。红粉是甲苯胺红，属偶氮颜料，是主要的色素成分。黄粉是一种无机颜料，主要起调色作用，用量较小。此外，仿朱砂印泥中还需加入油、防腐剂，其功能和作用与朱砂印泥一致。不同的是，仿朱砂印泥中会加入适量的陶土作为填料，使红粉的颜色鲜亮，提高色素的遮盖力，降低印泥的成本。

（四）晒图字迹

晒图是从底图复制而成的图纸，晒图纸上涂有感光层，不同的感光层晒出不同的晒图纸，形成不同的晒图字迹。民国时期，晒图纸上常用的感光层是铁盐。下面以铁盐晒图为例，说明晒图字迹的形成原理。

铁盐晒图是科技图纸中出现最早的一种晒图，它是利用铁盐的感光性，通过一定的方法在纸上形成各种线条字迹。原料配方不同，形成线条字迹的颜色也不同，如蓝底白线条、白底蓝线条和白底黑线条。

1. 铁盐线条形成原理

铁盐线条的形成，一是利用高价铁盐的感光性，即高价铁盐受光照后会变成低价铁盐；二是利用高价和低价铁盐与某些化学物质的显色反应，形成可见的字迹。

高价铁盐＋黄血盐　　　　→　　　　普鲁士蓝（无机颜料）

低价铁盐＋赤血盐　　　　→　　　　滕氏蓝 （无机颜料）

高价铁盐＋鞣酸　　　　　→　　　　黑色（有机颜料）

高价铁盐＋没食子酸　　　→　　　　褐色（有机颜料）

2.铁盐线条形成过程

（1）蓝底白线条

蓝底白线条是一种负像图。晒图纸上涂有高价铁盐（常用柠檬酸铁铵或草酸铁铵）和赤血盐（铁氰化钾显影剂）。晒图时，把图纸原图置于晒图纸上曝光，光线透过原图上无线条部分，使晒图纸上相应部分的感光层曝光，高价铁盐变成低价铁盐，低价铁盐立即和赤血盐反应生成不易溶于水的滕氏蓝（暗蓝色）；底图上有线条的部分，光线透不过，晒图纸上相应部分没有感光，仍是高价铁盐，它和赤血盐不发生反应，经水洗被除去，这部分呈现出白色纸基的线条。这样，蓝底白线条图纸就制成了（见图1-1）。

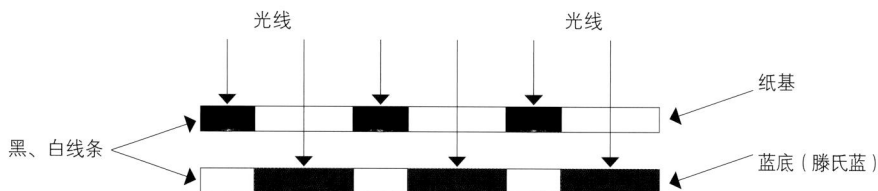

图1-1 蓝底白线条晒图形成过程

（2）白底蓝线条

白底蓝线条是正像图。晒图纸上只涂布高价铁盐（柠檬酸铁铵和三氯化铁的混合物）。晒图时，把底图置于晒图纸上曝光，光线透过底图上无线条部分，使晒图纸上相应部分曝光，高价铁盐变成低价铁盐；底图上有线条的部分，光线透不过，晒图纸上相应部分没有曝光，仍是高价铁盐。然后，用黄血盐（亚铁氰化钾显影剂）溶液显影，晒图纸上的高价铁盐与黄血盐反应，生成不溶于水的普鲁士蓝（深蓝色）；晒图纸上的低价铁盐与黄血盐反应，生成不溶于水的、白色的铁氰化亚铁。这样，白底蓝线条晒图就制成了（见图1-2）。

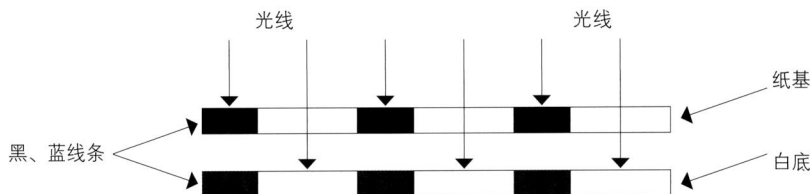

图1-2 白底蓝线条晒图形成过程

（3）白底黑线条

白底黑线条也是正像图。这种晒图纸上涂布的感光剂是高价铁盐（氯化铁）。晒图时，把底图置于晒图纸上曝光，光线透过底图上无线条部分，使晒图纸上相应部分的感光层曝光，高价铁盐变成低价铁盐（氯化亚铁）；底图上有线条部分，光线透不过，晒图纸上相应部分没有曝光，仍是高价铁盐。然后把曝光后的晒图纸浸没在鞣酸（或没食子酸）溶液中，晒图纸上的高价铁盐与鞣酸反应，生成黑色的鞣酸铁；低价铁盐与鞣酸不发生反应，经水洗后除去，这样就形成了白底黑线条的晒图（见图1-3）。

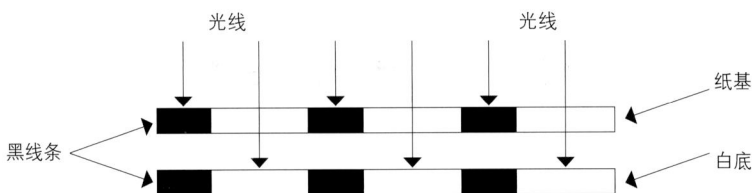

图1-3 白底黑线条晒图形成过程

（五）蓝黑墨水

蓝黑墨水，又称鞣酸铁墨水，用这种墨水书写时的字迹为蓝色，存放以后，受空气中氧气的氧化作用，字迹逐渐由蓝变黑而且持久不退。蓝黑墨水的成分除了色素以外，还有稳定剂、抗蚀剂、润湿剂、防腐剂和水等。

1. 色素成分

（1）变黑成分

蓝黑墨水的变黑成分由鞣酸、没食子酸和硫酸亚铁三种化学物质组成，其变黑原理是在书写之前，墨水中的鞣酸与没食子酸分别和硫酸亚铁发生反应，生成无色或浅色的鞣酸亚铁和没食子酸亚铁，并建立动态平衡。

鞣酸 + 硫酸亚铁 ←→ 鞣酸亚铁 + 硫酸

没食子酸 + 硫酸亚铁 ←→ 没食子酸亚铁 + 硫酸

在书写之后，经过空气中氧气的缓慢氧化，字迹上的鞣酸亚铁和没食子酸亚铁慢慢变成了不溶性的黑色鞣酸铁和没食子酸铁。

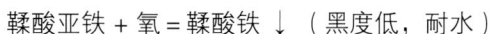

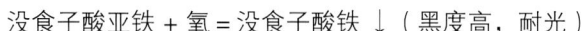

鞣酸亚铁 + 氧 = 鞣酸铁 ↓（黑度低，耐水）

没食子酸亚铁 + 氧 = 没食子酸铁 ↓（黑度高，耐光）

鞣酸铁具有较好的抗水性，没食子酸铁具有较好的耐光性和黑度，两者都是有机颜料，配合使用，可以提高蓝黑墨水的黑度、耐水性、耐光性，使字迹较为牢固耐久。因此，蓝黑墨水色素成分属于比较耐久的色素成分。

（2）着色剂

由于鞣酸亚铁和没食子酸亚铁都是无色或浅色的，它们变成黑的鞣酸铁和没食子酸铁也需要一个缓慢的氧化过程，如果不加其他色素，书写时就很难显色。为了解决书写没有颜色的问题，需要加入着色剂。常用的着色剂有酸性墨水蓝和直接湖蓝5B两种染料。

2. 辅助成分

蓝黑墨水的辅助成分包括稳定剂、抗蚀剂、防腐剂、润湿剂、渗透剂等。

（1）稳定剂

墨水在使用之前，如果长时间与空气接触会发生氧化反应，产生鞣酸铁和没食子酸铁沉淀，造成书写时堵笔断水。为了防止这种现象发生，往往在墨水中加入硫酸作为稳定剂。根据化学平衡原理，在动态平衡反应中增加产物的浓度，平衡就会向反应物方向移动。也就是说，增加硫酸浓度时，就会使反应向左进行，这样墨水中亚铁盐的数量必然减少，进而减少形成高价铁盐沉淀的机会，起到稳定墨水的作用。由于加入硫酸，蓝黑墨水的酸性加大，给纸张带来酸性。

（2）抗蚀剂

由于蓝黑墨水酸性较大，腐蚀性强，需要再加入抗腐蚀药品三氧化二砷。因为三氧化二砷能与笔尖金属作用，在笔尖表面形成一层密实的薄膜，从而起到保护笔尖的作用。

（3）防腐剂

蓝黑墨水中含有大量的鞣酸、没食子酸和胶体物质等有机物，这些物质都是微生物生长繁殖的营养物质，在条件适宜的情况下就会长霉。微生物一方面会分解墨水中的某些成分，使之成为自身所需的营养物质，改善墨水的性能；另一方面又会分泌出酵素，使墨水变质。因此，需要在墨水中加入防腐剂。常用的防腐剂有石炭酸（也称苯酚）、甲醛（俗称福尔马林）以及苯甲酸等。

（4）润湿剂

由于墨水中的溶剂是易于蒸发的水，加上墨水中也含有一些胶体物质，在书写过程中停笔时，就会在笔尖形成一层较硬的薄膜，从而发生断水现象。为了保证书写流畅，需要在墨水中加入适量的润湿剂。常用的润湿剂有甘油、乙二醇、石油磺酸等。

（5）渗透剂

为了增加墨水的渗透性，还要在墨水中加入渗透剂——拉开粉。拉开粉易溶于水，易吸潮，具有良好的渗透力。另外，它也是一种表面活性剂，能降低墨水的表面张力，从而提高墨水的书写流畅性。

（六）印台油

印台油通常有红、蓝、紫三色，它们都是由色素、水、酒精和甘油组成。红色印台油的色素成分为盐基品红，蓝色印台油的色素成分为盐基品蓝和直接湖蓝等，紫色印台油的色素成分为碱性紫5BN（又称盐基青莲）。它们都是耐水性和耐光性较差的有机染料，遇碱容易变色、褪色，是不耐久的色素成分。水是色素成分的溶剂，酒精能增加染料的溶解性，甘油的作用是防止水分蒸发。

（七）复写纸

复写纸是加工纸的一种，通过将色层浆料用热熔法涂布到原纸上制成。复写纸按使用方式分类，有手写复写纸和打字复写纸两种；按颜色分类，有黑色复写纸、蓝色复写纸、紫色复写纸和红色复写纸。复写纸字迹是利用复写纸，通过压力由油、蜡把色素转印到纸张形成的字迹。复写纸的色层浆料由色料、油和蜡等组成。

1.色　料

复写纸中的色层浆料有颜料和染料两种，手写复写纸上的浆料以染料为主，因为有机染料是可溶的，便于向纸张移动，复写份数多。如果颜料过多，复写转移就会困难，影响复写份数。手写复写纸的色层浆料比较软，熔点低，色泽比较鲜艳；打字复写纸的浆料以颜料为主，因为打字时复写纸需要承受较大的机械摩擦和压力。因此，打字复写纸色层浆料的强度大，熔点高。复写纸色层浆料中常用的色素品种如下。

（1）墨　灰

墨灰是黑色打字复写纸字迹中的主要色素成分，化学成分是碳素，性质稳定。因此，黑色打字复写纸字迹比彩色复写纸字迹的耐久性好。

（2）油溶黑、油溶蓝和油溶紫

它们是手写复写纸色层浆料的主要色素成分，都属于油溶性染料，即溶于油脂、蜡或其他有机溶剂而不溶于水的染料。油溶黑是一种黑色粉末染料，能溶于油酸和硬脂酸中，微溶于乙醇、苯和甲苯而呈浅蓝黑色，耐光坚牢度可达4~5级，熔点小于180℃，耐酸、碱性能良好。油溶蓝是由碱性艳蓝B（又称盐基品蓝）经过加碱处理制取的蓝色粉末，不溶于水，溶于甲醇、乙醇、丙酮等有机溶剂，与少量油酸调和，可溶于油脂和蜡，呈透明蓝色。油溶紫是紫色粉末染料，不溶于水，溶于甲醇、乙醇、丙酮等有机溶剂，与少量油酸调和，可溶于油脂和蜡，呈透明青莲色，耐热性能良好。

（3）铁蓝、酞菁蓝

铁蓝、酞菁蓝是蓝色打字复写纸字迹中的主要色素成分。铁蓝是一种无机颜料，学名亚铁氰化铁，又称普鲁士蓝，具有鲜亮的深蓝色，着色力强，有良好的耐光性，微溶于水和油，不耐热、不耐强酸，遇碱则褪色。酞菁蓝也用于制作蓝色油墨，它的化学性质稳定，耐光、耐热性能好，不溶于水和一般溶剂，耐光坚牢度可达8级，色泽鲜艳，着色力比铁蓝高2~3倍。

（4）烛　红

烛红是一种油溶性偶氮染料，暗红色粉末。烛红熔点184℃~185℃，不溶于水，溶于乙醇和丙酮，易溶于苯。烛红具有良好的耐热性和耐酸碱性能，耐光坚牢度3级，常与立索尔红搭配使用。

2. 蜡

蜡在色层浆料中的作用是混合色素，把色素固定在复写原纸上，使色料耐摩擦，使用时不脱落。同时，蜡具有抗水性，可提高复写纸字迹的抗水性。复写纸色层浆料中使用的蜡一般有蒙旦蜡、白蜡、松香酸皂和硬脂酸钙皂等，熔点一般为50℃~90℃。

3. 油

油在色层浆料中的作用是溶解色素、软化蜡质、调节浆料硬度，使浆料柔软并有黏附力，在压力的作用下，把色料转移到纸上。为了使浆料维持一定的软硬度，色料用油一般为非干性油，如蓖麻油、油酸和机油。要使浆料的软硬度合适，油、蜡配比很重要。若油的比例大，则浆料软，便于字迹转移，复写份数多，但字迹容易发生油渗扩散；若蜡的比例大，则浆料硬，字迹转移难，复写份数少。一般浆料中油类占35%~45%，蜡类占40%~60%。

（八）圆珠笔

圆珠笔字迹的色素成分是染料，字迹颜色主要有蓝、黑、红三种，其中蓝色字迹最多。蓝色字迹中的色素成分是盐基品蓝和盐基青莲，溶剂是氧化蓖麻油、蓖麻油酸。盐基性染料不耐光（耐光度只有1~2级），不耐热，不耐酸、碱，耐久性差。

（九）铅　笔

民国档案中的铅笔字迹一般是用石墨铅笔书写的。石墨铅笔的主要成分是色素、黏结剂、蜡或油脂等。其色素成分是石墨，利用其滑腻性和可塑性，制成铅芯能划出黑色痕迹，并黏附在纸面上。石墨是碳的同素异形体，是一种天然的矿物性颜料，性质极其稳定，耐水、耐光、耐热、耐腐蚀；黏结剂为黏土，利用其可塑性和黏结性，将石墨颗粒黏结起来，并调节笔芯的硬度；蜡或油脂用来改善铅芯的物理性能（如磨耗、浓度、芯尖受力、滑度、硬度等），常用的有石蜡、牛羊油、凡士林等，通常两种或两种以上搭配使用。

二、字迹的耐久性

字迹耐久性是衡量字迹抵御外部环境影响，保持原有色泽和清晰度的能力。字迹耐久性好，说明字迹抵御外部环境影响的能力强、寿命就长；反之，则短。字迹的耐久性一般从字迹色素成分的耐久性和字迹与纸张的结合方式两个方面来进行综合评价。

（一）字迹色素成分的耐久性

字迹显示不同的颜色，是因为字迹材料中含有不同的显色成分，称为色素成分。字迹色素可以分为颜料和染料两大类，颜料是指不溶于水或基本不溶于所应用介质（如水、油等）的有色物质，而染料则是指可溶于所应用介质（如水、油等）的有色物质。和染料相比，颜料的耐热、耐光、耐酸和耐碱性能较好。因此，以颜料为色素的字迹的耐久性比以染料为色素的字迹的耐久性好。不同的字迹材料使用不同的色素成分，其性质和耐久性也不一样。按色素成分耐久性分析，色素成分主要有碳黑、颜料和染料三种类型。

1. 碳　黑

碳黑是碳氢化合物加热分解或不完全燃烧后形成的物质，主要成分是碳。碳黑的物理化学性质稳定，耐光、耐酸碱、耐热、耐氧化，不易和其他物质反应，不溶于水和一般溶剂。因此，碳黑是字迹色素中最耐久的色素成分。以碳黑为色素成分的字迹有墨和墨汁、黑色油墨等。

2. 颜　料

颜料可分为天然颜料和人造颜料两大类。天然颜料包括植物性颜料（如藤黄）和矿物性颜料（如朱砂）两种；人造颜料可分为无机颜料和有机颜料两种。无机颜料是用天然矿物质经加工制成，如碳黑、铁蓝等。有机颜料多为苯环结构，是一种稳定的络合物，但其耐久性不如无机颜料，耐光性较差，有水渗、油渗现象，如鞣酸铁、金光红、立索尔红、酞菁蓝等。以颜料为色素成分的字迹材料有彩色油墨、蓝黑墨水、红蓝铅笔、印泥以及图纸中的铁盐线条等。颜料不易溶于水、油和其他溶剂，具有一定的耐酸碱性，化学性质稳定。因此，颜料是比较耐久的色素成分。

3. 染　料

染料是一种有颜色的有机化合物，易溶于水、油和其他溶剂。染料耐光性差，不耐酸碱，属于不耐久的色素成分。以染料为色素成分的字迹材料有复写纸、圆珠笔字迹等。

（二）字迹与纸张的结合方式

字迹与纸张的结合方式是指字迹材料以何种方式转移固定到纸上，转移固定的方式不同，字迹与纸张结合的牢固度也有很大的差别。因此，字迹与纸张的结合方式直接影响到字迹的耐久性。通过对油墨类、墨水类和铅笔类字迹与纸张结合方式的研究，我们可以把字迹与纸张的结合方式归纳为三类。

1. 结膜方式

有些字迹材料转移到纸上，不仅会渗透到纸张的孔隙内，还能在纸张表面形成一层膜，从而把字迹固定在纸张上。这种结合方式，除了色素和其他助剂渗透与纤维、纤维素产生分子间力和化学力外，有些助剂还会干燥成膜或氧化聚合成膜，这种膜有较强的固着牢度，耐摩擦、不扩散。因此，这种结合方式是最耐久的结合方式，如墨和墨汁、黑色油墨类字迹。

2. 吸收方式

通过纸张纤维吸收字迹材料而固定色素的结合方式称为吸收方式。这种方式只有吸收，没有结膜，色素没有油脂膜的保护，容易受环境影响发生病害。这种结合方式通过分子间力和化学力完成结合，形成的字迹比较牢固，属于比较耐久的结合方式，如墨水、圆珠笔、复写纸、印台油、蓝图线条类字迹。

3. 填充或黏附方式

有些字迹转移到纸上，既不被纸张纤维吸收，也不能在纤维表面成膜，仅以填充或黏附的形式附着在纸张表面的孔隙内，通过物质分子间力产生物理吸附，牢固度差，不耐摩擦。所以，这种结合方式是不耐久的结合方式，如铅笔类字迹。

（三）字迹耐久性的综合评价

评价一种字迹的耐久性，需要从色素成分与结合方式两个方面来进行综合分析。通过对色素成分和字迹与纸张结合方式的综合判断，可以将字迹的耐久性分为三类。

1. 最耐久的字迹

凡色素成分是碳黑、与纸张的结合方式是渗透结膜的字迹是最耐久的字迹，如墨、墨汁、黑色油墨等。

2. 比较耐久的字迹

凡色素成分是颜料、与纸张的结合方式是渗透结膜或吸收的字迹是比较耐久的字迹，如彩色油墨、蓝黑墨水、印泥、铁盐蓝图线条等。

3. 不耐久的字迹

凡色素成分是染料、无论以何种方式与纸张结合，这种字迹都是不耐久的字迹，如红墨水、圆珠笔、复写纸、印台油等；凡字迹仅以填充或黏附方式固定在纸张上，无论是何种色素成分，这种字迹都是不耐久的字迹，如铅笔。

从以上判断标准看，墨和墨汁的色素成分是碳黑，与纸张的结合方式是渗透结膜，因此，墨和墨汁是最耐久的字迹材料。油墨的色素成分有两种，一是碳黑，二是颜料。以碳黑为色素成分的黑色油墨，与纸张的结合方式是渗透结膜，是最耐久的字迹材料。以苯胺黑颜料为色素成分的黑色油墨、以颜料为色素成分的蓝、红油墨，与纸张的结合方式是渗透结膜，是比较耐久的字迹材料。印泥以颜料为色素，与纸张结合的方式为渗透结膜，是比较耐久的字迹材料。晒图字迹的色素成分为颜料，与纸张的结合方式为吸收，是比较耐久的字迹材料。蓝黑墨水字迹的色素成分是有机颜料，与纸张的结合方式是吸收，是比较耐久的字迹材料。印台油、复写纸、圆珠笔字迹因为色素成分主要是染料、铅笔字迹因为与纸张的结合方式是黏附，这四种字迹材料都属于不耐久的字迹材料。

（四）影响字迹耐久性的因素

字迹的耐久性除了决定于字迹色素成分以及字迹与纸张的结合方式外，还会受到外部环境的影响。概括起来，主要有以下几个方面。

1. 光

光是引起字迹发生不同程度褪色的主要因素，特别是有机染料为色素成分的字迹材料，对光线尤其敏感。这是因为光是有能量的，紫外线的能量更高，破坏作用更大。在日光作用下，字迹色素中的发色基团容易遭到破坏，引起字迹褪色。另外，光照会促进氧化性有害气体的形成，加大光照对字迹的破坏作用。

2. 高温高湿

库房温度过高，会使耐热性差的档案字迹发生油渗扩散，严重时使字迹模糊不清，如复写纸字迹，它的色素成分是油溶性染料，溶剂是油和蜡。油、蜡的熔点低，在长期高温条件下，油、蜡会熔化渗出，色素成分会随之扩散，使字迹线条变粗。高温还会加快有害物质对字迹的破坏速度。库房湿度过高，会使耐水性差的档案字迹发生扩散，如红墨水字迹，它的色素成分与纤维的亲和力较弱，档案受潮时，色素成分与纤维的结合力减弱，与水分子的结合力增强，随水分子向字迹线条周边扩散，导致字迹线条变粗，严重时会变得模糊不清。同时，高湿环境还会加速某些不利因素对字迹的破坏，如酸性有害气体与水分子结合形成酸性物质，破坏字迹的耐久性。

3. 酸、碱

酸或碱性物质对字迹具有一定的破坏作用，有的字迹在酸性条件下稳定，在碱性条件下不稳定，如红墨水字迹在酸性条件下稳定，遇碱容易褪色；有的字迹耐酸、耐碱性能都很差，如以有机染料为色素成分的复写纸、印台油字迹；有的字迹对酸、碱都有一定的抵抗力，在一般酸、碱性环境中，能够长期保持字迹的色泽和清晰度，不发生明显的变化，如以碳黑、颜料为色素成分的墨汁、油墨、蓝黑墨水、印泥等。

4. 氧化剂

空气中的氧化性有害气体对字迹具有破坏作用，如臭氧、二氧化氮、氯气等，它们具有氧化性，能够与字迹色素中的发色基团发生化学反应，使色素发色基团的成分和结构发生改变，导致字迹褪色或变色。

5. 有害气体

环境中对字迹耐久性有破坏作用的气体主要包括酸性有害气体和氧化性有害气体两类，这两种有害气体都会通过化学作用使字迹发生褪色或变色。酸性有害气体通过还原反应使字迹褪色，如硫化氢、二氧化硫等酸性有害气体，能将蓝黑墨水字迹中的有色三价铁离子还原为无色的二价铁离子，使字迹由黑色变为无色；氧化性有害气体能使字迹色素发色基团的成分和结构发生改变，导致字迹褪色或变色。

从影响字迹耐久性的因素看，为了保护好档案字迹的耐久性，延长档案的寿命，必须做好库房环境控制工作，尤其是要注意防光、防高温高湿、防水、防有害气体等。通过安装有空气净化功能的中央空调系统或独立配置空气净化设备来控制库房环境，确保库房空气质量符合国家有关规范的要求，防止环境中不利因素对档案字迹损害，确保档案长期安全保管。

第二章 民国纸质档案病害种类

民国档案形成之初，受社会发展水平和客观环境条件的影响，基础状况不佳。解放后，民国档案保管条件得到改善，但受客观条件制约，在相当长的一段时间内，民国档案的保管基本上仍为自然条件下的管理，对民国档案的病害发生也产生了不利影响。民国档案保存至今已有上百年的历史，档案载体材料的自然老化也是民国档案病害发生的一个重要因素。

民国纸质档案病害情况可以分为两类，一是档案纸张病害情况，一是档案字迹病害情况。为了直观地了解民国纸质档案病害情况，我们从二史馆已完成数字化的民国纸质档案中，筛选出一些典型病害档案进行展示说明。

第一节 民国档案纸张病害种类

档案纸张病害是指档案纸张受有害因素的影响，产生各种不利于档案长期保存和利用的损害。如常见的纸张老化、有害生物危害、腐蚀、污斑、粘连等。造成档案纸张病害的原因很多，可以概括为自然和人为两个方面。自然原因是指档案纸张在光、热、潮湿等不利因素的长期作用下，出现老化变质、霉烂虫蛀等病害情况。人为原因是指在档案保管和利用过程中，人为因素对档案纸张造成的损害，如污斑、腐蚀、机械损害等。

受各种因素的影响，民国档案纸张病害发生率较高，纸张病害种类较多，如纸张老化、有害生物危害、腐蚀、污斑、粘连等。有的民国档案纸张病害种类比较单一，只有某一种病害；有的则病害种类较多，在一页档案上往往出现多种病害叠加、互相影响的情况。

一、纸张老化

纸张老化是指档案在保存利用过程中发生的物理、化学性能的不可逆变化，这种不可逆变化影响纸张的耐久性，对档案长期安全保管产生不利影响。纸张老化外观上表现为纸张发黄变脆，呈碎片甚至粉末状；物理性能上表现为纸张耐折度、撕裂度下降，纸张机械强度降低；化学性能上表现为纸张pH值降低，纤维素聚合度下降等。纸张老化与其内部组成成分有关，也与外部环境中温湿度、光照、空气污染等有关。纸张老化的基本原理是纤维素的酸化水解和氧化降解、半纤维素和木质素的氧化降解等。纸张都会发生老化变质的情况，只是速度不同而已。酸性纸张老化速度快，中性纸和碱性纸老化速度慢；纸张保存环境好，老化速度慢，在低温、低湿、污染少、避光的环境中，纸张老化速度较慢。民国档案纸张质量不佳，长期处于不利的保管环境中，纸张老化情况比较普遍，有的还很严重（见图2-1、图2-2）。

二、有害生物危害

民国档案受有害生物危害的情况比较普遍，主要原因是民国档案长期处于自然保管条件，温湿度不能有效控制，防虫、防霉措施不到位，档案害虫和微生物容易在档案中滋生。据二史馆档案记载，20世纪50年代利用民国档案过程中，工作人员就发现民国档案长霉生虫的情况比较严重。民国档案受有害生物危害主要有两种情况：一是霉菌危害。档案受到霉菌危害后，不仅对档案产生直接的破坏作用，影响档案长期安全保管，同时，还对档案利用产生直接的影响。二是档案害虫危害。档案害虫在危害档案的过程中，不仅直接破坏档案，而且还将携带的污染物、排泄物黏附在档案上，污损档案和内容信息，影响档案利用和人员身体健康。另外，老鼠也会啃咬档案，给档案带来较大的破坏，造成档案大面积破损残缺，其排泄物也会污损档案，影响档案

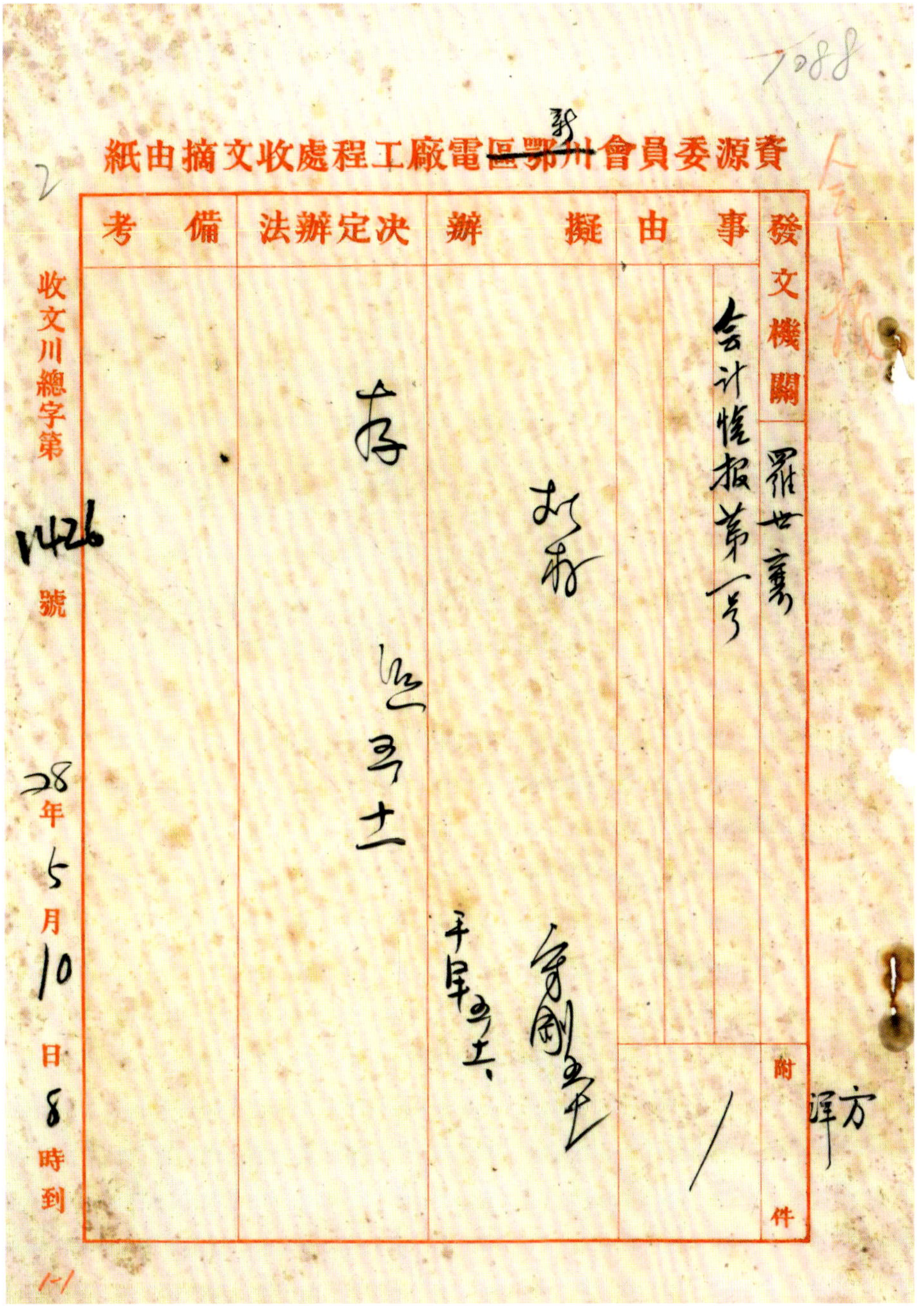
资源委员会川鄂区电厂工程处收文摘由纸

發文機關	事由	擬辦	決定辦法	備考
羅世襄	会计情报第一号	拟存	存	
附件				

收文川總字第 1426 號

28 年 5 月 10 日 8 時到

图 2–1 二史馆藏“资源委员会”全宗档案（卷号 47402，第 2 页），档案形成时间为 1939 年 5 月。从外观上看，纸张老化斑点明显，分布范围较大，纸张已经老化变质。

工廠登記聲請書

中華民國 年 月 日核准登記 字第 號 登記費							
廠　名	勝達鐵工廠	廠址	慈谿路二〇〇號			電話	三三三六
經理及廠長	姓名 沈德發	年齡 三十七	籍貫 浙江紹興	住址 慈谿路二〇〇號		電話	三三三六
主任技師及重要技術人員	姓名 沈德發		籍貫 浙江紹興	曾任亞美無線電製造廠無線電另件技師			
資本金額	金圓壹仟元						
廠內組織（公司或合夥組織者其經營系營存折注明）	獨資						
公司或商號登記日期			登記號數				
開工年月及其沿革	三十五年九月						
製品	種類	電線機					
	每年產量	式拾輛					
	每年價值	約計金圓肆仟元					
原料	種類	生鐵、熟鐵、銅等					
	產地	由本埠鐵行批發					
	每年需用及其價額	每年需用原料約生鐵叁噸、熟鐵式噸銅半噸，每年需用原料價值約計叁仟元金圓					
原件	種類	三尺車床二部，四尺車床壹部，大尺車床壹部，三匹馬達壹部					
	產地	車床係自造，馬達共車係購置					
動力	種類	車為馬達共伍座用電六〇〇度					
	座數	伍座					
	價值	約金圓壹仟式佰元					
成本合計表		每輛用生鐵約計壹担計金圓六〇元，熟鐵約式担計金圓六六六七元，銅約半担計金圓三〇元合計原料及車約金圓一二六六七元加製造人工及其他費用約計金圓四〇元共合每車價金圓一六六六七元此市價出售每輛約金圓二〇〇元估計可得淨利每輛金圓三三三三元					
全廠預算其次其							
有無分廠及分廠所在地	無						

注意
（一）如未經公司或商號註冊應將合夥人姓名年齡籍貫地址另立詳表
（二）製品種類過多時應另立詳表附呈
（三）須用毛筆正楷繕寫
（四）如外國人設立之工廠所有店名名字除原用外國文字外並須附中文詳名
（五）號數登記費及核准日期等欄由本處填寫

　　图2-2　二史馆藏"资源委员会"全宗档案（卷号38152，第26页），档案形成时间为1946年9月。档案纸张为机制纸，从外观上看，一页纸张出现了两种不同的情况，上半部分老化斑点明显，下半部分老化斑点较少。可能的原因是纸张长期折叠存放，上半部分朝上对外，与外界环境接触时间较长，老化速度较快，导致纸张老化现象明显；纸张下半部分被其他档案叠压，与外界环境有所隔离，老化速度变慢，纸张老化现象不明显。

利用和人员身体健康。库房保管条件不好，门窗不密闭、建筑空洞多、防鼠措施缺位等，都会导致老鼠容易进入库房，危害档案（见图2-3、图2-4）。

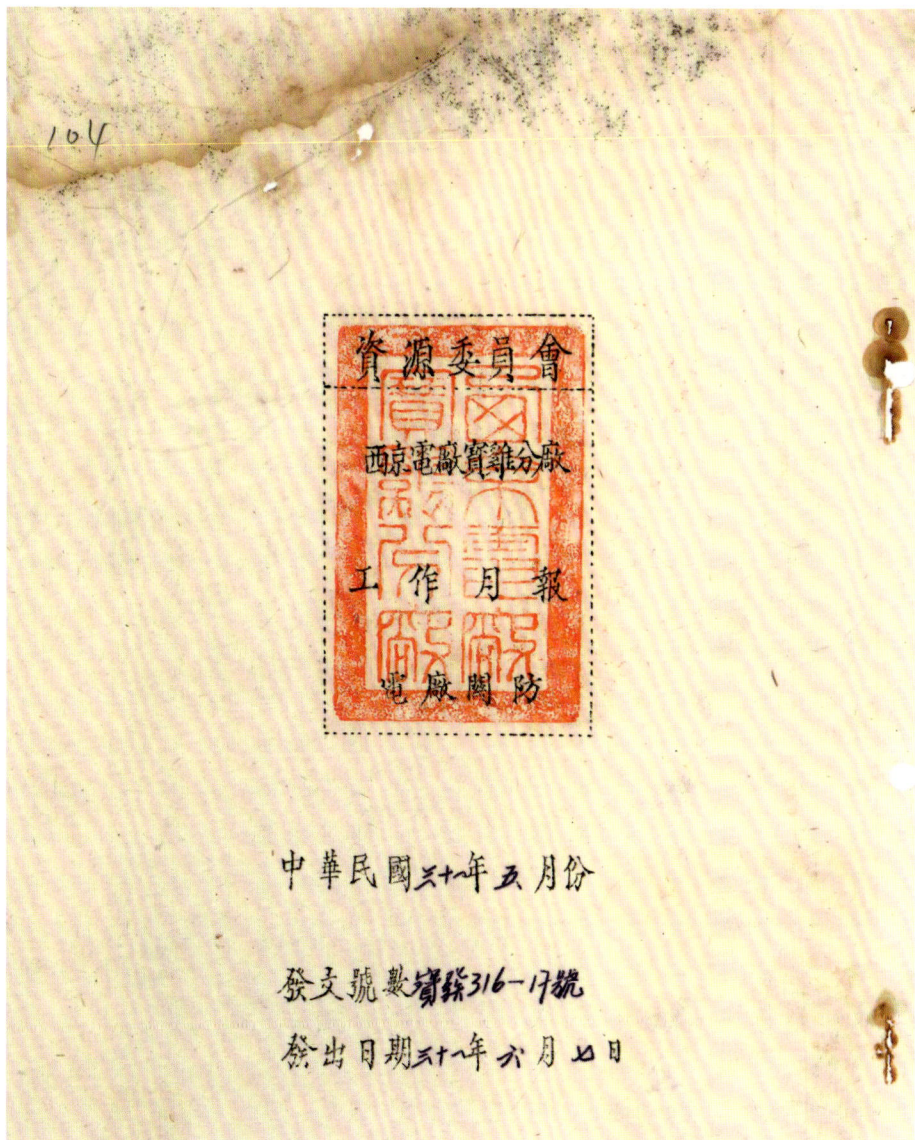

图 2-3　二史馆藏"资源委员会"全宗档案（卷号 46561，第 104 页），档案形成时间为 1942 年 5 月。

档案页面顶端可以明显看到受潮长霉，档案上出现霉斑。霉菌在档案纸张上生长繁殖，分泌纤维素酶降解纤维素，其代谢产物中又含有多种有机酸，使纸张 pH 值下降。纸张受到霉菌危害后，还会产生不同程度的污斑，进一步污损档案，影响档案利用，危害人员身体健康。

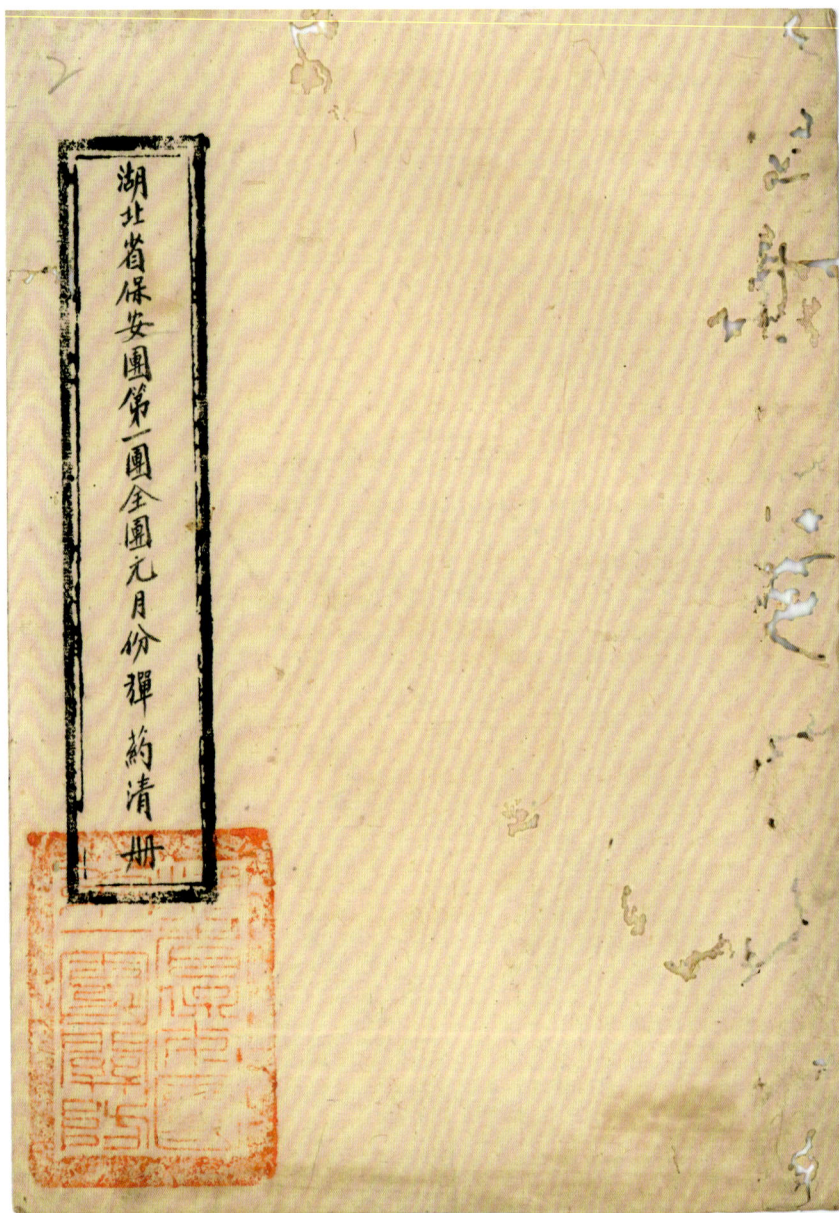

图2-4　二史馆藏"内政部"全宗档案（卷号15758，第2页），档案形成时间为1940年8月。档案右侧和上部出现了明显档案害虫危害的特征。档案害虫以纸张为食物，通过钻蛀、侵食和污损覆盖等方式危害档案和人体健康。有的档案害虫，如档案窃蠹，将档案钻蛀成很多圆形孔洞，有的甚至将整卷蛀穿。有的档案害虫，如白蚁、毛衣鱼，从档案边缘由外向内侵食，造成档案不规则缺损，或从档案表面层层侵食，使档案出现片状缺损。

三、腐 蚀

档案腐蚀主要有两种情况：一是酸性墨水字迹的腐蚀。早期的蓝黑墨水，酸性较强，pH值一般在2以下。墨水中的硫酸对纸张纤维素水解具有催化作用，加速纤维素的水解，墨水中的铁离子对纸张纤维素的氧化具有催化作用，在两者长期共同作用下，字迹所在部位及附近纸张强度不断下降，纸张颜色逐渐向浅褐色、深褐色转变，直至腐蚀脱落。二是档案中的金属装订物对档案的腐蚀。民国档案中使用金属装订物的情况较多，金属装订物种类也较多，如订书钉、曲别针、大头针等。在高温高湿环境的长期作用下，金属发生锈蚀，对档案产生腐蚀作用。同时，装订物中的铁离子能够加速纸张纤维素的氧化降解，导致纸张强度降低、颜色变深、腐蚀受损（见图2–5、图2–6）。

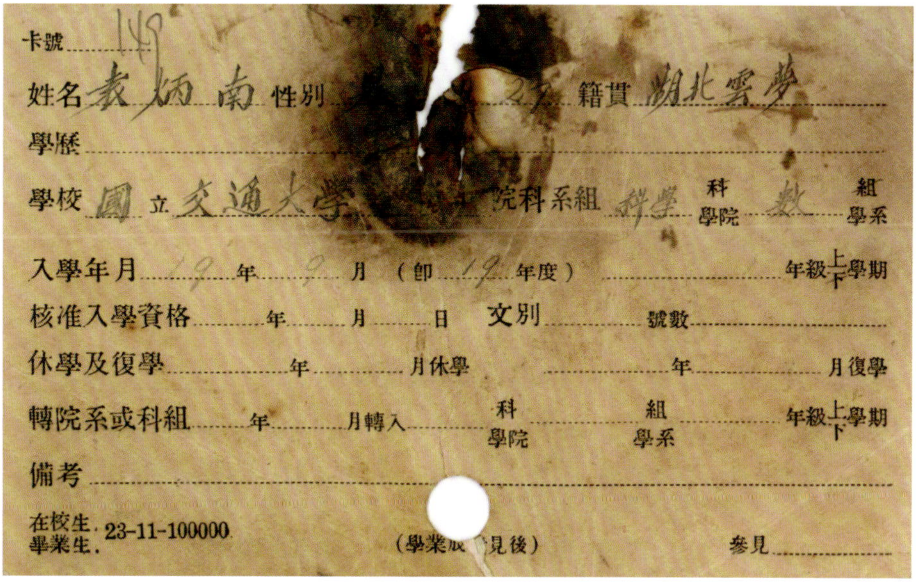
卡號
姓名 袁炳南 性別 籍貫 湖北雲夢
學歷
學校 國立交通大學 院科系組 科學 科學院 數 組學系
入學年月 19 年 9 月（卽 19 年度） 年級上下學期
核准入學資格 年 月 日 文別 號數
休學及復學 年 月休學 年 月復學
轉院系或科組 年 月轉入 科學院 組學系 年級上下學期
備考
在校生 畢業生 23-11-100000 （學業成 見後） 參見

图 2–5 二史馆藏“教育部”全宗档案（卷号 6215，第 149 页），档案形成时间为1935 年 2 月。从腐蚀形状看，该档案受到曲别针生锈腐蚀的破坏，部分纸张已经受损脱落，曲别针周围纸张已经受损变色，强度降低，极易损坏脱落。值得注意的是，腐蚀不仅对档案纸张造成了较大的破坏，同时对档案信息也造成了很大的破坏，部分字迹已经腐蚀脱落。

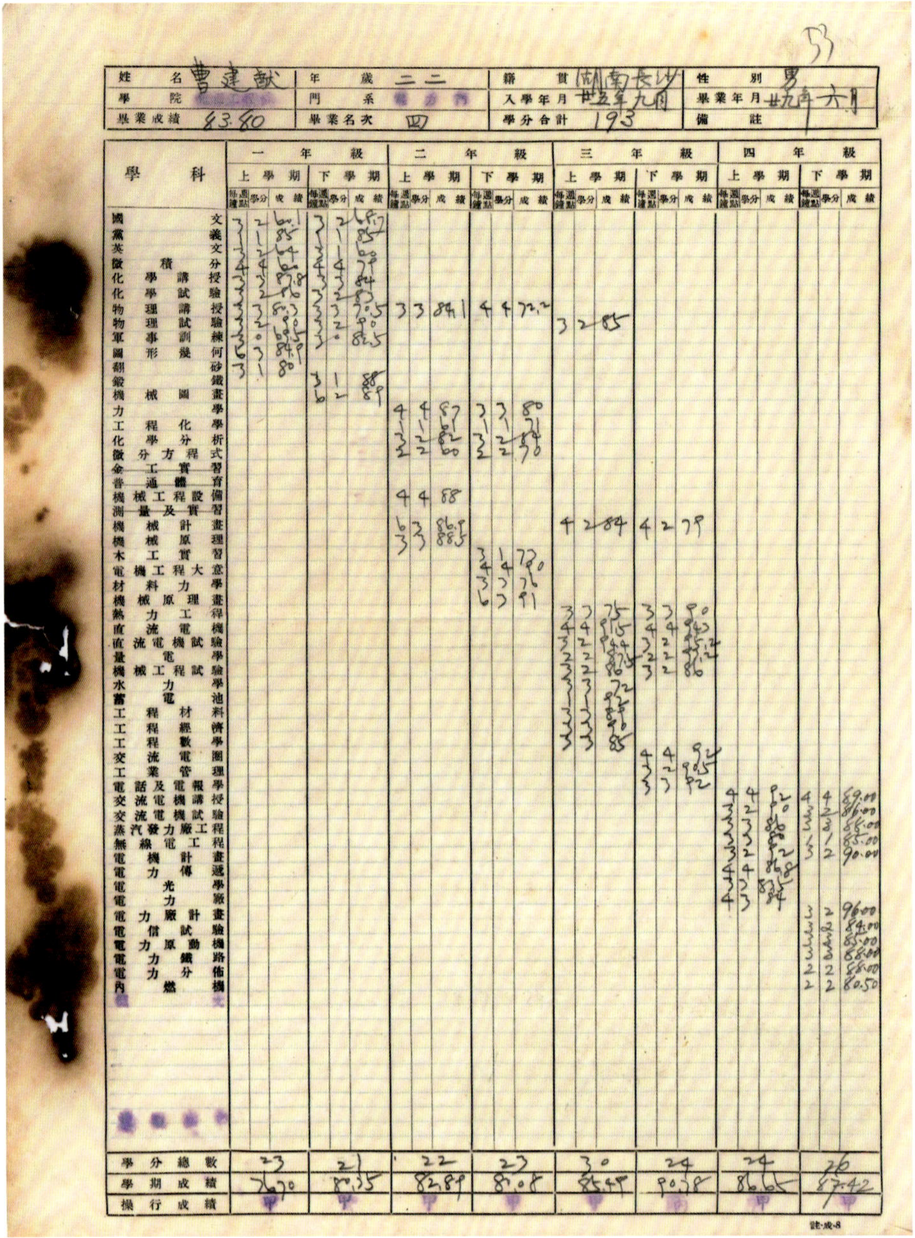

图2-6　二史馆藏"教育部"全宗档案（卷号6215，第53页），档案形成时间为1940年6月。档案左侧装订处受到三个订书钉锈蚀破坏，纸张破损变色。两个订书钉处已经发生腐蚀脱落，最上部的一个订书钉处的纸张也受到了严重的腐蚀。另外，订书钉之间或附近的纸张也出现了锈蚀破坏现象，说明金属装订物不仅会直接腐蚀装订位置的纸张，还会对装订物周围的纸张产生辐射性腐蚀。

四、污 斑

在保管、利用过程中，档案上会形成一些污染物，造成档案污斑病害。污染物在档案纸张上形成的污斑有很多种，如霉斑、泥斑、油斑、墨斑、蜡斑、水迹、锈斑等。污斑成因多样，对档案纸张的损害也是多方面的。污斑会对档案纸张、字迹产生破坏作用，影响档案长期安全保管；污斑会覆盖档案信息，甚至造成档案信息缺失，影响档案利用和安全保管。有些污斑会破坏字迹色素的结构，加速字迹的褪变，对字迹耐久性产生不利影响（见图2-7、图2-8）。

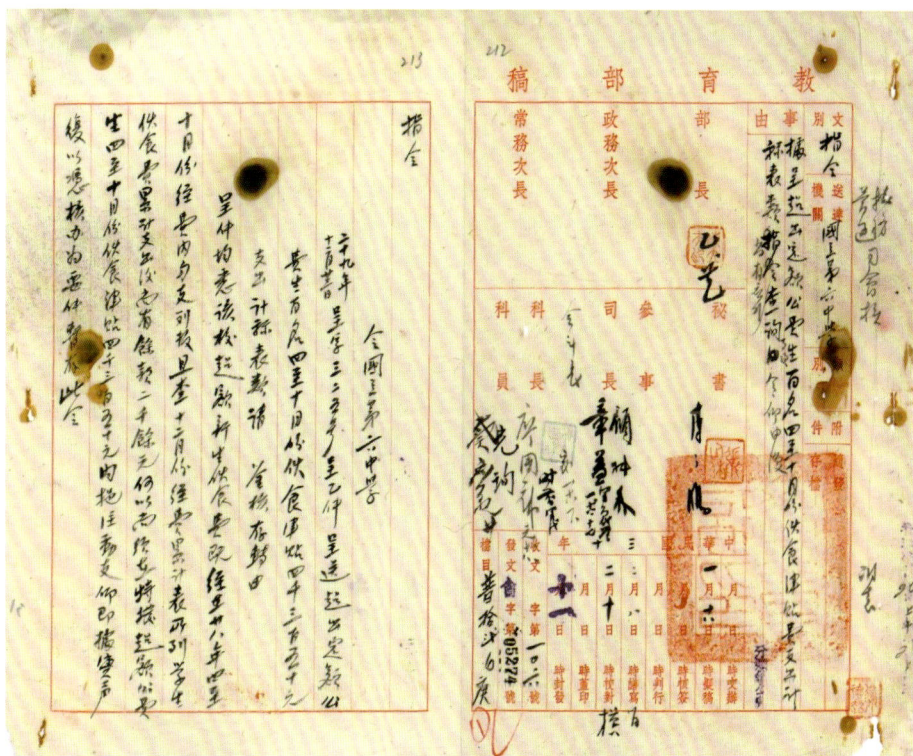

图 2-7 二史馆藏"教育部"全宗档案（卷号 7433，第 212—213 页），档案形成时间为1941 年 2 月。档案页面的上半部有几处不明液体污染，而且两页档案的污染位置和污染形状呈对称状态。从档案左右两边的金属装订物痕迹看，两页档案应该是装订在一起的。从污染程度看，档案第 1 页（右边）右下一处的污染比第 2 页（左边）左下一处的污染稍重，说明污染是从第 1 页渗透到第 2 页的。

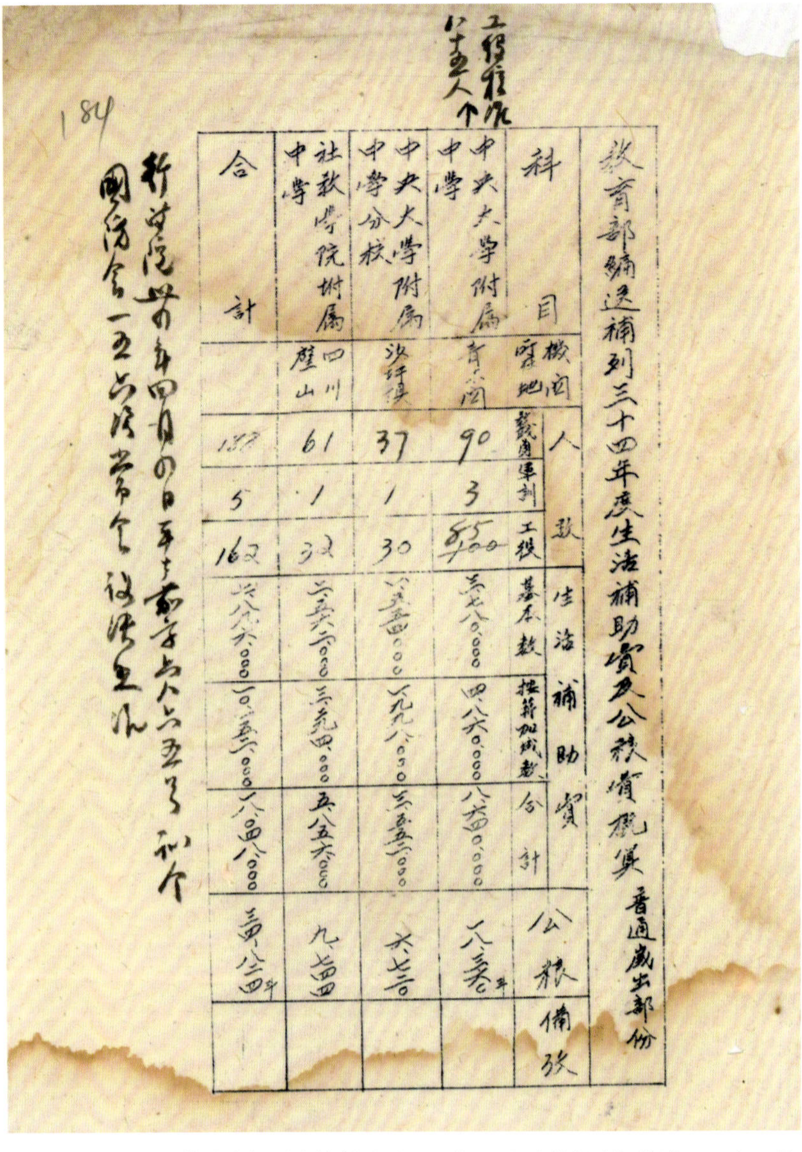
教育部續送補列三十四年度生活補助費及公粮費概算 普通歲出部份

图 2-8 二史馆藏“教育部”全宗档案(卷号 390，第 184 页)，档案形成时间为1945 年 4 月。整页档案受到潮湿侵害，在档案上形成水渍污斑，对纸张耐久性产生不利影响。虽然水渍未对该页档案字迹产生明显的褪色、扩散等不利影响，但民国档案中的染料墨水字迹如红、蓝墨水遇水受潮会发生褪色、扩散。因此，水渍污斑会对档案长期安全保管产生严重影响。

五、粘 连

粘连是指档案纸张彼此粘在一起，页与页之间分离困难的现象。造成档案纸张粘连的原因很多，如外部原因包括高温、潮湿、水浸、尘垢、霉菌、压力等，内部原因包括纸张、字迹中的黏合剂、纤维素吸水润涨特性及纤维素分子的氢键特性等。多页或者整卷粘连难以分开的档案会像砖块一样，称为"档案砖"（见图2-9、图2-10）。

图 2-9 二史馆藏"招商局中国邮轮公司"全宗档案(卷号 409),档案形成时间为1942 年。从档案实体看，整卷档案受水浸泡，档案纸张出现粘连情况。整卷档案前、后部分情况稍好，还能翻页，中间部分粘连严重，粘连档案数量较多，几张或十几张粘连一起，变成了几个厚纸板，档案纸张和字迹均已受到严重损害。

图 2-10 二史馆藏"中、中、交、农四行联合办事总处"全宗档案（卷号 2948）。从档案实体看，整卷档案遇水浸泡严重，已基本霉烂损毁。厚厚的一卷档案变成了两块"档案砖"，档案严重受损。档案砖的形成与档案受潮、霉菌滋生、保管不善等关系很大。从二史馆的情况看，在档案整理、修复过程中，档案砖偶有所见，但也有个别全宗档案砖比例较高。如 2019 年在整理"招商局"全宗档案时，发现需要修复的档案为 425 卷，但粘连严重的有近 70 卷，其中大部分都是档案砖。

第二节　民国档案字迹病害种类

　　档案字迹病害是指档案字迹受有害因素的影响，产生各种不利于档案长期保存和利用的损害。如常见的字迹褪色和扩散、各种污染物对字迹的污染、有害生物对字迹的损害、人为因素对字迹的破坏等。造成档案字迹病害的原因很多，可以概括为自然和人为两个方面。自然原因是指档案字迹材料在光、热、潮湿等不利因素的长期作用下，出现褪色、变色、扩散等自然变化，出现字迹病害。人为原因是指在档案保管和利用过程中，对档案字迹造成的损害，如污斑、腐蚀等。

　　受各种因素的影响，民国档案字迹病害发生率较高，字迹病害种类较多，如字迹褪色、扩散、转移、腐蚀、污斑、有害生物危害、粘连等。有的民国档案中，字迹病害种类比较单一，只有某一种病害；有的则病害种类较多，在一页档案上往往出现多种字迹病害。

一、字迹褪色

字迹褪色是指档案上的字迹颜色发生了改变或字迹色素成分发生了变化，导致字迹颜色逐渐消退，直至字迹完全消失的现象。档案字迹的褪色不仅与其色素成分有关，也与档案保管和利用环境有关，长期光照、高温、潮湿的环境和各种有害气体的影响也是档案字迹发生褪色的重要原因。民国档案中字迹材料种类较多，如黑色印刷油墨、墨汁、印泥、蓝黑墨水、黑色油印油墨、彩色印刷油墨、蓝色复写油墨、蓝红印油、铅笔等，其中前三种字迹材料是最耐久的字迹材料，不易受外界环境影响而褪色、扩散，后面几种字迹材料为比较耐久和不耐久的字迹材料，容易受外界环境影响，发生褪色、扩散等病害（见图2-11、图2-12）。

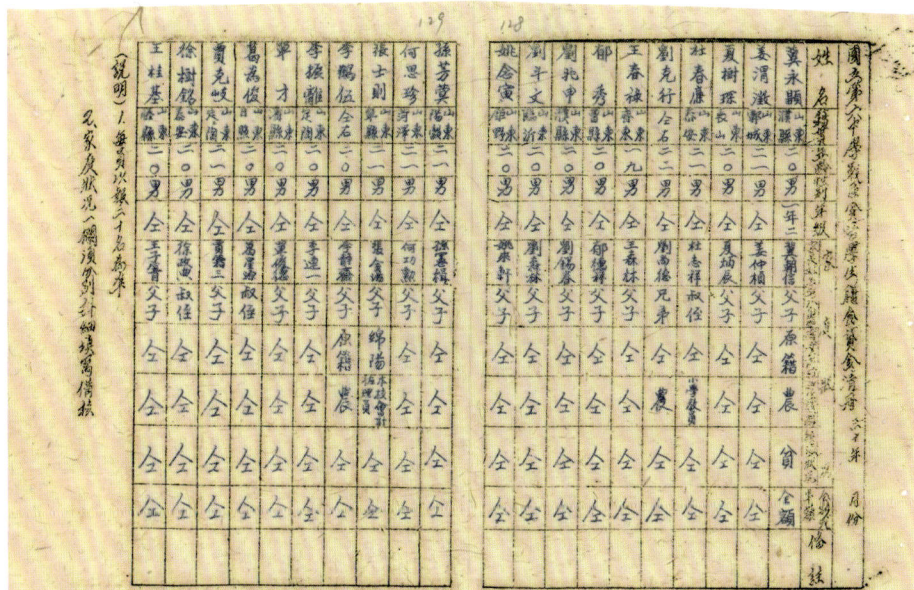

图2-11　二史馆藏"教育部"全宗档案（卷号7433，第128—129页），档案形成时间为1941年。该份档案上有两种字迹材料，一是钢笔字迹，二是黑色油印油墨字迹。钢笔字迹基本保持原样，但黑色油印油墨字迹出现了褪色现象，特别是右侧部分褪色严重。"家庭状况"栏内的文字已基本无法辨认，通过放大图片勉强可以看到"家长姓名""与本人关系""经济状况"等内容。民国档案中这种黑色油印油墨字迹较多，出现褪色的情况比较多，有的字迹甚至已经完全消失。

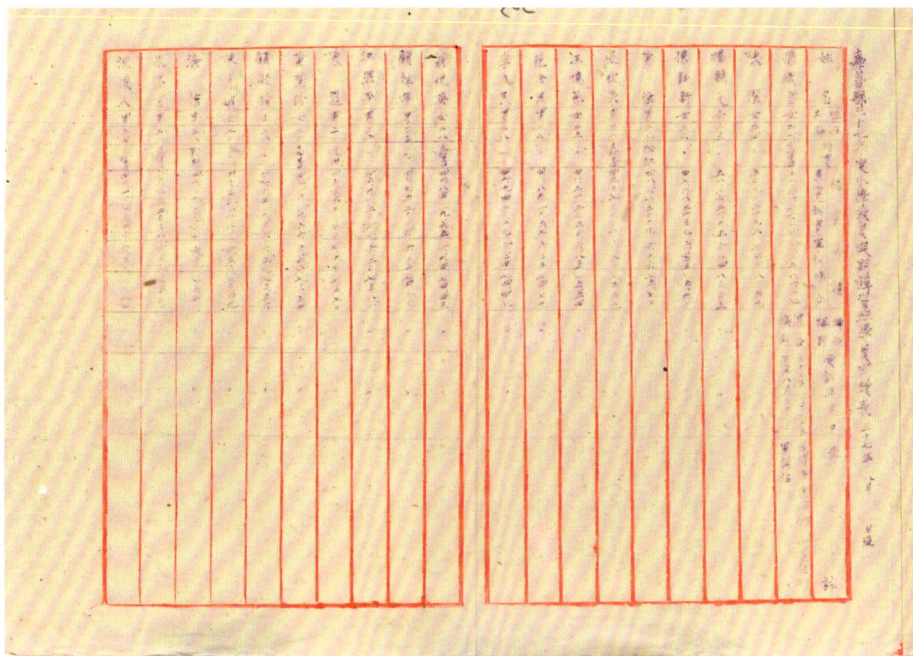

图 2-12 二史馆藏"教育部"全宗档案（卷号 11042，第 202—203 页），档案形成时间为 1948 年 8 月。这份档案的字迹材料为蓝色复写纸字迹，其内容已基本无法辨认。只有通过放大图片勉强可辨认部分内容。民国档案中这种蓝色复写纸字迹也比较多，褪色情况都比较严重。

二、字迹洇化扩散

字迹洇化扩散是指字迹受潮、油或者有机溶剂的影响，向纸张纤维的方向扩散和渗透，线条逐渐变粗，色素含量逐渐减少，导致字迹模糊、影响阅读的现象。字迹洇化扩散一般分为两种情况，一种是字迹中不耐高温的溶剂长期受高温环境的影响，逐渐向字迹四周融化扩散，带动字迹色素位移，字迹线条变粗，发生扩散现象；另一种是字迹中水溶性染料色素在高湿环境或遇水受潮后，染料分子随水分子在纸张上扩散和渗透，导致字迹洇化扩散。

字迹洇化扩散不仅与溶剂和色素有关，还与档案保管条件有关。因此，做好档案库房温湿度控制和空气净化工作，对保护档案字迹材料，最大限度也延长档案寿命具有重要意义（见图 2-13、图 2-14、图 2-15）。

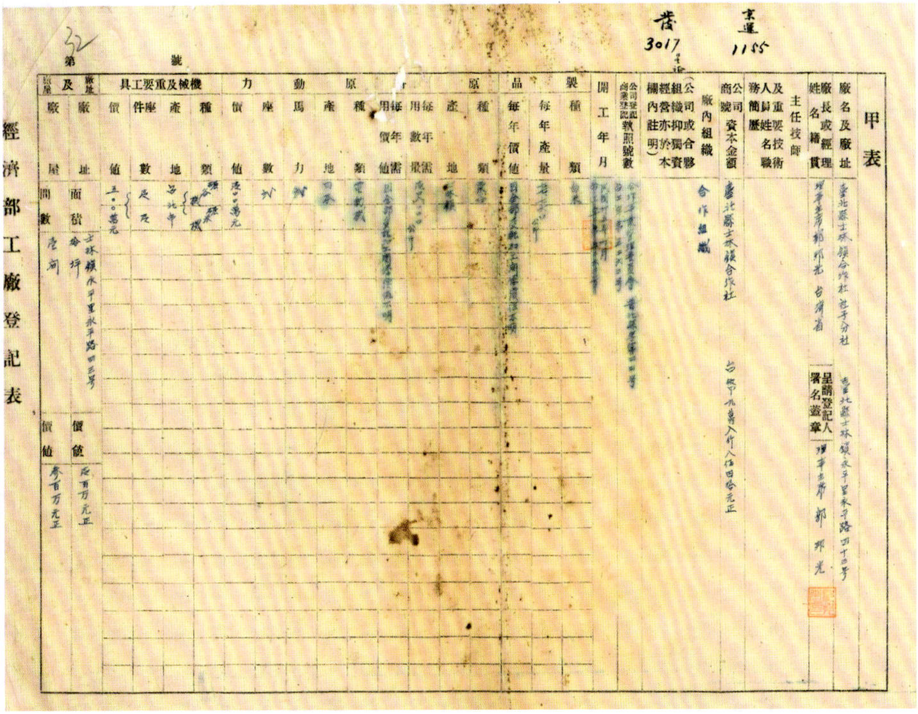
經濟部工廠登記表

甲表

廠名及廠址：臺北縣士林鎮合作社 社子分社

廠長或經理姓名籍貫

主任技師

重要技術人員姓名及簡歷

公司資本金額：臺北縣士林鎮合作社

商號

廠內組織：合作組織

組織（公司或合夥或獨資本欄內亦應註明）

公司或商號登記執照號數

開工年月

製品：種類、每年產量、每年價值

原料：種類、產地、每年需用數量、每年需用價值

原動力：種類、產地、馬力、座數、價值

機械及重要工具：種類、產地、座數、件數、價值

廠址及房屋：廠址面積、廠屋間數、價值

呈請登記人署名蓋章

第　　號

图 2-13　二史馆藏“资源委员会”全宗档案（卷号 38164，第 32 页），档案形成时间为1946 年。档案中蓝色墨水字迹一部分未扩散，一部分已经扩散，可能是保管的原因，档案中间部分受外部环境的影响较大，导致字迹扩散。

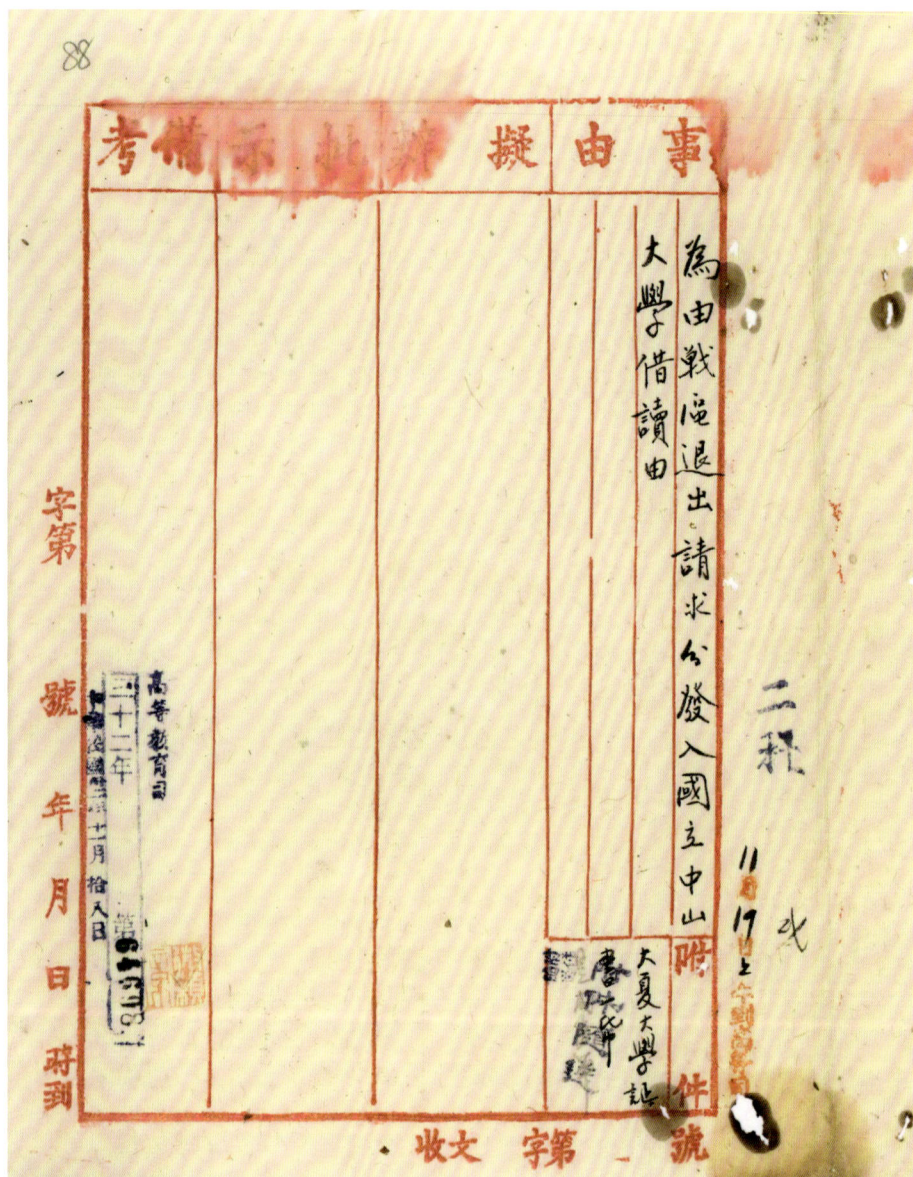

图 2-14　二史馆藏"教育部"全宗档案（卷号 13976，第 88 页），档案形成时间为 1943 年 11 月。

档案上部红色字迹（包括边框）受潮扩散。民国档案中这种红色字迹材料很普遍，这是民国时期常见的办文单，很多单位都会印制类似的办文单，但这些办文单遇水后的特性不完全一样。有的办文单上的红色字迹材料遇水不易扩散，有的则容易扩散。其原因可能是红色字迹材料的成分不一样，有的是红色印刷油墨，遇水不扩散，有的是用红色墨水或其他红色染料印制的，遇水则会扩散。

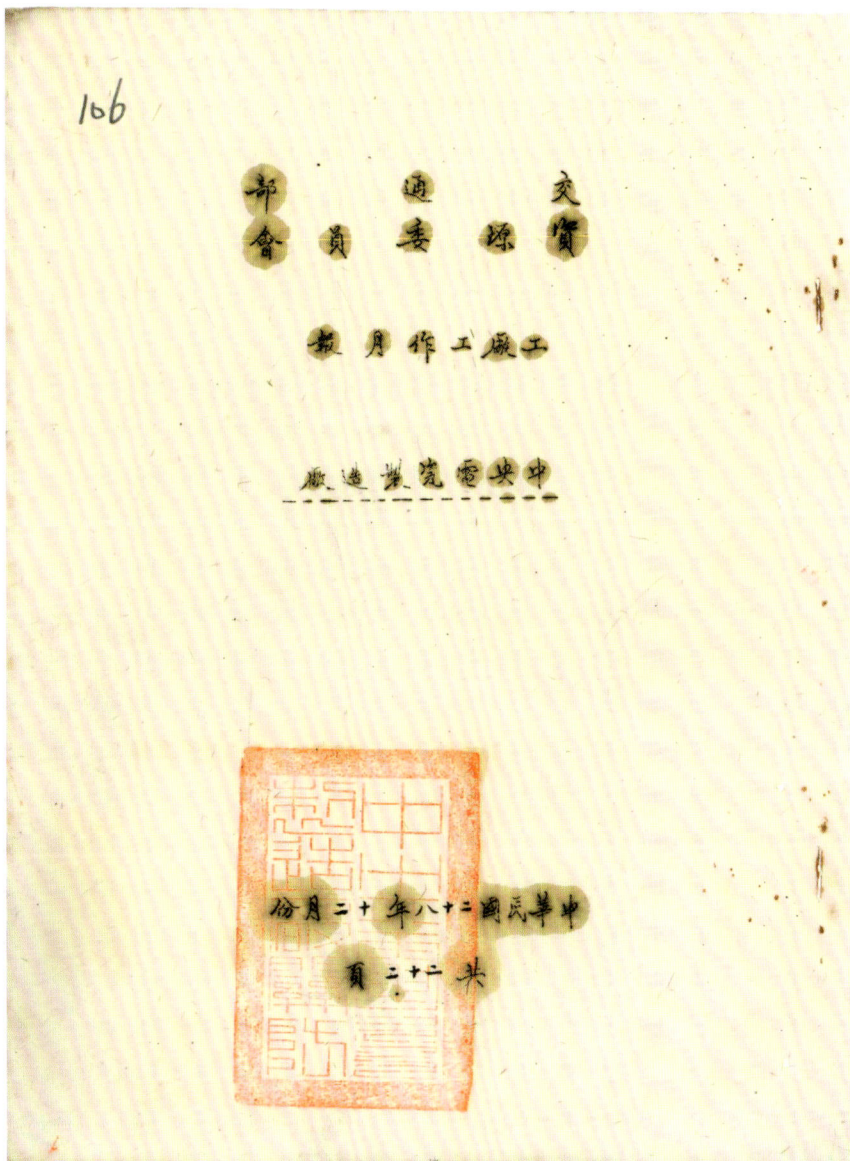

图 2-15　二史馆藏"资源委员会"全宗档案（卷号 26347，第 106 页），档案形成时间为 1939 年 12 月。档案字迹种类为黑色油印油墨，字迹中溶剂已经发生扩散、渗透的情况。其原因可能有两个方面：一是档案保管条件不佳。在长期高温环境作用下，油墨中的溶剂发生溶化、扩散，导致字迹扩散。二是油墨的质量不过关。油墨中溶剂配比过高或溶剂质量不高，也会导致油印油墨字迹发生扩散现象。

三、字迹转移

字迹转移是指一页纸张上的字迹渗透或者转印到了相邻纸张上，造成本页纸张上的字迹褪色变淡，相邻纸张及其上面的字迹受到污染的现象。在长期保管利用过程中，档案受高温高湿、有害气体等不利因素的影响，字迹色素会发生软化、溶解、扩散或渗透的情况，出现字迹转移现象。以油溶性、水溶性染料为色素的字迹材料更容易发生字迹转移，如圆珠笔、复写纸、印台油、染料墨水字迹等（见图2-16、图2-17）。

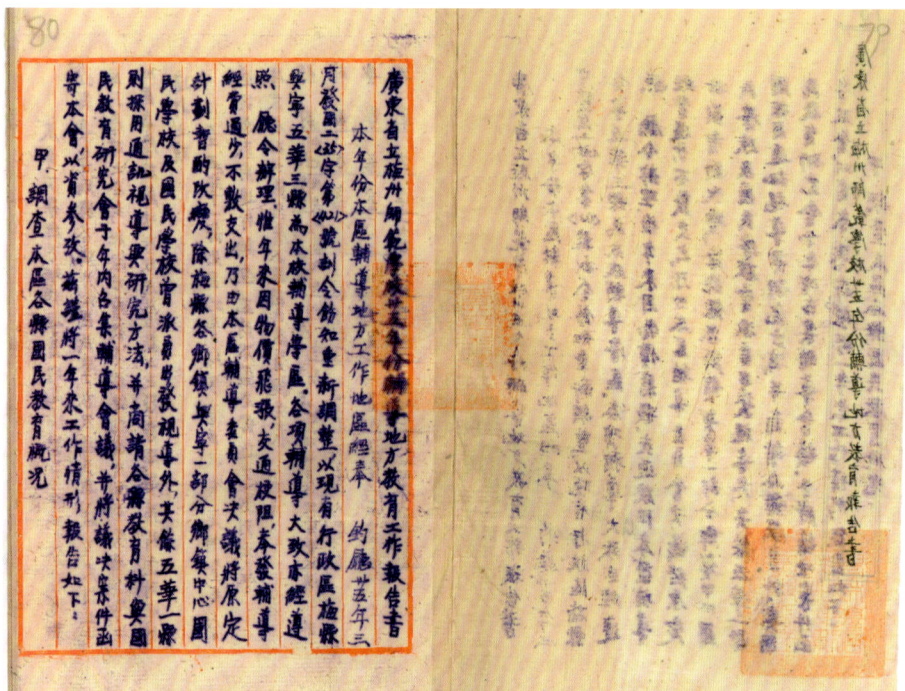

图 2-16　二史馆藏"教育部"全宗档案（卷号 10910，第 79—80 页），档案形成时间为 1946 年 2 月。该份档案第 79 页实际上没有信息，右边黑色字迹和印泥是前一页即第 78 页渗透过来的，页面上大部分蓝色字迹是下一页即第 80 页上蓝色复写纸字迹转移过来的。第 79 页的唯一内容是骑缝章的一部分信息，前后两页都对本页产生了字迹转移和透字的污染。

臺灣肥料有限公司第五廠

現金結存及銀行透支明細表

中華民國 37 年 11 月 30 日 會字第 11 號第 全 頁

現 金 結 存	金 額	
	小 計	合 計
庫 存 現 金		552,775 00
庫 存 國 幣	552,775 00	
庫 存 外 幣 ＿＿＿ 折率		
庫 存 外 幣 ＿＿＿ 折率		
銀 行 存 款		6,259,150 98
台北台灣 銀行# 1518 戶 台 國幣	133,053 41	
新竹台灣 銀行# 15 戶 台 國幣	6,126,097 57	
＿＿＿ 銀行# 戶 外幣 ＿＿ 折率		
＿＿＿ 銀行# 戶 外幣 ＿＿ 折率		
公 庫 存 款		
零 用 金		
週 轉 金	8,650,000 00	8,650,000 00
總 計	15,461,925 98	15,461,925 98

銀 行 透 支	契約透支額	本月底已支額	約定清償日期
銀行透支# 戶 年 貸款			
銀行透支# 戶 年 貸款			
銀行透支# 戶 年 貸款			
總 計			

機關長官　　主辦會計人員　　主辦出納人員　　製表員

图 2-17 二史馆藏"资源委员会"全宗档案（卷号 45331，第 36 页），档案形成时间为1948 年 11 月。档案页面上有明显的蓝色转移字迹，这是由上一页档案上的蓝色复写纸字迹慢慢扩散、渗透，透过纸张背面转移到下一页的正面而形成字迹转移。字迹转移对相邻档案造成了污染，页面清晰度下降，影响利用。

四、字迹腐蚀

字迹腐蚀是指字迹材料酸性过大，腐蚀纸张，久而久之，字迹部分纸张强度消失，字迹失去支撑而脱离纸张。另外一种情况是，档案上的金属装订物（如曲别针、订书钉、大头钉等）发生锈蚀，在腐蚀纸张的同时也腐蚀字迹，出现字迹腐蚀病害现象。字迹腐蚀和纸张腐蚀是有一定的关联性，字迹腐蚀一定会伴有纸张腐蚀，纸张腐蚀不一定会发生字迹腐蚀（见图2-18）。

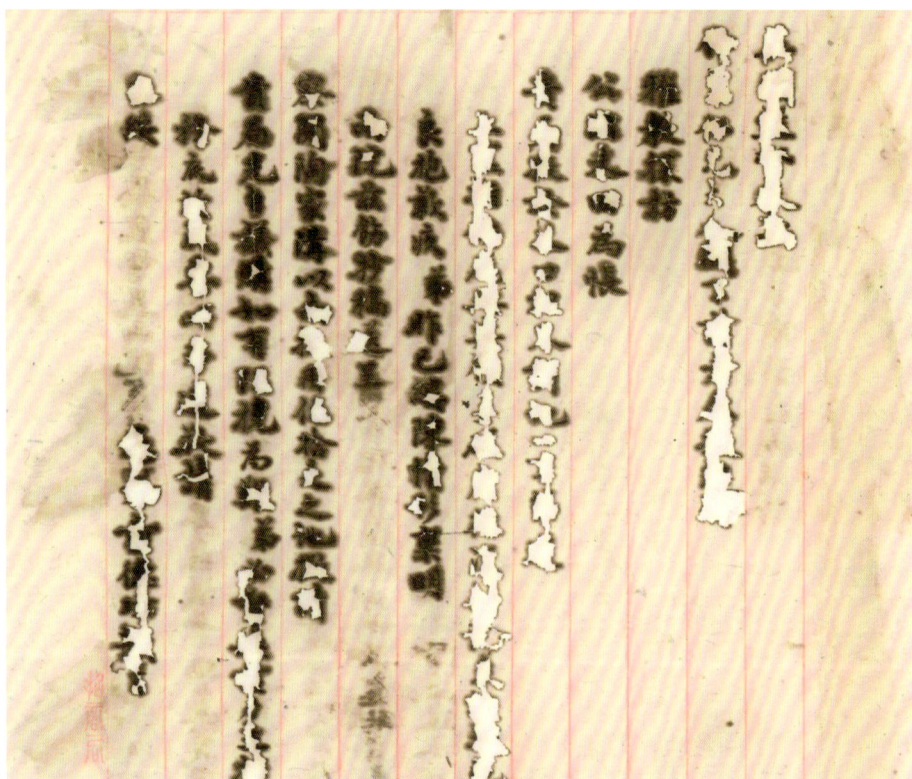

图2-18　二史馆藏"招商局中国油轮公司"全宗档案（卷号是254，第102页），档案形成时间为光绪三十一年（1905）。从图片上看，整页档案字迹扩散，腐蚀严重。主要原因是使用了酸性很强的进口铁盐墨水。这种铁盐墨水是19世纪末20世纪初从欧洲传入中国的书写材料，在一些洋务运动中兴起的机构中应用较多，如江南制造总局、轮船招商局、江汉海关等。这种墨水对纸张的腐蚀性很强，导致纸张纤维水解断裂，字迹失去支撑，从纸张上脱落，形成空洞。目前，各地档案馆还收藏了一定数量的铁盐墨水书写的档案，应及时做好抢救保护工作。

五、字迹污损

字迹污损是指档案受各种不利因素的影响，字迹出现污染和损毁的情况。档案字迹出现污损病害，一方面，会影响字迹清晰度，导致档案中部分字迹不能清晰辨认，对档案安全和利用产生不利影响；另一方面，会影响字迹的完整性，导致档案中部分字迹笔画缺失或字迹完全缺失，影响档案安全和有效利用。

档案字迹污损发生的原因多种多样，有些是多种因素共同作用下的结果。民国档案字迹污损发生的原因，可以归纳为自然和人为两种。自然原因主要是指档案纸张、造纸添加剂、金属装订物等材料自然老化对字迹产生的污损破坏，以及自然灾害对档案字迹产生的破坏。档案在长期保存过程中，纸张纤维素的酸化、造纸添加剂的老化都会导致纸张表面出现各种污斑，对档案字迹清晰度产生不利影响。档案中的金属装订物受潮生锈，会腐蚀档案字迹，严重时导致字迹整体缺失。自然灾害（如地震、泥石流、洪水等）是造成档案字迹污损病害的重要原因。档案遭遇泥沙、洪水等破坏，往往损失较大，档案字迹污损是档案受损的一个重要方面。

档案字迹污损发生的人为原因也比较复杂，既有客观条件的影响，也有在档案管理过程中的不当行为造成的污损破坏。客观条件影响包括战争等人为灾害对档案安全带来的不利影响，导致档案缺乏安全稳定的保管环境，档案字迹受战火、迁徙等多种不利因素影响发生污损的情况。客观条件影响的另一方面是指受经济社会发展水平影响，档案长期处于自然保管条件，受到害虫、霉菌和灰尘的侵害，导致档案字迹污损病害的发生。害虫、霉菌在新陈代谢过程中，不仅会产生排泄物、分泌物污染字迹，而且会直接蛀蚀纸张，损毁字迹。档案保管条件不当，档案库房中的灰尘含量会较高，灰尘中有的是浮尘，容易去除；有的在档案上受潮后挤压成块，覆盖字迹，对字迹产生污染。档案管理过程中，也会发生档案字迹污损情况。如档案字迹上的水渍、油斑、蜡斑、不明液体污斑等各种污损甚至一些字迹破损情况，很多是因为档案保管和利用过程中的不当行为造成的。

档案字迹污损有时是单一病害；有时是复合病害，多种字迹污损出现在同一份档案上。民国档案保护状况不佳，字迹污损情况多属于后者（见图2-19、图2-20）

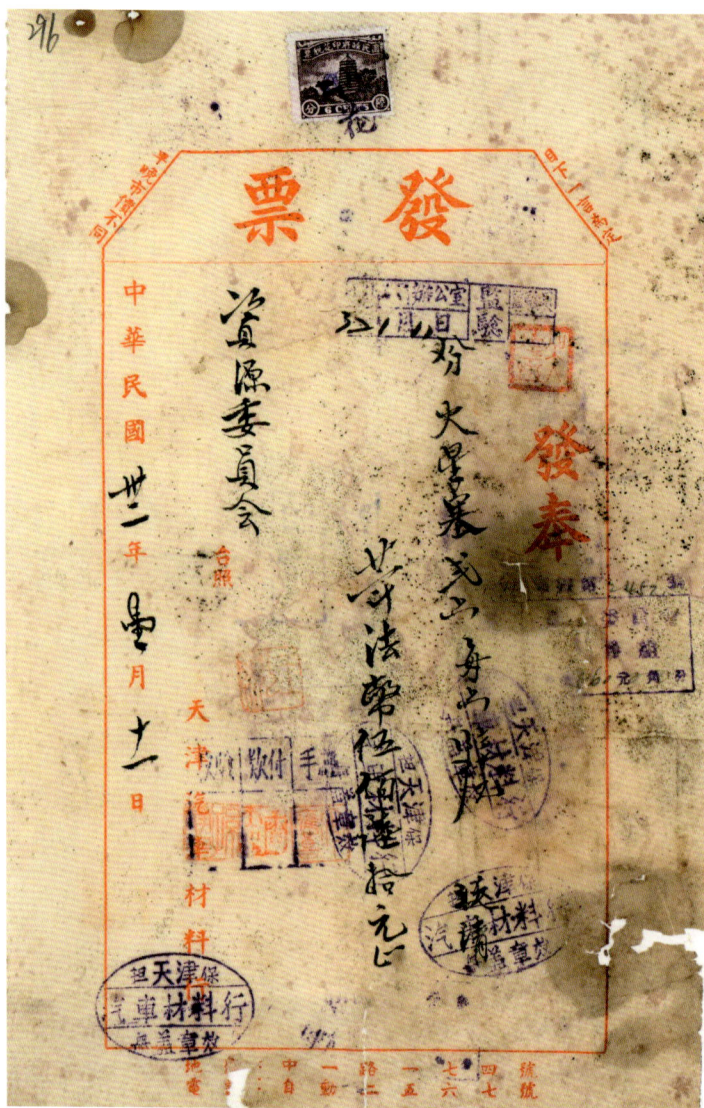

图 2-19　二史馆藏"资源委员会"全宗档案（卷号 5808，第 296 页），档案形成时间为 1943 年 1 月。
整页档案可以看到有多种字迹污损，最明显的是档案上有大量的霉斑，污染字迹；其次是金属装订物锈蚀字
迹的污斑；再次是档案底端的机械破损造成的字迹损害。中间区域可以看到明显的霉斑，虽然对墨汁和红色
印刷油墨字迹没有明显的影响，但对印台油字迹、印泥字迹和墨水字迹都造成了明显的污染。页面右侧两处
金属锈蚀污斑已经对蓝色印台油字迹造成了污染，如果继续恶化，纸张会失去强度，和字迹一起脱落。底端
机械破损直接造成档案字迹损失，虽然在这份档案上，我们能够猜想到缺失字迹的内容，但在很多情况下是
不能弥补的，机械破损对档案字迹的损害是直接的、不可挽回的。

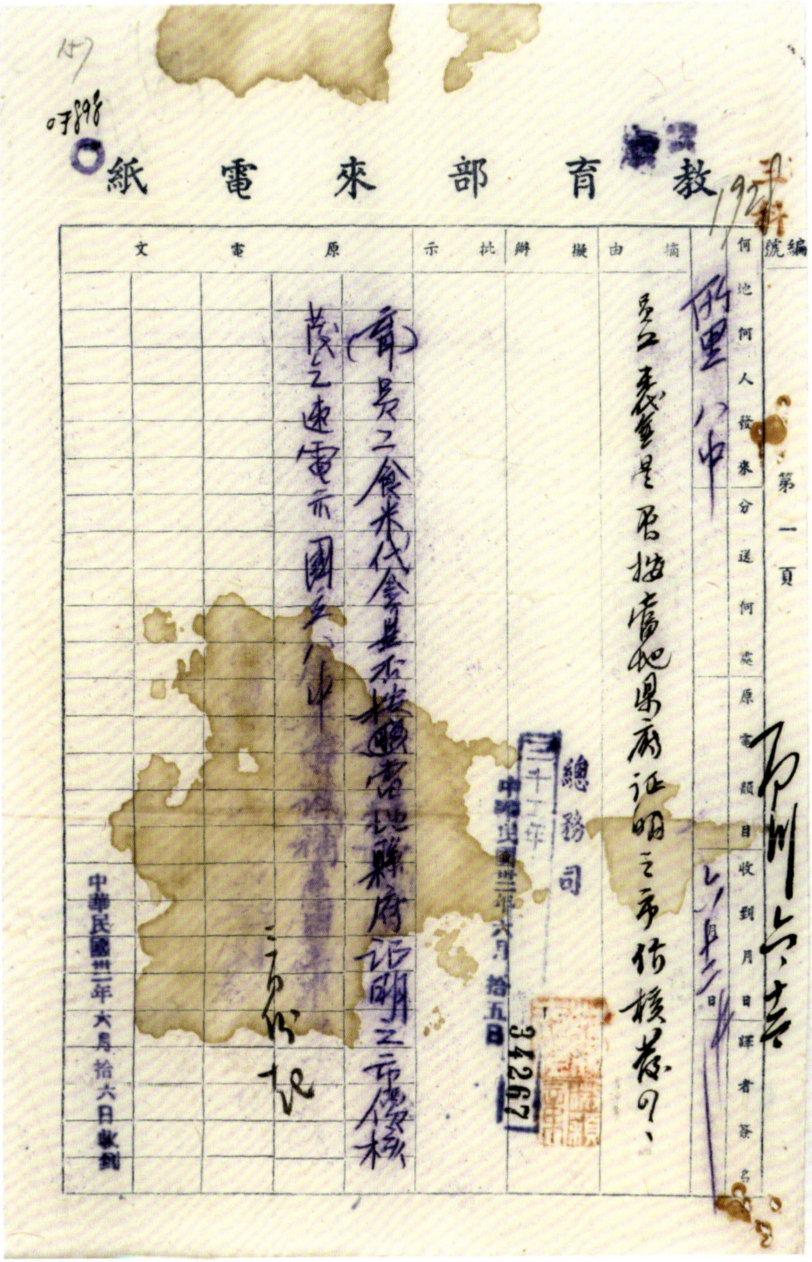

图 2-20 二史馆藏"教育部"全宗档案（卷号 7523，第 157 页），档案形成时间为 1943 年 6 月。

档案页面上有明显的污斑，可能是茶叶水渍，也可能是其他不明液体污渍。污渍不仅对档案造成了明显的污染，而且对字迹的耐久性也产生了一定的影响。

六、有害生物危害

有害生物危害是指霉菌、档案害虫和老鼠对档案的破坏。霉菌在纸张上生长繁衍会产生霉斑，污染遮盖字迹，有些霉菌分泌纤维素酶降解纤维素作为营养物质，使纸张耐久性下降，字迹逐渐褪色直至消失。档案害虫喜食纤维素、淀粉含量丰富的材料，如纸张、浆糊等。在档案害虫世代中，幼虫最活跃，进食量大，对档案的破坏也最大。老鼠也是一种对档案有害的生物，会给档案装具、纸张、字迹造成直接的破坏（见图2-21）。

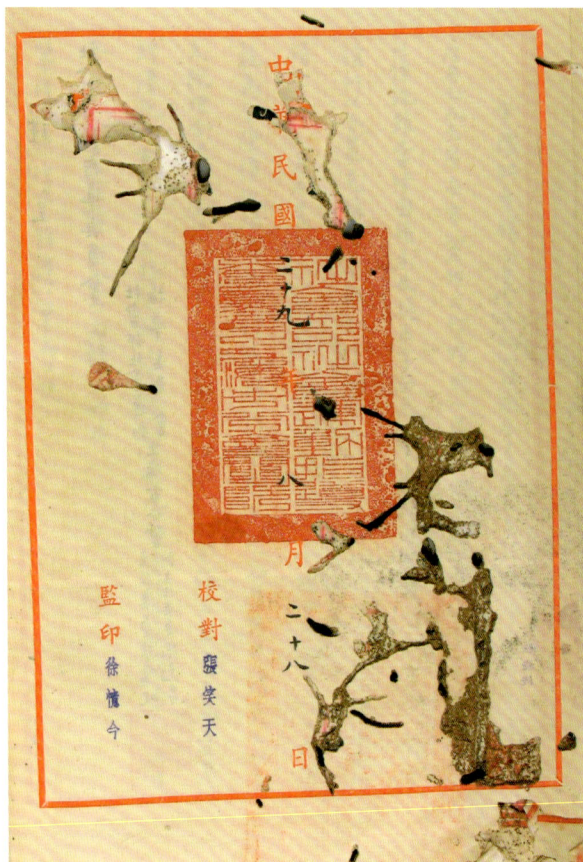

图2-21 二史馆藏"社会部"全宗档案，档案形成时间为1940年8月。整卷档案虫蛀严重，虫蛀空洞部分基本已经贯穿整卷，其余虫蛀部分也深入案卷内部，对档案纸张和字迹都造成了严重的危害。

七、粘 连

粘连是指档案上的字迹与相邻纸张或字迹粘连到一起而不能轻易分开，字迹不能查看，粘连严重时会形成档案砖，整卷档案无法利用。和其他字迹病害一样，粘连是一种严重的字迹病害。字迹粘连的主要原因是档案中的灰尘较多，档案受潮或保管环境中湿度较大，灰尘会产生胶状物质（氢氧化铝），使纸张相互粘连。潮湿的档案容易滋生霉菌和真菌，微生物生长过程中分泌的黏性液体也会导致纸张和字迹粘连。另外，档案字迹材料中含有的添加剂，如墨汁中的动物胶、铅笔中的黏土、印泥中的陶土等，在不利的外部环境作用下，也会造成纸张和字迹粘连（见图2-22）。

图2-22 二史馆藏"内务部"全宗档案（卷号7806，未编页），档案形成时间为1917年2月。该卷字迹粘连部分为折子页，图片中，上下页字迹粘连，下页字迹被粘连到上页，下页字迹部分形成空洞，字迹缺失；上页字迹遭到覆盖，无法辨认，形成严重的字迹病害。

第三章 民国纸质档案修复原则、基本要求与前期准备

档案修复工作的目的是最大限度地延长档案寿命，实现档案信息资源的长期安全保管。为此，我们必须对档案修复工作进行顶层设计，明确指导思想、工作原则、基本要求，规范工作流程、修复方法、质量要求等，确保档案修复工作科学、规范开展。目前，正在施行的纸质档案修复工作规范，如《档案修裱技术规范》（DA/T 25—2000）、《纸质档案抢救与修复规范》等，是指导纸质档案修复流程和操作，确保修复工作质量，避免不当修复对纸质档案造成二次破坏的规范性文件，在工作中应该严格执行。在开展具体修复工作之前，每一名修复工作者都应该正确理解和精准掌握纸质档案修复的工作原则、基本要求，并将其贯穿工作的始终。

第一节 常用术语和定义

纸质档案修复工作中有一些常用的名词和专门的定义，用来表达和描述档案修复的一些概念、材料、工序、关系和过程等。这些术语和定义，对我们正确理解档案修复工作性质，准确把握档案修复工作内涵，科学开展档案修复工作很有帮助。

1. 补缺：对残缺或被虫蛀的档案进行修补，使之完整并增强牢度的一种修复技术。

2. 撤潮：将刷完浆水的档案或托纸放置在撤潮纸上吸去多余水分的过程。

3. 除霉：采用一定的技术方法，将档案上滋生的霉菌去除的过程。除霉过程不能对档案制成材料造成损害。

4. 残缺：档案制成材料呈现残破、缺失或装订受损等现象。

5. 裁切：使用刀具等工具将档案外沿多余的补纸、托纸裁切下来的过程。

6. 虫蛀：档案害虫危害档案制成材料，造成污染、破坏或导致其理化性能下降的现象。

7. 档案砖：因保管不善，档案长期受潮、受压，在高温、灰尘、霉菌、潮湿和挤压等作用下，档案纸张粘连在一起形成砖状的现象。

8. 打浆：将干淀粉制作成修复用浆糊的过程。

9. 搭口：档案破损处与补纸相接的部分。

10. 归卷：将完成修复后的档案按照全宗号、卷号、页码回归到原卷中的过程。

11. 固色：对易扩散、褪色的档案字迹进行保护处理，避免修复过程对字迹的破坏，以延长档案字迹寿命的技术方法。

12. 老化：档案制成材料在保管利用过程中，因自身或外部因素，性能逐渐降低的现象。

13. 溜口：对筒子页档案的中缝磨损处或档案纸张已磨损的折叠处补上一条棉纸的修补技术。

14. 霉变：霉菌危害档案制成材料，造成污染、破坏或导致其理化性能下降的现象。

15. 接背加边：对装订边窄小或档案字迹距纸边太近（1厘米以下）的档案接一条便于装订的背或加宽边沿的托补技术。

16. 揭粘：通过一定的技术方法，将粘连在一起的档案纸张分离成单页的过程。

17. 拼对：将错位、脱落的档案文字、线条、印章、标记等拼接准确、整齐的过程。

18. 脱酸：采用碱性物质与档案中的酸性物质反应，去除档案中的酸，延长档案的寿命。脱酸过程不能对档案制成材料造成损害。

19. 酸化：档案纸张接受了一定数量的氢离子，导致pH值降低、性能老化、耐久性下降的过程。

20. 撕裂：因人为或者外力导致档案纸张出现破裂、缺损的现象。

21. 碎片拼对：将破损、散落的档案碎片拼回档案原始位置的过程。

22. 上墙：将上好托纸或覆背纸的档案贴到大墙上，使其干燥、平整的过程。

23. 丝网加固：将蚕丝织成网状，在一定温度、压力下，使丝网与档案黏合在一起，以加固档案的一种技术方法。

24. 上纸：又称托纸。档案托裱过程中，将托纸卷好，左手拿纸，右手持鬃刷，从右至左上下将托纸刷到档案上的过程。

25. 托裱：在档案无字的一面，托上一张符合要求的纸张，以保护和抢救档案的一种技术。

26. 脱浆：也叫"空壳"。在托裱过程中，因浆糊黏稠度不够、施浆不均或排实不到位，造成档案在下墙后出现局部档案与命纸分离（空浆）的现象。

27. 污染：档案制成材料上沾染上各种有害物质，影响档案寿命和利用的现象，如水渍、油斑、蜡斑、泥斑、霉斑、锈斑等。

28. 镶边：为了方便装订、利于保管，在档案的装订处镶嵌适宜宽度纸条的过程。

29. 修裱：对破损、老化档案采取修补和托裱等技术，以恢复或增加其强度和耐久性的技术。

30. 修复：对破损、老化档案采取修裱、去污、脱酸、加固、字迹恢复等技术，使其尽可能恢复原貌，延长其寿命的技术方法。

31. 下墙：使用起子等工具，将干燥后的档案从大墙上取下的过程。

32. 压平：利用压平机或铁块等重物给档案施加压力，使档案恢复平整的过程。

33. 粘连：由于潮湿、灰尘、霉菌、挤压等原因，造成档案纸张彼此粘连在一起的现象。

34. 展平：使用喷壶、水和排笔等工具，将褶皱档案恢复平整，以便进行修复的预处理工作。

35. 字迹酸蚀：酸性字迹材料因氢离子作用于纸张，导致其出现老化或破损的现象。

36. 字迹褪色：各种原因引起的档案字迹色素色度减退而逐渐模糊，影响识读的现象。

37. 字迹洇化扩散：字迹遇水、水溶液、油或有机溶剂后，色素向字迹四周扩散，导致字迹模糊，影响识读的现象。

第二节 民国纸质档案修复原则与基本要求

民国档案是民国历史的真实记录，是国家和民族珍贵的历史文化遗产，需要长期安全保管。因此，民国档案修复工作不能对民国档案安全产生威胁，包括修复过程中使用的材料、技术方法以及整个工作流程，都不能对档案制成材料的耐久性产生不利影响。参照档案行业标准化指导性技术文件——《纸质档案抢救和修复规范》的规定，民国档案修复应遵循三个原则，即有利于延长民国档案寿命、尽量保持民国档案原貌、最小程度干预。在民国档案修复工作中，我们应该始终坚持这三项工作原则，确保民国档案修复工作不会对档案制成材料耐久性造成任何不利影响。为了实现以上目标，在实际工作中，我们应该从修复工作环境、修复材料、技术方法以及修复程序等方面，为民国档案修复工作创造科学、规范的基本条件。

一、民国纸质档案修复工作原则

（一）有利于延长档案寿命

民国档案绝大部分是由纸张和字迹组成的，这些物质材料是有寿命的。在长期的保管、利用过程中，民国档案会发生老化、损坏甚至损毁的现象。民国档案修复工作的目的就是最大限度地保护和抢救民国档案，延长其寿命。这是民国档案修复工作的第一原则，所有的修复工作都必须在这个原则的指导下展开。对于破损极为严重、修复风险较大的档案，不可强行修复，"不遇良工，宁存故物"，等待将来技术进步，在档案安全有充分保证的前提下再进行修复，以免对档案寿命产生不利影响。

（二）尽量保持档案原貌

档案是历史的真实记录，不仅有参考价值，而且有凭证作用。修复档案时必须要考虑到档案的这个特点。在工作中应做到保持档案内容的完整，不丢掉片纸只字，不接笔、不全色、不修改，不凭主观臆断随意拼对字迹，不在档案幅面较小处进行"斩挖"，不在档案正面裸刷，不造成字迹扩散褪色，不损坏档案上的一切历史痕迹和标记，尽最大努力保持民国档案的历史原貌。

（三）最小程度干预

在修复工作中强调最小程度干预，是指工作中所采用的技术方法对档案制成材料的影响应该最小化，以最大限度维护档案的真实性和原始性。最小干预原则主要包括两个方面的内容：一是尽力保护档案原始保存状态，科学合理地确定修复范围，对可修可不修的档案宜暂缓修复，尽量不改变档案的原始保存形式。二是尽量降低人为干预和减少使用修复材料。能修补的不托裱，能干托的不湿托，能干揭的不湿揭，能腹托的不飞托。用糊宁稀勿稠，补口宁窄勿宽，镶局宁软勿硬。修复破损严重档案需要多个工序处理时，应尽可能将工序整合，减少多次浸水、多次干燥对档案的损害。

二、民国纸质档案修复工作场所基本要求

民国纸质档案修复工作是针对档案实体开展的保护和抢救工作，为了最大限度保护档案实体的安全，纸质档案修复工作环境、修复用纸和修复用黏合剂应满足一些基本要求。

（一）修复工作场所温湿度要求

根据《档案馆建筑设计规范》（JGJ25—2010）要求，修复工作场所的温度应控制在18℃~28℃，湿度50%~70%。在实际工作中，应该在这个范围内，确定一个相对稳定的数值作为修复工作场所的温湿度要求。也就是说，修复工作场所应常年保持温湿度恒定，不应波动太大。尤其应特别注意湿度，南方地区梅雨期间空气湿度较大，修复场所湿度控制的难度也较大，档案、大墙都容易长霉。因此，建议修复场所的湿度控制在60%比较合适。

（二）修复场所空气质量要求

一般来说，修复场所的空气质量都不太好，尤其是历史档案修复场所，空气质量更是令人担忧。为了保护人员健康和档案安全，修复场所的空气质量应符合国家《室内空气质量标准》（GB/T 18883—2002）的要求。根据修复工作实际情况，可以通过加装空气净化设备、加大新风量、增加换气次数等措施，实现修复场所空气质量符合室内空气质量的国家标准。

（三）修复场所采光要求

修复场所应避开潮湿的底层和太阳辐射强烈的顶层，既保证光线充足，又要避免阳光直射工作台面和大墙。裱台上方的光源位置要布置适当，保证光线均匀、分散，照度适当，一般以操作时不产生背影和眩光为好。

（四）其他要求

修复场所应有足够的空间，以使于工作人员开展各项修复工作。应根据修复工作流程，科学安排工作流线，尽量减少重复、交叉。具体的面积需求应根据工作内容、工作指标、人员数量等实际情况确定。此外，为保证档案实体安全，修复场所应安装烟雾报警器和监控装置，配备灭火器。

三、民国档案修复用纸基本要求

对于纸质档案而言，修复用纸的质量会直接影响修复的质量和档案寿命。因此，纸质档案修复用纸应符合有关规范的要求。一般来说，修复用纸使用手工纸，不使用机制纸，尤其不能使用木质素含量高的新闻纸。

（一）民国档案修裱用纸基本要求

1.具有良好的化学稳定性和耐久性

民国档案是国家重点档案，需要永久保存。修复用纸应具有良好的化学稳定性和耐久性，不能对档案耐久性产生不利影响，否则，修复工作不仅起不到保护档案的作用，反而会给档案带来长期的损害。

2.纸张呈中性或弱碱性

酸是加速纸张老化变质的主要因素，因此，修复用纸不能增加档案的酸度，按照有关规范的要求，修复用纸应呈中性或弱碱性，纸张的pH为7.0~8.5比较合适。弱碱性修复用纸不仅能中和档案中的酸，还能防止空气中的酸性气体对档案的直接破坏。

3.具有适宜的物理强度

修复用纸对档案有保护和支撑作用，因此，修复用纸本身应该具有适宜的物理强度。修复用纸应薄而柔软，纤维交织均匀，具有一定的机械强度，保证修复后的档案既耐折叠又有一定的挺度。

4.无木质素，无机械木浆

机械木浆中含有较多的木质素，木质素容易氧化，导致纸张变黄发脆，纸张强度和耐久性下降[1]。因此，修复用纸不能使用木质素含量高的机械木浆类纸张。

（二）几种常用修复用纸

1.宣　纸

宣纸中纤维素含量高，纤维长而柔顺，拉力大，pH值约为8.3，呈弱碱性。宣

1　冯乐耘主编.中国档案修裱技术［M］.北京：中国档案出版社，2000：137.

纸质地柔韧、洁白平滑、细腻匀整、色泽耐久，是上等的档案修复用纸。宣纸品种繁多，修复应根据档案纸张的厚薄、颜色和修复部位而选定修裱用的宣纸。

2. 毛边纸

毛边纸是一种竹料纸，运用生料法制成。所谓生料法，就是将嫩毛竹经过水泡之后，再用石灰腌制，使其产生发酵变化，得到一丝一丝的竹料。然后，把竹料多次洗涤，送入石碾中磨碎，成浆后加黄色染料搅匀，用竹帘捞纸，火墙焙干，即成毛边纸。纸的一面光滑，另一面较涩，其吸水性强，但韧性稍差。

3. 夹江手工纸

夹江手工纸产于四川省夹江县，它以竹浆为主要原料，并加以适量的桑、麻、棉等植物纤维。夹江手工纸纸质紧密，杂质少，厚薄均匀，手感绵软，拉力强，不易变形，耐久性好，是修复常用纸张之一[1]。

4. 棉　纸

棉纸是以棉纤维为主要原料经手工抄制而成的纸，后因棉纤维主要用于纺织而改用桑皮为原料。棉纸纤维长，有拉力，纸薄而柔韧。

5. 皮　纸

皮纸大多是以构树皮为原料，经手工抄制而成的纸。该纸较轻、薄，抗湿强度大。

（三）正确选择修复用纸

1. 正确选择修补用纸

修补主要是对发生残缺但没有过分劣化而失去机械强度的档案采取的一种修复技术。在进行档案修补时，补纸的原料、厚薄、纹理、颜色应与档案原件的纸张相同或相近，遵守档案修复"修旧如旧"原则。原料及厚薄相同或相近可以保证补纸与档案纸张的强度、拉力、吸水情况等保持一致，修补后的档案更加平整、耐久。

---

1 冯乐耘主编.中国档案修裱技术 [M].北京：中国档案出版社，2000：145.

纹理与档案纸张相同或相近是指补纸的帘纹应与档案纸张的帘纹一致，纸面帘纹整齐一致，没有明显的修补痕迹。修补应依据档案纸张的颜色，遵循"宁浅勿深"的原则选择修补用纸，尽量减少补纸和原纸的色差，保证修补后纸张整体颜色均匀一致，保持档案纸张原貌。

如不能正确选择修补用纸，修补后的档案会出现不平整、起皱起拱、易产生折痕等问题，影响修复质量和档案寿命。例如，虫蛀后档案往往整卷某个部位都残缺，如果选择的修补用纸过薄或过厚，会使得档案修补处过薄或过厚，整卷档案就会不平整。补纸颜色过深则会明显看出修补过的痕迹，不仅破坏档案实体原貌，而且影响档案整体美观。

2. 正确选择托裱用纸

托裱相较于修补用到的纸张类型更多，除命纸的选择与使用之外，还有撤潮纸、揭粘用纸、镶边用纸等。命纸使用宣纸比较合适，具有耐久、较薄、柔软、耐折、不易变形等优点。为了减少托裱后档案的厚度，小幅面档案宜选用较薄的净皮、绵连，大幅面的档案多用净皮单宣，地图一般用净皮夹连。另外，命纸的厚度还要与镶料匹配，较薄的档案可选择相对厚的命纸，较厚的档案可选择较薄的命纸。选择宣纸时也要注意，市场上宣纸品种繁多，但很多是仿宣纸，其成分、生产工艺和纸张质量与真正的宣纸相差很大，有的甚至是酸性纸张。用这种宣纸修裱档案，不仅达不到保护档案的目的，反而会损害档案。

撤潮纸应选择纸质疏松、吸水性强的纸，如红辛纸。揭粘用纸主要用于揭裱档案砖，有些档案砖上的纸张已经非常脆弱，干揭、湿揭都难以揭开，需要将涂有干浆糊的纸张粘贴在档案砖上，才能将档案砖上的纸张慢慢粘揭下来。一般称这种纸张为揭粘用纸。揭粘一般用纤维较短的棉纸，棉纸的吸水性好，容易使干浆糊吸收均匀，保证揭粘用纸与档案砖纸张能够全部、紧密地粘贴在一起，提升揭粘效果。镶边用纸对纸张强度有一定的要求，一般选用宣纸、皮纸较多。

3.不正确选择修复用纸的危害

不正确选择修复用纸，不仅会影响修复工作质量，还会给档案造成二次损害。如选择木质素含量较高的机制纸，或本身机械强度不高的纸张，修复后的档案会出现不平整，档案起拱、发挠、起皱、起毛等现象，严重影响修复质量。同时，使用不符合要求的修复用纸还会对档案纸张造成危害，加快档案纸张的酸化和变质，对档案造成二次损害。此外，不正确选择修复用纸，虽然开展了档案修复工作，但没有真正起到保护档案的作用，造成人力、物力的浪费。

四、民国档案修复用黏合剂基本要求

档案修裱实质上是档案原纸和修裱新纸的黏合过程，新纸通过胶粘作用对原纸进行加固，增加原纸强度，延长其寿命。修裱过程中，先将原纸和新纸用水浸润，使纤维疏胀松软，后用黏合剂将两种纤维紧密黏合，加压排实，排出多余水分，恢复纸页平整干燥。由此可见，黏合剂在修裱过程中具有非常关键的作用。"裱之于糊，犹墨之于胶。墨以胶成，裱以糊就。"[1]说明中国古代就对修裱用黏合剂的作用有很深入的理解和研究。

（一）黏合剂基本知识

黏合剂是档案修复工作中不可或缺的两种重要材料之一，黏合剂的质量直接影响修复工作的质量和档案的寿命。因此，对修复工作者来说，掌握一些黏合剂的基本知识是十分必要的。

1.黏合剂基本概念与分类

凡是能将两个物体表面紧密结合在一起，并满足一定的物理和化学性能的物质称为黏合剂[2]。黏合剂的主要材料是黏料，黏料是具有流动性的液态化合物或者是

1　[明]周嘉胄.装潢志[M].北京：中华书局，2012：143.

2　冯乐耘主编.中国档案修裱技术[M].北京：中国档案出版社，2000：157.

能在溶剂、热和压力的作用下具有流动性的化合物。黏合剂种类繁多，理化性能各异，分类方法也有多种，最简单的方法是按照黏合剂的化学成分分类，一般分为有机黏合剂和无机黏合剂两大类。有机黏合剂是黏合剂中占比较大的一类黏合剂，按来源不同，可分为天然有机黏合剂和合成有机黏合剂两类。天然有机黏合剂包括葡萄糖及其衍生物淀粉类、氨基酸及其衍生物蛋白类、天然树脂类和沥青类。合成有机黏合剂以煤和石油制品为原料，在理化性能、黏合工艺和配制方法等方面都显示出高度的优越性。合成有机黏合剂一般分为热塑类、热固类和复合类三种类型。无机黏合剂是人类使用较早的一种黏合剂，具有独特的耐高温性能，如硅酸盐、磷酸盐、硼酸盐及氧化锌、氧化镁等陶瓷氧化物。

2. 黏合机理

两种物质的分子或原子相互靠近时，当距离达到主价键力或次价键力的引力范围，就会产生吸附引力，这是黏合的基本原理。黏合剂与被黏合材料分子或原子间距越小、接触点越多、键能越大，则形成的黏合力越强。黏合的第一步也是最重要的一步是，必须保证液态黏合剂完全、迅速浸润被黏合物体的表面，如果在完全浸润表面之前失去流动性，就会出现不完全浸润的情况，黏合强度就会明显下降。为了保证浸润速度，黏合剂配方中，一般低分子量聚合物占比较高。修复时，黏合剂涂在档案纸张表面后，迅速扩散并浸润到纸张纤维里，当两者接近到一定距离时，分子间力和氢键力发生作用，互相吸引，产生黏合力。在这个过程中，分子进一步聚合或交联，形成不溶的固态胶膜层，黏度随固化程度的增加、分子量的增长而急剧增大，使托（或补）纸与档案纸张黏合在一起。修复工作中用糊如水、宁稀勿稠、铺油纸、排笔刷糊、浸泡淀粉等一系列做法，就是为了保证黏合剂的浸润速度，提升黏合质量，是有充分科学依据的。因此，修复工作者应充分了解黏合机理，依据黏合机理做好档案修复工作，保证修复工作质量。

3. 黏合剂性能及其测定 [1]

为了评定黏合剂的质量必须测定黏合剂的性能，因为黏合剂的物理性能、化学性能和力学性能直接决定黏结界面的性能。对于档案修裱黏合剂而言，有些性能直接决定托裱件的质量、寿命以及工作效率。

（1）外 观

黏合剂的色泽、状态、均匀性、杂质等在一定程度上直观反映黏合剂成分中的视觉质量。外观测定采用目测法。

测定时，取50克液态黏合剂置于50~100毫升玻璃烧杯中，用干燥洁净玻璃棒搅动，将胶液提起距杯口约20厘米处，观察胶液流动状态及色泽，要求胶液质地均匀，黏度适中，色泽鲜亮，不含杂质。

（2）pH值

黏合剂的酸碱性用pH值表示，其数值等于溶液氢离子浓度的负对数。当溶液为酸性时，pH值小于7；当溶液为碱性时，pH值大于7。

黏合剂的水溶液pH值测定，常用比色法和pH计法。比色法较简单，但误差大，只能测得近似值。pH计是利用玻璃电极做指示电极、以甘汞电极做参考电极，组成一个电池，电池中的被测溶液的氢离子随其浓度不同而产生相应的电位差。测试时，称取黏合剂10克于烧杯内，加入300毫升蒸馏水（pH为6.8~7.2），加热，微沸10分钟，冷却至室温，用pH计测定pH值。

（3）黏 度

黏度是流体的内摩擦，表示一层液体与另一层液体做相对运动时的阻力，是评价黏合剂质量的一项重要指标，标准黏度单位为厘泊。

测定黏度方法很多，最简单的方法是用黏度计。黏合剂多数属于非牛顿流体，

---

1 冯乐耘主编. 中国档案修裱技术 [M]. 北京：中国档案出版社，2000：161–163.

具有触变性，在一定温度下其黏度不是恒定的，应测3~4次取平均值。

（4）透光度和雾度

透光度通常表征透明黏合剂的透光性能。它的定义是透过物体的光通量和照射到物体上的光通量之比。

半透明和不透明黏合剂雾度测定也十分重要。雾度，也叫混浊度，是以入射光方向的散射光和所有透射光之比来表示。透光度和雾度均以百分比表示。

（5）贮存期和黏度变化率

黏合剂在规定的贮存条件（23℃±2℃）下，能保持使用工艺性能的贮存时间，称为贮存期，一般用月或年等时间单位表示。黏合剂的黏度变化率表示贮存前后黏度差和贮存前黏度之比。

如果黏合剂贮存前后黏度差越大，黏度变化率值越大，说明贮存期越短，工作寿命越短。测定黏度变化率值对液体和糊状黏合剂特别适用。有些稳定性差的黏合剂经过短期贮存，黏度增大，甚至尚未使用已经固化，丧失工艺性能。有些混浊度大的糊状黏合剂经过短期贮存，胶液分层或出现沉淀，完全失去黏度，也丧失工艺性能。

（6）胶粘强度

胶粘强度是黏合剂重要的力学性能，指黏合剂和被粘物组成的胶粘体系破坏时所需要的应力，是评价黏合剂质量的常用指标。

根据加力方式，胶粘强度可划分为三类。①剪切强度。接头主要承受与胶接表面呈切向的应力。②扯离强度。接头主要承受与胶接表面呈垂直的应力。③剥离强度。应力始终分布于与载荷相垂直而且靠近胶粘接头边缘的直线上。

在档案修裱中，由于档案的载体材料和修复用的加固材料都是极薄的纸张，其机械强度相对较差，黏合剂与纸张组成的界面区几何尺寸较小，难以测定并区分其中的胶粘强度，但它的胶粘强度是客观存在的。当托件经过长期保管需要重新修裱时，必须施加不均匀扯离力和剥离力破坏接头，才能完整无损地将原纸与托纸分离。这个过程在修复技术中称为具有可逆性。可逆性是衡量修裱用黏合剂重要质量指标之一。

修裱工作传统采用淀粉浆糊作黏合剂，已沿用千年。对于淀粉浆糊，我们一般比较关注它的外观和酸度，对于黏度、雾度、贮存期等质量指标并不十分关注，对胶粘强度、黏附力的基本概念并不十分理解。随着机械化修裱技术的提高，或手工修裱技术的改进，对黏合剂的质量指标和技术测定的要求也会日益加强，掌握以上一些基本知识显得尤其重要。

（二）民国档案修复用黏合剂基本要求

1. 具有良好的化学稳定性和耐久性

修裱是为了延长档案寿命，修裱过程不能对档案造成二次损害，这就要求修复用黏合剂具有良好的化学稳定性和耐久性。黏合剂不应含有活性化学基团，在修复过程及此后的保管过程中，不会与纸张中的纤维素、半纤维素、木质素及字迹中含有的颜料或染料分子进行化学反应，不会对档案制成材料的自然老化起催化作用。

2. 具有良好的可逆性

传统书画修裱技术能够传承和延续的一个重要原因是所用的黏合剂是可逆的。在命纸破损、机械强度不足以支撑原件或黏合剂黏合强度不足产生空壳的时候，会采取重新修裱的方式。"前代书画，传历至今，未有不残脱者。苟欲改装，如病笃延医。"[1]因此，黏合剂的可逆性是保证修复质量、传承历史文化的必要基础。

3. 具有适宜的黏合强度

黏合强度是衡量黏合剂质量的重要指标，是修复质量的根本保证。因此，修复用的黏合剂应具有适宜的黏合强度。一般来说，黏合剂黏度稳定、流动性好、浸润速度快、可塑性好，才能保证界面区接触点密度高，黏合强度好。

4. 呈中性或弱碱性

酸是档案老化损毁的主要因素，酸会使纸张中的纤维素发生降解反应，纤维素

---

1 ［明］周嘉胄.装潢志 [M].北京：中华书局，2012：7.

分子链断裂，纸张强度下降。酸还会对一些耐酸性差的字迹产生破坏作用。因此，酸是档案长期安全保管的主要威胁。为保护档案实体安全，修复用黏合剂应呈中性或弱碱性。按照有关规范要求，修复用黏合剂的pH值在7~8.5比较合适。

5. 选择成熟的黏合剂

小麦淀粉浆糊是中国传统的修复用黏合剂，经过千余年的实践验证，证明是性能优良的修复用黏合剂。使用小麦淀粉浆糊修复后的档案，具有薄、光、平、软、白的效果。因此，民国档案修复应优先选择传统小麦淀粉浆糊。其他经长期修复实践检验安全有效的黏合剂（如甲基纤维素）可视具体种类选择使用。

五、民国档案修复材料、方法和程序要求

民国档案修复材料、方法及操作程序，应对人员和环境无害，修复人员应做好必要的防护工作。民国档案修复材料主要是纸张和黏合剂，这两种主要材料的选择应符合有关要求，这方面的要求前面已经详细讨论过，应严格按照有关要求执行。不能随意使用规范以外或未经实践验证安全可行的修复材料，要严把修复材料关，保证修复过程安全。其他材料包括修复用的工具，也应了解其属性，不应对档案、人员、环境产生不利影响。拟采取的修复方法应符合有关规范的要求，规范中没有的，应事前认真研究其科学性、合理性和安全性，不能确定的，可以组织有关专家进行论证。一些临时性的操作或处理方法，在实施前应选取档案局部，或在与档案相同、相似的材料上进行试验，经证明安全后方可使用。民国档案修复程序应按照有关规范的要求进行，如在操作阶段应按照《纸质档案抢救与修复规范　第4部分：修复操作指南》的要求开展相关工作，保证民国档案修复工作规范、科学，确保档案实体在修复过程中的安全。

六、民国档案修复工作流程

《纸质档案抢救与修复规范　第4部分：修复操作指南》（DA/Z 64.4—2018）对纸质档案基本修复流程进行了规范（见图3-1）。按照规范要求，纸质档案修复工作流程

保存状况调查和破损评估 → 拍照 → 分析测试

制订修复方案

编号和拆卷

除霉

字迹加固和恢复

揭粘

去污 脱酸

局部修补和加固 整体加固

平整干燥

整理装订

记录修复日志

验收和质量评估 → 拍照

完成修复档案归档

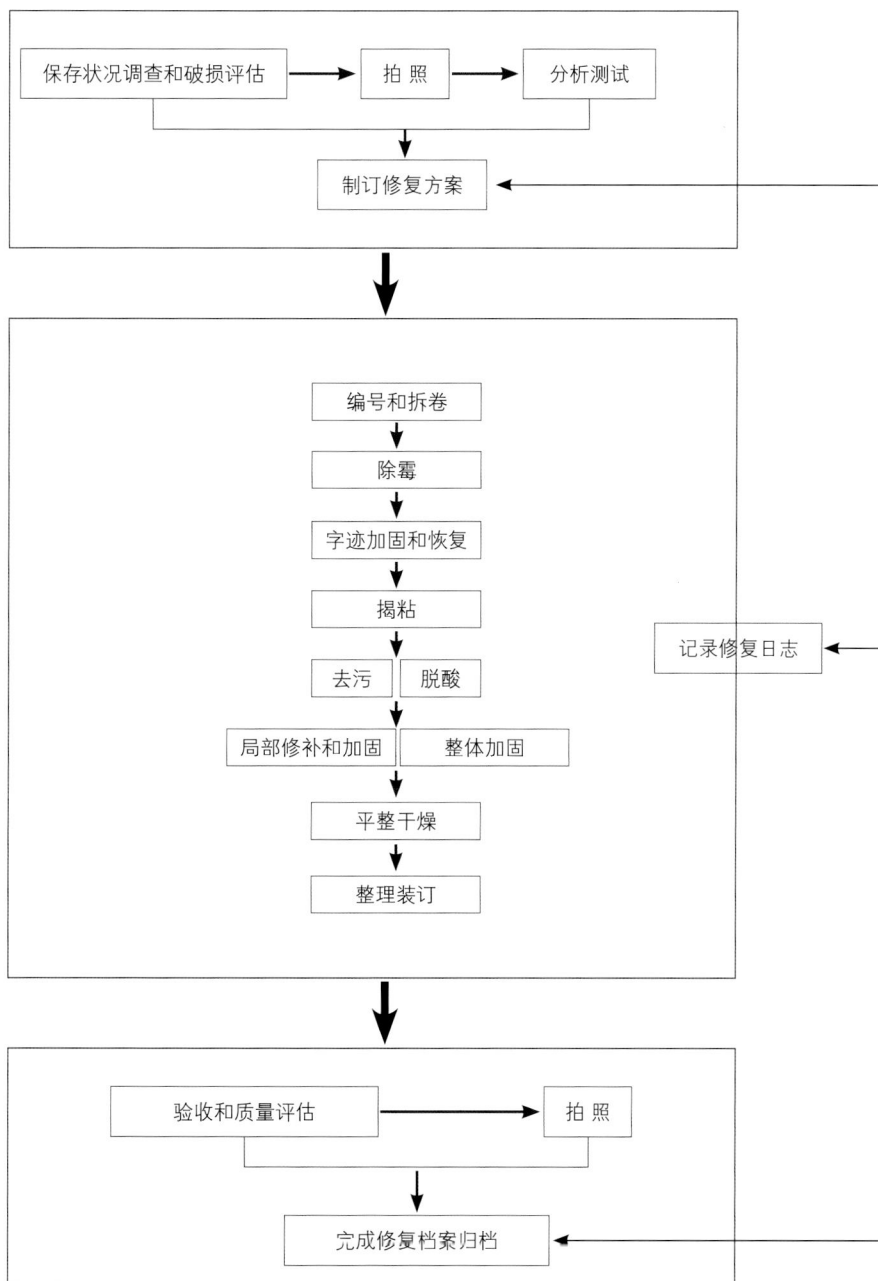

图 3-1 纸质档案基本修复流程图

分为三个阶段，一是修复前准备阶段，二是实施修复阶段，三是修复后工作阶段。

修复前准备阶段包括保存状况调查和破损评估、拍照、分析测试和制订修复方案四个方面的内容。保存状况调查和破损评估工作是修复工作开始的第一项内容，这项工作应按两个规范的要求组织实施，一是按照《纸质档案抢救与修复规范　第2部分：档案保存状况的调查方法》（DA/T 64.2—2017）的规定，对待修复纸质档案保存状况和保存环境条件进行调查和记录；二是按照《纸质档案抢救与修复规范　第1部分：破损等级的划分》（DA/T 64.1—2017）的规定，对待修复纸质档案进行破损等级评估。拍照是指对待修复纸质档案拍摄修复前的照片，要求照片能够反映档案整体保存状况和局部破损情况，并有标尺和色卡作为参照。分析测试工作是指对待修复档案进行纸张和字迹基本情况的测试，主要包括纸张pH值、字迹溶解性、纸张纤维组成和原料配比、字迹成分和纸张色度等。具体的测试技术和操作方法应按照规范的要求进行，尤其要注意分析测试过程不能对档案制成材料造成损害。分析测试工作需要有专业的技术人员和设备，各级国家综合档案馆应按规范的要求，提供有关专业设备，配齐有关专业人员，以保证档案修复工作的科学性、规范性。制订修复方案是指根据前面三项工作的情况，制定修复的流程、方法和操作步骤，确定修复材料和用量，提出可能出现的问题和对策，安排修复时间和人员以及预期达到的修复目标等。对一些特别重要的档案，其修复方案应经专家论证，报请上级主管部门审批同意后，才能作为最终的修复方案。

实施修复阶段是纸质档案修复具体的操作环节，主要内容包括编号和拆卷、除霉、字迹加固和恢复、揭粘、去污、脱酸、局部修补和加固、整体加固、平整干燥、整理装订和记录修复日志等。这是纸质档案修复实施阶段的规范性操作流程，有的纸质档案修复不一定需要经过全部的流程，不需要的环节可以省略。但需要的操作环节不能随意调整或省略，而且每个环节的操作应按规范的要求严格执行，特别是有技术要求的环节，如除霉、字迹加固和恢复、揭粘、去污、脱酸等。

修复后工作阶段主要是对修复质量进行检查验收、完成修复工作记录归档等，主要内容包括验收和质量评估、拍照和完成修复档案归档等工作。验收和质量评估应按照《纸质档案抢救与修复规范 第3部分：修复质量要求》（DA/T 64.3—2017）的规定，对修复质量进行验收和评估。拍照主要是对完成修复后的档案进行拍照记录，照片应能反映档案整体状况和局部修复情况。修复档案应按照《科学技术档案案卷构成的一般要求》（GB/T 11822）的要求进行整理归档，其中影像资料的整理和保存应符合《照片档案管理规范》（GB/T 11821）的要求。

民国纸质档案修复工作应按照规范的基本修复流程操作，在实际工作中，可以结合民国档案管理要求，进一步细化民国档案交接、还卷等方面的内容。目前，民国档案修复工作还处在规范性不足、分析测试不到位、工作内容不全面、修复记录不完整等方面的问题，需要行业主管部门和修复工作者共同努力，实现民国档案修复事业的高质量发展。

第三节　民国纸质档案修复主要设备与工具

民国纸质档案修裱应具备一些基本条件，包括符合要求的修裱环境、满足修裱要求的设备和工具等。这些基本条件是保证修裱工作正常开展、保护工作人员身体健康的必要条件。在工作中，应当根据民国纸质档案修复的实际需求，将修裱环境建设好，将修裱主要设备和工具等配置好，为民国纸质档案修裱工作提供坚实的物质基础。

一、民国档案修裱用主要设备

（一）温湿度调节设备

1. 空调设备

《档案馆建筑设计规范》规定了修裱场所的温湿度，修裱场所的温湿度应常年保持稳定，为了实现这个目标，需要借助空气调节设备。调节温度的设备主要是空调设备，包括中央空调和分体空调。修裱场所面积小的，可以使用分体空调，面积大的，可以使用中央空调。配置修裱场所中央空调时，应考虑到修裱场所的风量和换气次数。修裱场所一般人员较多，空气质量不好，需要配置风量较大一些的机组，增加空调的换气次数，以保证修裱场所的空气质量。有条件的，可以在修裱场所配置空气净化功能的中央空调系统，保证送入修裱场所的空气质量符合有关规范的要求。

2. 去湿机

南方地区年平均相对湿度较高，特别是梅雨季节，室外的相对湿度基本上达到100%。这个季节，修裱场所的相对湿度很难控制，需要配置专门的去湿机才能勉强控制住湿度，否则，上墙的档案就很难干燥，有的甚至会出现长霉的情况。时间一长，大墙上也可能滋生霉菌，对档案安全造成威胁。因此，南方地区的修裱场所应配置适当功率的去湿机，以控制修裱场所的湿度。

3. 加湿器

北方地区年平均相对湿度较低，过低的空气湿度对档案制成材料的耐久性不利。因此，北方地区的修裱场所往往需要配置加湿器，以控制修裱场所的湿度。加湿器的配置应根据修裱场所的空间大小，选择合适的功率参数和效率参数，以保证修裱场所湿度控制效果。

（二）空气净化器

档案修裱场所灰尘、霉菌以及档案制成材料老化产生的有害物质较多，在修裱档案过程中，这些有害物质就会飘浮到空气中，造成修裱场所空气质量不佳。因此，修裱场所应配置专门的空气净化设备，可以是独立的，也可以安装在空调系统中。从实践经验看，使用空气净化设备应做好维护保养工作，根据空气质量情况，定期清洗滤网和更换空气净化单元，以保证空气净化设备的工作效果。

（三）电磁炉

调制修裱用浆糊一般有两种方法，一是用开水冲调，二是加热调制。以前加热调制用电炉比较多，现在多使用电磁炉。电磁炉比较安全，而且加热速度可调，加热温度可事先设定，提升了调制浆糊的效率和质量。用电磁炉熬制的浆糊，比开水冲调的浆糊纯度更高、黏性更强，适用于珍贵档案的修裱和字画的装裱。

（四）搅拌机

以前手工冲调修裱用浆糊时，需要手工不停搅拌，不仅需要一定的力量，还要把握好搅拌速度。这是修复工作者的一项基本功。现在，一般都以搅拌机替代手工进行浆糊冲调。和手工调浆相比，搅拌机调浆省时省力，搅拌速度可控，搅拌均匀、彻底，调制的浆糊质量更好。

（五）切纸机

切纸机是将大幅面纸张修裱用纸裁切成小幅面纸张的设备。在一些修裱工作量较大的档案馆，切纸机是修裱场所的标配设备。购买的修裱用纸一般都是四尺规格，即68厘米×138厘米幅面的纸张，民国档案绝大部分是A3幅面以下的。因此，修裱前需要将大幅面的纸张裁切成小幅面的托纸。如果年度工作任务量较大（如10万张以上修裱量），裁切的纸张也会较多，切纸机就成了必不可少的工具。切纸机是精密电动设备，裁切时一定要注意安全。严格按照设备说明书的要求使用，禁止非专业人员操作。

（六）压力机

压力机的作用是压平修裱后的档案。档案经过水浸、干燥的修裱过程后，纸张往往会变得比较膨松，不便于装订和装盒成卷。因此，修裱后的档案都需要进行压平、压实处理。压力机是常用的档案压平设备，也可以使用其他合适的重物压平档案或多种方法并用。

（七）熨　斗

熨斗是平整档案的工具，有的档案褶皱比较严重，简单的手工处理不能完全使档案平整，需要借助熨斗进行处理。熨平档案要注意控制温度，不能对档案造成损害。另外，熨斗也是修裱丝网加固工艺中的必备工具。利用熨斗的温度加热丝网上的黏合剂，通过熨压的方法将丝网和纸张黏合在一起。

（八）修裱工作台

1.红色大漆案子

红色大漆案子是传统的修裱工作台，其主要作用是托裱档案，是修裱工作中最重要的工具。案子的质量对档案修裱质量有直接的影响。红色大漆案子要求台面平整、光滑、无缝、不破裂、不变形、耐水浸、耐腐蚀。台面红色易于衬托档案字迹和破损状况，有利于保护工作人员视力。红色大漆案子制作程序复杂，要求较高，包括木胎设计与制作、地仗灰配料及上灰、油漆调制与上灰等工序。

木胎的常规尺寸有1米×2米、1.3米×2.4米、1.6米×2.5米、2米×3米等，厚度一般为10厘米，安装在两个75厘米高的柜子上。木胎料一般选用坚硬、不易变形的木料，如铁梨、曲柳、红松等。木胎的制作包括刨平、穿带使胶、砍净挠白、撕缝、下竹钉、刷油浆等工序。地仗灰是用加工桐油、面粉、血料、砖灰、石灰水等根据不同需要调制而成的。施工工序包括捉缝灰、扫荡灰、使麻、亚麻灰、中灰、细灰、磨细钻生等。油漆配料使用樟丹油和银珠油配制，上油顺序为樟丹油、银珠油和生桐油。

红色大漆案子是精制修裱工具，使用时应注意保养，防止案子意外受损，影响修裱工作质量。每次使用完毕后，应将案子擦拭干净，去除台面上的浆糊等，防止台面发霉受损。案子擦拭物要柔软，以免划伤案面。各种修裱物品放置在台面上时，务必加垫，防止划伤台面。案子不能接触酸、碱等腐蚀性溶液。

红色大漆案子的数量、规格配备应根据工作规划、修裱场所空间、工作人员数量、修裱档案规格等因素综合考虑。

2.拷贝台

拷贝台，即玻璃灯箱式修裱工作台，又称光桌，是在桌架（多为木制）中间嵌入防碎裂的白色有机磨砂玻璃板，玻璃板下方安装灯管而成。其作用是用于拼对、补缺破碎的档案、对接镶缝以及为修裱好的字画贴折条。拷贝台的尺寸多样，可根据档案幅面大小定制。

（九）木质大墙

木质大墙用于抻平、晾干托裱档案。制作大墙的木料应选用杉木等干燥材料，要求木墙平整、光滑、干净、吸水，以保证木墙不会发生变形和开裂。其规格根据修裱室墙面的高、宽而定，厚度一般在3厘米上下。木质大墙也可使用胶合板制作，安装前先打好框架，然后再将胶合板固定到框架上。板墙上下或左右两端，应留有一定的间隔，使墙内空气能够流通，防止大墙受潮长霉。如果木框垂直于地面，应在大墙上下端开口并与楼板、地面保持一定间隔；如果木框平行于地面，应在大墙左右端保留开口并与建筑墙体保持一定间隔。

（十）纸质大墙

纸质大墙是北方常用的修裱干燥大墙，是用木格和纸张贴层制成的干燥设备，利用多层纸吸水性较好的特点使修裱后的档案干燥。纸质大墙制作比较复杂，其制作程序包括制作框架、准备糊纸、糊纸墙和糊大面纸四个环节。

制作框架一般有两种方法，一是先用4根粗木料（如6厘米×10厘米）做一个大框架，然后用若干根小一点的木料（如4厘米×6厘米）在大框架内纵横交错组成一定数量的正方形小木格，小木格边长一般为16厘米。木格以半榫形式相交，用胶后垂直咬合。木格两头开榫用胶与框架上的卯孔咬合固定制成框架，然后再把做成的框架安装到墙上。二是用3根粗细适中的木料（如7厘米×7厘米）作为横带，间隔均匀地固定在墙上。然后依据大墙的大小，用一定数量的小规格（如4厘米×6厘米）木料做成若干个小木框，木格边长一般为16厘米。再将小木框钉在横带上制成大墙框架。为防止纸墙受潮变形，纸质大墙框架应与墙面保持适当距离，通常离墙10~20厘米。准备糊纸是指准备好包裹木格用的纸张（也称糊纸）。糊纸通常选用高丽纸，因为高丽纸的拉力和吸湿性都较好，将整幅高丽纸裁切成若干张28厘米×28厘米的正方形纸张备用。糊纸墙是指将糊纸粘贴到木格上。一般用12%左右浓度的浆糊，将4~6张糊纸错位黏合在一起。先在第一张纸上涂满浆糊，再取第二张按帘纹经纬交错，以左上角为准，向右下方错开0.7~0.9厘米，上好排实，使两张纸牢固黏合。以此类推，将4~6张黏合在一起。糊纸备好后，在最上层纸张上刷满浆糊，反过来将纸张的四角对准木格的四边，向后包裹木格，多余的角贴在纸的背面，贴一格空一格，每行错开。糊好一层晾干后再糊第二层、第三层、第四层。干透后，用砂纸磨一遍。糊大面纸是指在纸墙上糊大面纸，也称糊大面。糊大面一般为5层，每层用3张纸。粘贴时和糊纸墙一样，纸层之间和贴层之间的帘纹经纬交错，使纸墙内部拉力平衡，纸面平整。大面纸糊完后，最后糊上一层光滑、强度好的凸版纸。

二、民国纸质档案修复用工具

（一）制糊工具

1.厚底不锈钢锅

厚底不锈钢锅主要用来熬制浆糊，可以和搅拌机配合使用，也可以用来手工调制浆糊，还可以用来临时存放浆糊。

2.浆　棒

浆棒即细木棒，长30~40厘米，直径3~4厘米，用于手工调制浆糊（见图3-2）。以前没有搅拌机的时候，浆棒是调制浆糊的必备工具。现在调制浆糊多用搅拌机，浆棒已经用得很少了。浆棒的粗细、长短以使用时称手为好，没有统

图3-2　浆棒

一的规格要求。

3. 筛 箩

筛箩是用来过滤浆糊、筛除小面疙瘩的工具（见图3-3）。浆糊调好后，一般要

用筛箩过一遍，防止浆糊中存在没有完全搅拌均匀的小面疙瘩，影响浆糊质量。筛箩的质地一般为不锈钢，比较耐用。筛箩直径一般在25厘米左右比较适用，孔径大小（或目数）以能够顺畅过滤浆糊为好，不宜太大，防止小面疙瘩从筛箩中漏出。筛箩宜有手把和支脚，方便手持和搁置在浆盆上操作。

4. 烧 杯

在制作少量浆糊时，可以用烧杯进行熬制。根据调制浆糊的数量，选择合适的烧杯大小。在烧杯

图 3-3 筛箩

中调制浆糊时，浆糊量不宜过大，一般以不超过烧杯容积的三分之二为好，方便操作，保证安全。

5. 量 筒

在制备少量浆糊过程中，一般需要用量筒来定量取水。量筒上都有刻度，能准确计算调制浆糊的用水量，保证浆糊调制的质量。

（二）修补工具

1. 喷水壶

喷水壶是纸质档案修裱中常用的工具，其作用是用水喷淋档案，保证档案纸张均匀润湿，便于修裱操作，提升修裱质量。

图 3-4 大、小喷水壶

喷水壶能打气加压，轻轻一按便能出现水雾。质量好的喷水壶能喷出细密、均匀、水珠大小一致的水雾。喷水壶有大喷水壶、小喷水壶（见图3-4），大喷水壶主要用于字画装裱和大尺寸档案的修裱，小喷水壶多用于一般尺寸档案的修裱。

2. 浆　盆

浆盆，即盛放稀浆糊所用的塑料盆。浆盆应重量较轻，大小适中，以能够平行放下两个多管排笔为宜。

3. 毛　笔

毛笔是修书和档案溜口、补洞的主要工具之一。一般用"长锋大楷"或"大白云"笔。修裱一般用羊毫毛笔，以不易掉毛、掉笔头者为佳。

4. 马蹄刀

马蹄刀因其刀刃锋利平直，呈马蹄形，故而得名（见图3-5）。马蹄刀为单刃刀，靠里一面为平面，靠外侧一面有斜坡刀口，刀口的斜度与宽度根据型号不同而不同。在档案和书画修裱中，马蹄刀主要用于裁纸、裁绫绢和手卷削边。

图 3-5　马蹄刀

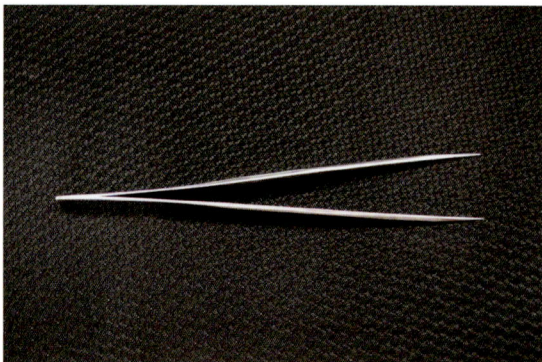

图 3-6　镊子

5. 镊　子

镊子（见图3-6），包括圆头、尖头、弯头等多种，一般选用医用眼睫毛镊子，以尖头镊子为好，便于拣取档案上的笔毛、杂质和多余的补纸。修裱档案用的镊子，为便于操作，夹口内侧不宜有防滑棱。使用镊子的大小，根据个人习惯而定。

6. 毛　巾

修裱档案时常用到毛巾，用来吸收档案上多余的水分，揭粘档案时，可以用湿热毛巾闷捂档案。档案修裱用毛巾应选用纯棉质地的毛巾，吸水性强、不褪色，毛巾大小以能够盖住A3幅面大小的档案为宜。毛巾要做到勤清洗，使用后摊开晾干。

7. 吸潮纸（板）

吸潮纸和吸潮板在修裱档案时垫档案用，用来吸取档案中多余的水分，使其快速干燥。吸潮纸多用红辛纸（见图3-7）。吸潮板，又称葛板，是用纸浆制作或纸板合成，四周用布包边，两面糊以白纸，长约50厘米、宽约50厘米、厚约2厘米。

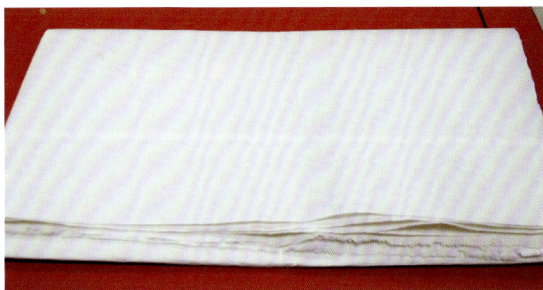

图3-7　吸潮纸

8. 钢板、平面石

钢板、平面石（见图3-8、图3-9）主要用来压平、压实档案，钢板多用钢、铁两种材质制成，钢板比较光滑，一般用钢板面压实档案。平面石多用汉白玉或大理石制成。钢板或平面石要求是重量大、质地均匀、易拿易放。

图3-8　钢板

图3-9　平面石

（三）托裱工具

1. 棕　刷

棕刷是用棕榈树的棕丝、剑麻纤维以及棕树皮等编扎而成，又称棕毛刷、棕扫刷、棕丝刷等。市场上棕刷种类很多，规格多样，包括精扁棕刷、粗扁棕刷、圆棕刷等，修裱用的棕刷应选择棕丝细密、绑扎硬实、大

图 3-10　棕刷

小适宜的棕刷（见图3-10）。棕刷主要用来上纸、刷平、撒潮、排实、上墙等，装裱时亦可用来洒水。新棕刷在第一次使用之前，应先用马蹄刀或美工刀对棕毛进行修裁，用沸水煮一遍，再用清水洗去其上浮色。使用棕刷前，应将其下方棕毛用开水烫软，便于使用。

2. 鬃　刷

鬃刷也可称为油漆刷，是用马或猪等颈上的硬毛制成的刷子（见图3-11）。按制作材料鬃刷可分为猪鬃刷和马鬃刷。猪鬃刚性大、弹性强、不易变形、耐高温、耐潮湿，一般使用猪鬃刷较多。在档案修裱中，鬃刷主要用于刷平档案和施浆；在书画装裱中，鬃刷主要用于托绫和刷浆。

图 3-11　鬃刷

3. 排　笔

排笔是档案修裱最基本的工具，有大、中、小之分。以长锋排笔为最好。排笔的原料是竹子和羊毛。其作用是给纸张刷浆，在书画装裱时，托纸、润水、染色等步

骤需要使用排笔。常见的排笔有12~25管的大排笔，也有6~10管的小排笔（见图3-12）。

4.垫 膜

修裱档案时，一般先在案子上平铺一张透明塑料薄膜，润湿后将档案反放在薄膜上。托裱后

图3-12 排笔

将薄膜连带档案翻转过来，在案子上刷平。这样，刷子就不会直接接触档案，避免了刷子对脆弱档案的损伤。垫膜能够将档案与桌面隔开，易于档案翻面，防止在翻面时损坏档案。在刷平时，也可以看清档案正面，保证档案上的文字不发生错位。塑料薄膜方便清洗、结实耐用，是档案修裱必用材料。

5.起 子

起子，又称启子，按制作材料分，有牛角起、竹起和不锈钢起（见图3-13）。牛角起用牛角制成，韧性很强。竹起用竹条削制、打磨而成。不锈钢起是钢质材料，一头尖一头圆。起子头部如同剑状薄片，起子的主要作用是揭粘档案，下墙时揭启档案。

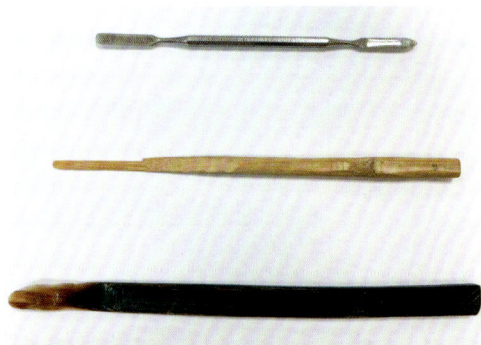

图3-13 不锈钢起、竹起、牛角起

6.针 锥

装订档案和古籍时需要使用针锥，配合硬木制成的方形敲槌使用，以便在档案上打眼。针锥在书画装裱的方裁画芯步骤中必不可少，在转边、挑毛、揭粘时也常使用。针锥由钢制成，长15~18

厘米，尖头圆顶（方顶亦可）。针锥一般自制的较多，将大号缝衣针后半部钉进小圆木棍或藤子棍内即成（见图3-14）。

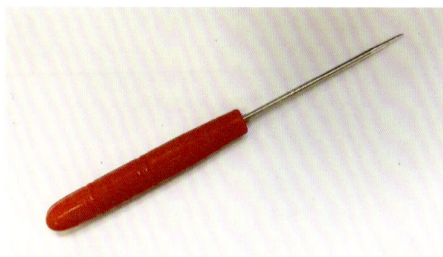

图 3-14　针锥

7. 裁　刀

档案干燥后，需要将档案四周多余的托纸裁切掉。以前主要使用三角刀和马蹄刀，现在多用美工刀（见图3-15）。裁纸刀可以用来裁切、修整修裱好的档案，也可以在书画装裱中用来方裁画芯。

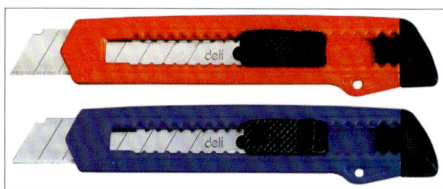

图 3-15　裁刀

8. 裁　板

裁切档案时，需要在底下垫一块板子，以便裁切。传统裁板一般用杨木或椴木制作，也可用纸板。现在一般多用塑胶裁板代替（见图3-16），塑胶裁板结实可靠、经久耐用、产生的纸屑少。

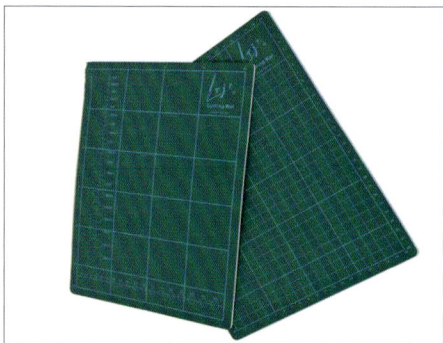

图 3-16　裁板

9. 砑　石

砑石与蜡块配合使用，用于砑装裱完成的档案或书画。砑石选用鹅卵石磨制，要求其表面圆润、光滑、平整，大小能容两只手掌同时握住即可（见图3-17）。

图 3-17　砑石

（四）修整工具

1. 锥　子

锥子是档案装订过程
中的常用工具，与方形敲
锤配合，在档案上打眼。
锥子一般用钢制成，要求
尖部锋利、柄部扁方（见
图3-18），便于拔起。

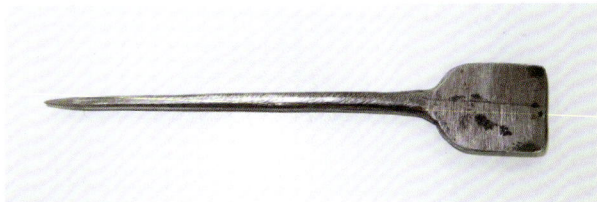

图3-18　锥子

2. 锥　板

锥板是打眼时用的垫板（见图3-19）。一般选用温和无味、坚固耐用的椴木制作，大小可根据待装订档案的幅面而定。

图3-19　锥板

图3-20　锤子

3. 锤　子

锤子即敲锤，装订时用它敲击锥子打眼。锤子一般用榆木、枣木等硬木制成，其上端为长方形，手握部分为圆柱形，长度在30厘米左右，厚度约为4厘米（见图3-20）。

4. 针　线

线装是古籍常用的装订形式，分为四眼装、六眼装、八眼装等。古籍的装订离不开针线。装订时应选用长度合适、粗细适中的缝衣针，使用粗一些的装订线，保证结实耐用。

第四节　民国纸质档案修复前的准备工作

为顺利开展民国纸质档案修复工作，保证修复工作科学性和规范性，在开展纸质档案修复工作前，应根据待修复档案的状况，做好相应的准备工作，如案头的准备工作、修裱前的检查、拍照、制订修复方案等。

一、案头准备工作

（一）裁　纸

裁纸就是在选择好修裱用纸后，根据待修档案的幅面大小，将选配好的修裱用纸进行相应大小、用途的裁切，避免浪费纸张。

1. 裁中、小幅面托纸

针对中、小幅面的破损档案，托纸要求整张无拼接，大小要整体大过档案，四边分别大于档案四边约2厘米，要求宽窄适度。大多数民国档案都是A3或A4幅面大小，裁纸时，一般将四尺幅面（68厘米×138厘米）的修裱用纸裁成6张，先在长边方向折成三等份，然后在短边方向对折，裁切后的纸张幅面为34厘米×46厘米。

裁好的托纸要注意甄别纸张的正反面。托裱时，要求用托纸的毛面和档案贴合。纸张裁好后，可以统一将毛面朝下摆放整齐，方便托裱时拿取。

2. 裁大幅面托纸

民国档案中有大量的地图、图纸、书画等大幅面档案，修复大幅面的破损档案，需要裁切和拼接大幅面托纸。大幅面档案一般超过了四尺，需要使用一张甚至数张托纸。修裱前需将托纸拼接完好。拼接形成的接口可能会对档案修裱造成影响，应注意尽量减少托纸之间的接口，接口处应避让档案信息内容，接口纸边要裁齐。裁切好的大幅面托纸要毛面朝外，一张卷一张，放妥备用。

3. 裁折件档案托纸

民国档案中有大量折件档案，简称筒子页。修裱折件档案，需按档案幅面大小单独裁纸。折件档案横向较长，纵向较短，有时也需要将托纸拼接。为方便上托纸，一般将裁好的托纸像手卷一样逐张卷在纸筒或地杆上，纸卷要卷整齐而紧实，纸卷直径以手能攥紧、上纸灵活为宜[1]。

4. 裁补纸

将选好的补洞用纸裁切成适当幅面，根据档案洞口大小，撕取相应大小的补洞纸，形状要相近，与档案破损处粘接的部位要撕出毛边。民国档案中有很多衬纸夹在档案中，修复时，可将这些衬纸拿出收集起来，按材质、颜色、年代等分类保存。这些纸张既可用于研究民国档案纸张性能，也可用作补纸修复档案。

5. 裁软局条、折条

民国档案中有一定数量的书画，修复书画时应先裁好局条和折条备用。局条是画芯和镶料之间的纸条或绫、绢条，一般宽度为2厘米；折条是修复书画折痕、裂缝用的窄纸条，一般宽度为0.15~0.25厘米。

（二）备 糊

小麦淀粉浆糊是传统的修复用黏合剂。淀粉浆糊具有纯净、无麸皮、黏性适宜、可粘可揭等特点，修裱后的档案柔软、不变形，不影响档案制成材料的耐久性，是性能优良的黏合材料。

1. 淀粉的成分和性能

淀粉是植物体内储存的养分，是一种高分子碳水化合物，由葡萄糖聚合而成。淀粉由直链淀粉和支链淀粉两种成分组成，两种成分在淀粉中所占比例随植物品种不同而不同。直链淀粉在淀粉中含量占10%~30%，支链淀粉在淀粉中含量占70%~90%。两种物质在结构上、性质上有一定区别，直链淀粉能溶于热水而不成糊状，分子量比支链淀粉小。支链淀粉分子量比直链淀粉大，不溶于水，与热水作用膨胀而成糊状。

---

1 国家档案局档案科学技术研究所.新档案保护技术实用手册[M].北京：中国文史出版社，2013：339.

2.小麦淀粉浆糊的性能

（1）黏度稳定，流动性好，浸润速度均匀，涂抹薄匀，浆水可塑性好。

（2）亲水性好，可逆程度高。

（3）无色透明，洁净度高。

（4）化学性质稳定，pH值呈中性或弱碱性。

3.淀粉的提取

（1）研细过滤。粒子较粗的面粉用前要研细，使用时再经过细筛箩过滤。

（2）和面。在面粉中兑水，揉成面团，醒面大概20分钟。

（3）出粉。将面团用白纱布等包起来，放入水中揉搓，让淀粉从布包中析出，流入水中，反复搓洗半小时后，淀粉就可以全部析出，沉于盆底。此时，淀粉就可以使用了，但若希望淀粉筋性全部消失，质地更加细匀，则还需要进行洗粉。

（4）洗粉。把沉入盆底的淀粉滤净，浸入清水盆。三天后，撇去黄水绿膜，倒入清水沉淀，反复三四次，待水澄清后不再变色，洗粉工作即告完成。

（5）保存。这种淀粉可以放在冷水中保存很长时间。夏天勤换水，冷藏保存。另一种保存方法是把淀粉从水中捞出晾干成粉，用时再加水调和[1]。

4.浆糊的制作

调制浆糊时应先调制浆头，也就是先调出干、稠浆糊（见图3-21），使用时再兑水调稀，用于修裱。调浆头有两种方法，

图3-21 修复用的干浆糊

---

1 潘美娣.古籍修复与装帧[M].上海：上海人民出版社，2013：64-65.

一是冲制法，二是熬制法。

（1）冲制法

根据每天修裱用浆糊的数量，将一定重量的小麦淀粉与清水混合，慢慢搅拌均匀，调成稀粥状，至无颗粒存在。然后，将一定数量的沸水冲入其中，同时，按一个方向快速搅拌，边冲边搅拌，直至浆糊由薄胀厚，颜色由白略微发黄变成泛出亮光和小气泡的半透明状，说明浆糊已经熟了。淀粉与清水混合的比例，一般是湿性淀粉为1∶1，干粉或成品小麦淀粉为1∶1.5，与沸水冲兑的比例为1∶3左右。若浆糊冲制未熟，就会影响浆糊的黏性，从而影响修裱的质量，应该进行补救处理。处理方法有3种：一是隔水继续加热，将浆糊烫熟；二是将浆糊盆放在温火上加热直至浆糊变熟，同时不断搅拌，防止结底烧煳；三是将浆糊浮面上加开水烫5分钟左右，倒掉开水，再上下彻底搅拌一次，浆糊就可以打好。

（2）熬制法

将淀粉和清水按比例混合均匀，调成稀粥状倒入锅中，再加入约5倍于淀粉重量的清水，用小火加热。同时用搅棒不停搅拌，使其均匀受热，锅底不至于烧煳结底。当加热至浆水由薄变稠，最后被熬成半透明的银白色浆糊时，停止加热，利用余温继续搅拌。

刚熬制好的浆糊火气大、充满燥性，黏度过强，不适宜于档案修裱，须将浆糊浸泡在清水中，凉透之后方可使用，这样做还可避免浆糊表面因干结而形成无用的浆皮。此时的浆糊还属于半成品，实际应用时，还要根据托裱、补洞等实际修复需要兑水调稀，方可使用。

5. 几种小麦淀粉浆糊配方

（1）修补用稀浆

在档案修复前制备好的浆糊并不能直接用于档案修补，而要待其冷却后兑水调和，稀稠适中，也可根据档案的纸质和厚度等实际情况略作调整。浆、水调和比例一般为1：10，浆糊先搅拌均匀，分多次慢慢兑入清水，用毛笔反复搅拌，使水和浆糊完全融合而成为牛奶色稀糊状，不能有疙瘩块状物。隔一段时间之后，应及时查看浆糊的稠稀程度，若变稠则需要调稀后再次使用。

（2）托裱用浆水

档案托裱用浆糊应稀薄如水，也可根据档案的纸质和厚度等实际情况略作调整。浆糊先搅拌均匀，慢慢兑入清水，同时用排笔反复搅拌，使水和浆糊完全融合，最终形成如淘米水一样的浆水，用排笔将浆水捞起时要有如瀑布一样的水帘，这样的浆水裱出的档案才能薄、光、平、软、白。

6. 其他修裱用黏合剂

除了小麦淀粉浆糊外，档案修裱工作者一直在拓展能够满足不同修裱需要的黏合剂，并取得了一些成绩。

（1）羧甲基纤维素（CMC）

羧甲基纤维素是白色粒状晶体或白色粉末，易溶于水，无味，无腐蚀性，无毒，耐光、耐酸碱，工业上称为"化学浆糊"。羧甲基纤维素水溶液呈中性或弱碱性，具有一定的热稳定性、黏性和柔韧性。作为高分子电解质，它不易生虫、长霉，可长期保存不变质，吸水性较强，防霉性能也高于淀粉浆糊。一般使用低浓度（5%以下）的羧甲基纤维素水溶液为宜，因为低浓度的羧甲基纤维素水溶液才具有可逆性。值得注意的是，羧甲基纤维素同时具有较高的吸湿性，修复后档案不宜存放在高湿环境中。

和小麦淀粉浆糊相比，CMC的防霉能力比含有葡萄糖的小麦淀粉浆糊优越：当环境湿度大于90%时，CMC有较强的吸湿性，其吸湿能力比小麦淀粉浆糊大，库房相对湿度在70%以下时，CMC和小麦淀粉浆糊的吸湿性大体相当。CMC的黏力比小麦淀粉浆糊高10%左右；用CMC的纸页强度一般高于淀粉浆糊的纸页，两者耐老化的性能大致相当；浓度高（5%以上）的CMC不具可逆性，低浓度（5%以下）的CMC可逆性优于小麦淀粉浆糊；圆珠笔、碳素墨水字迹在CMC中的扩散程度比小麦淀粉浆糊略高，蓝黑墨水、印刷油墨和复写纸的字迹扩散均低于小麦淀粉浆糊[1]。

中国传统修复工艺习惯使用小麦淀粉浆糊，档案行业对CMC的吸湿性和高浓度不可逆等问题有所顾虑，因此，没有在档案修裱中大范围应用CMC。在实际工作中，可根据档案纸张以及字迹的具体情况有选择性地使用。

（2）氧化淀粉

将淀粉中的直链淀粉除去，改变其中一些理化性能，就成为改性淀粉，其中氧化淀粉常用作修裱黏合剂。氧化淀粉最突出的优点是黏度低、糊化温度低，溶胶体系均匀、透明度好，不易生虫长霉，黏附力和可逆性适中。因此，氧化淀粉作为修裱黏合剂性能较好，缺点是耐水性不足。

（3）聚乙烯醇（PVA）

聚乙烯醇是一种合成有机高分子聚合物，属于热塑类中聚烯醇。聚乙烯醇具有良好的浸润性、胶黏性和成膜性，曾作为加固纸张和字迹的涂料，它是一种有潜力的修裱黏合剂，但是否适合修裱档案使用，还需要进一步科学试验。

（三）备辅料

开展书画类档案的修复，应提前做好备辅料工作，包括备绫绢和覆背等。

1. 备绫绢

备绫绢，即托绫或托绢，在绫绢背面涂上浆糊，托上一层宣纸，晾干绷平后作为镶料使用。备绫的操作步骤如下。

（1）计算尺寸。根据揭旧重裱或待修复书画档案的实际状况，计算需要的镶料数量和尺寸。

（2）准备绫料。购买、订制与待修裱书画原镶料颜色、图案相近的绫料，有条件的情况下，也可以根据原裱镶料的颜色自行染制。

（3）断绫。计算好尺寸后，铺开成匹的绫子，在预定剪断的位置剪一个小

1　林明，周旖，张靖等.文献保护与修复[M].广州：中山大学出版社，2012：176–177.

口，抽出完整的2~3条丝线，这时绫子面上就会出现一条细缝，用剪刀沿着细缝将绫子剪断。

（4）抻平绫料。将绫子正面向下，展开平铺在漆案上。先在绫子的一端（30~50厘米）刷上清水，抻平这段绫子的经纬线，用毛巾吸去水分，使绫子固定，再将绫子另一端抻平，刷水固定，用排笔蘸水，将抻平的绫子用水浸透，一手在上，一手在下，两手同时轻拉，将整张绫子的经纬线拉平、抻直。绫子刷平后，用毛巾吸去绫子上的水分，待绫子面稍微有些发白为止[1]。

（5）施浆。用棕刷或板刷将厚浆涂在绫子上，从左至右、从上至下反复刷匀，绫子上面的浆糊不要多，薄薄一层即可。用排笔在绫子上轻拖光浆，刷平浆糊上的棕刷痕迹。

（6）上托纸。托绫料和托裱纸张的步骤大致相同，若绫子较长，需要两张以上托纸时，第二张纸接口处先粘少许浆糊，搭口控制在2毫米以下。托好后，用棕刷将全部托纸刷实，垫上吸水纸再刷一遍。

（7）上墙。在托纸的四边涂上1厘米宽的浆糊，从桌案上将托好的绫料揭起，绷平在大墙上。

（8）下墙保存。待绫料干后，用起子插入之前预留的启口，揭开两边，把绫料从大墙上缓缓揭离，卷起保存。

托绢或托锦的步骤与上述步骤大致相同，不过当锦料较厚时，可以不托纸张，直接在背面涂上稠浆糊，晾干后就可以直接做修裱材料。

2. 备覆背

有些档案纸张较厚，修裱这类档案时，需要使用较厚的托纸。修裱中，常将两张裱纸提前托裱好，这项工作称为备覆背。制作覆背纸的方法与托裱档案相同，将生宣中的棉料或棉料单宣托合成双层纸，上墙绷平或挂在纸架上晾干，根据裱件幅

---

1 杜伟生. 中国古籍修复与装裱技术图解 [M]. 北京：中华书局，2013：236–239.

面长宽大小裁配妥当备用。

二、修复前的准备

在开展民国档案修复工作前，应做好相应的准备。按照档案行业标准的要求，修复前的准备工作包括档案保存状况调查和破损评估、拍照、分析测试和制订修复方案等内容。

（一）档案保存状况调查

档案保存状况调查的主要内容包括档案实体保存现状的调查、档案保存条件的调查、档案抢救保护大事记等。档案保存状况的调查方法包括普查、抽样调查和重点调查等。档案馆可根据馆藏数量、档案损坏和珍贵程度、经费、人员等方面的因素，确定调查选用的方法。馆藏量大的单位，可制订调查规划，或分段调查，如按库房、全宗，或分若干年进行调查。调查结束后，按数理统计方法进行数据统计分析。

1. 档案实体保存现状的调查

档案实体保存现状调查主要是指对档案载体和字迹的保存现状、损坏程度、老化状况、形成时间、记录形式、案卷外观状况等相关问题进行全面调查，主要内容包括档案形成时间、档案来源、纸张种类、字迹种类、酸化、霉变、虫蛀、老化、污染、撕裂、残缺、糟朽、粘连、皱褶、字迹洇化或扩散、字迹褪色或酸蚀、字迹磨损、不规范折叠、记录形式、不规范修复、案卷外观破损等。档案实体保存现状调查的内容较多，但绝大部分内容都能从案卷上直观地反映出来，如霉变、虫蛀、污染等，修复人员只需按照要求做好记录即可；有些内容则需要有一定的专业知识和工作经验才能进行判断，如纸张种类、字迹种类、不规范修复等；有些内容则需要做进一步的调查才能弄清楚，如档案来源。民国档案的来源需要修复人员向相关业务人员咨询，查阅有关资料。了解这些情况，有助于修复人员掌握民国档案的历史状况，对做好民国档案修复工作很有帮助。民国档案实体保存现状的调查情况，可以通过表格形式进行记录：一是民国档案案卷基本情况调查表（见表3-1）；二是民国档案保护状况调查表（见表3-2）。

表3-1 民国档案案卷基本情况调查表

填表时间： 年 月 日

案卷号		全宗名称				
原档号		起止时间	年月		页数	
案卷外观状况	是否成为档案砖	卷皮是否破损或变形	装帧			
			形式	是否毁损	卷皮是否酸化	是否严重污染

注：各项调查内容如有发生或存在，请打"√"，没有则不填。

抽样调查人： 审核人：

表3-2 民国档案保护状况调查表

填表时间： 年 月 日

案卷号		纸张页码		第 页	
纸张情况			字迹情况		
纸张种类	手工纸		字迹种类		
	机制纸				
酸化			字迹洇化或扩散	洇化	
老化	发黄			扩散	
	发脆				
霉变			字迹褪色或酸蚀	褪色	
虫蛀				酸蚀	
撕裂			字迹磨损	普遍	
污染				边缘	
残缺			记录形式		
糟朽					
皱褶					
絮化					
不规范折叠			其他		
不规范修复					
其他					

注：各项调查内容如有发生或存在，请打"√"，没有则不填。"字迹种类"指墨汁、墨水、圆珠笔等；"记录形式"指手工书写、打印、油印等。

填表人： 审核人：

2. 档案保存条件的调查

档案保存条件是档案安全保管的重要基础，规范的档案保存条件有利于档案的长期安全保管。档案保存条件的记录，可以全面反映档案在某一时期所处的保管条件，是档案工作者了解档案保护历史、研究档案制成材料变化规律的重要参考资料。档案保存条件调查的主要内容包括库房朝向和建筑条件、档案装具、消防和安防配置、温湿度调控、防光措施、空气净化措施、有害生物防治措施、保管制度等。对档案馆来说，大部分档案保存条件在一段时间内是固定不变的，如库房朝向和建筑条件、消防和安防配置、温湿度调控等。一旦情况有变化，应及时变更记录内容。如档案装具更新、有害生物防治措施改善等。对工作中尚未具备的一些保存条件，应抓紧落实。档案保存条件调查也可以用表格进行记录（见表3-3）。

表3-3 档案保存条件调查表

填表时间： 年 月 日

库房号码	库房建筑情况			档案装具			温度达标	湿度达标	防光措施	空气净化措施	防有害生物		消防和安防				保管制度
	库房朝向	地上库	地下库	密集架	五节柜	档案盒（袋）					防霉消毒	防虫措施	消防设备	报警装置	监控设备	门禁系统	

注：各项调查内容如有发生或存在，请打"√"，没有则不填。"库房朝向"可用文字说明，"档案盒（袋）"应注明中性或酸性。

抽样调查人： 审核人：

3. 档案抢救保护大事记

档案保存时间较长，受各种因素的影响，会不可避免地发生一些突发事件、重大安全事件等，如虫害、长霉、水浸、火灾等，曾经采取的抢救、保护和修复措施等，这些都是发生在档案上的重要抢救保护事件，应该及时做好记录。档案抢救保护大事记可以用表格形式进行记录（见表3-4）。

表3-4　档案抢救保护大事记

填表时间：　　　年　月　日

记录内容	突发事件					安全事故		抢救修复历史			其他
	火灾	水灾	地震	泥石流	其他	丢失	损坏	修复	缩微	数字化	
时间											
受损程度											
范围											

注：各项调查内容如有发生或存在，请打"√"，没有则不填。"受损程度"和"范围"可用文字说明。

抽样调查人：　　　　　　　审核人：

（二）档案破损评估

纸质档案在保存和利用过程中会出现各种各样的破损情况，对破损纸质档案进行分类并定级，能够为制订修复保护计划提供参考依据，对科学保护档案，有效抢救、修复破损或濒危档案具有重要意义。根据《纸张档案抢救与修复规范　第1部分：破损等级的划分》(DA/T 64.1—2017)的规定，档案破损等级划分为特殊破损、严重破损、中度破损和轻度破损四个等级，依据档案破损类型和程度将档案破损等级归纳如下表（见表3-5）。

表3-5 档案破损类型、程度与破损等级

破损类型	破损等级			
	特殊破损	严重破损	中度破损	轻度破损
酸化	pH≤4.0	4.0＜pH≤5.0	5.0＜pH≤5.5	5.5＜pH≤6.5
老化	纸张机械强度严重降低，翻动时出现掉渣、裂口、破碎现象	机械强度明显降低，发黄、发脆、絮化等比较严重	纸张机械强度有一定程度的降低或有少量的氧化斑	纸张轻微发黄、发脆
霉变	霉变面积＞30%	20％＜霉变面积≤30%	5％＜霉变面积≤20%	霉变面积≤5%
虫蛀	虫蛀面积＞30%	20％＜虫蛀面积≤30%	5％＜虫蛀面积≤20%	虫蛀面积≤5%
污染	污染面积＞60%	20％＜污染面积≤60	5％＜污染面积≤20%	污染面积≤5%
残缺	残缺面积＞40%	20％＜残缺面积≤40%	5％＜残缺面积≤20%	残缺面积≤5%
粘连	粘连面积＞50%	20％＜粘连面积≤50%	5％＜粘连面积≤20%	粘连面积≤5%
字迹洇化扩散	严重影响档案信息识读	勉强可以识读	基本可以识读	基本不影响识读
字迹褪色	严重影响档案信息识读	勉强可以识读	基本可以识读	基本不影响识读
其他		纸张不规范折叠，导致纸张断裂或字迹因磨损无法识读	25％＜撕裂面积≤50%	撕裂面积≤25%；折叠处有磨损性断裂

（三）分析测试

按照规范要求，档案修复前应对档案纸张和字迹的基本情况进行测试，主要内容包括纸张pH值、字迹溶解性、纸张纤维组成和原料配比、字迹成分、纸张色度等。

1. 纸张pH测定

测定档案纸张pH应使用无损方法，常用的方法有两种：一是使用玻璃或甘汞平头电极，测定纸张的表面pH；二是使用pH试纸，测定纸张的表面pH。档案纸张不同部位的pH不一定相同，可以对不同部位分别测试，计算平均值作为结果。

2. 字迹溶解性测定

修复过程中拟采用的溶剂，在使用前均应进行字迹溶解性测试。字迹溶解性测试有两种方法：一是在标点符号处滴一滴溶剂，看其是否有晕染，以及晕染开始的时间和范围；二是用棉签蘸取溶剂，在字迹上轻擦，观察棉签上的色素残留。

字迹溶解性测试的结果分为三种：一是基本不溶。较长时间后仍未晕染或基本无残留，可与该溶剂较长时间接触，如浸泡等。二是轻微溶解。较长时间后有轻微晕染或少量残留，在控制的条件下，如合适的温度、时间等，可谨慎使用该溶剂。三是易溶。迅速晕染或色素大量残留，应避免与该溶剂接触。

3. 纸张纤维组成和原料配比测定

每种造纸纤维都有各自特有的形态，通过造纸纤维测量仪和赫氏染色剂，可以对纸张纤维的种类和原料配比进行分析测定。了解民国档案纸张纤维的组成，对掌握纸张性能、做好民国档案修复工作非常重要。这项工作具有一定的专业性，目前在档案部门还没有普及，需要修复人员在工作中开拓创新，不断提升民国档案修复技术水平。

4. 字迹成分测定

档案字迹成分在前文已有详细的介绍，修复人员在掌握了这些知识以后，就会很容易对档案字迹的成分进行判断。如果有条件，可以使用电镜对民国档案字迹的成分进行分析检测，掌握每一种字迹的成分，和有关资料进行比对，进行确认，在此基础上，掌握民国档案字迹的成分，对做好民国档案修复工作同样具有重要意义。

5. 纸张色度测定

纸张的色度是反映档案纸张颜色的一种指标，它反映的是档案纸张的色调和饱和度。档案老化变质直观的表现是纸张颜色的变化，通过测量档案纸张色度的变化可以了解档案的老化情况。档案纸张色度可以通过纸张色度仪进行测定。

三、拍 照

作为修复工作的一个环节和要求，档案在修复前应拍照留底。对待修复档案进行拍照存档，便于修复人员掌握档案的原始保存状况和病害情况，为修复质量检查提供了基本依据。

在实际工作中，有的档案馆每年修复的任务量很大，工作人员很多，不可能对每张待修复档案进行拍照。可以参照规范的要求，对重要和珍贵的档案或受损严重、病害特殊的档案，在修复前对其进行拍照留底，有的甚至需要对修复过程进行全程摄像，以真实记录档案修复的工作流程、修复技术和操作方法等，保留档案修复过程的历史影像。

四、制订修复方案

修复方案是保证修复工作规范性，确保修复工作质量的重要依据。民国档案修复前，均应制订规范的修复工作方案。修复方案应包括修复前状况（包括保存状况调查和破损评估结果、修复前照片）、分析测试结果、修复流程、方法和操作步骤、修复材料和用量、可能出现的问题和对策、修复时间和人员安排、预期修复目标。

在实际工作中，修复方案的制订可以根据档案的具体情况以及修复人员的时间适当进行详略不同的安排。一般档案的修复方案可以简明扼要；重要和珍贵档案的修复方案应经过专家论证或上级主管部门的审批后，才能作为最终修复方案。

第五节　民国纸质档案修复前预处理工作

在开展民国纸质档案修复工作前，有大量的预处理工作需要完成，如拆卷、编号、除尘、消毒杀菌、去污、脱酸、字迹加固和恢复等。民国档案修复前预处理工作是修复工作的重要环节，是保证民国档案修复质量的重要基础。

一、拆　卷

拆卷过程中，一般用剪刀剪断装订线或纸捻并用手拔除，将原卷拆散为单页。遇到有特殊装订或复杂装订档案，应详细了解装订形式和结构，并用文字和图像翔实记录原始装订信息及拆解过程。民国档案中金属装订物较多，如铁钉、订书钉、大头针、曲别针等。铁制品长期保存，容易受潮生锈，腐蚀纸张，导致纸张锈蚀、脆化，一碰即碎。因此，拆除含金属装订物时，可以使用起钉器、起子、牙医刀、镊子等工具。应小心谨慎，不得损坏档案（见图3-22）。同时，在拆除时，应检查档案上附着物的粘连情况，脱落、未粘牢的应先将其粘牢。若破损情况严重，无法粘回的，立即放回原位，待修复时再进行处理。

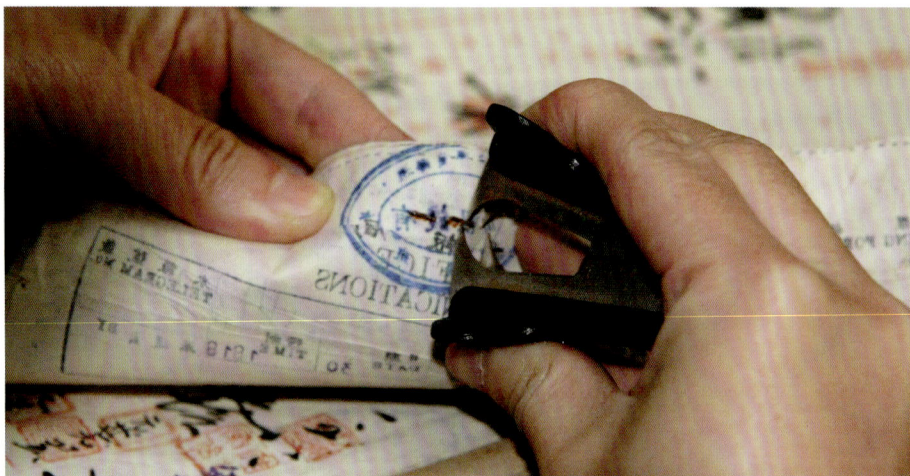

图3-22　拆除档案上的金属装订物

二、编　号

需拆卷修复的档案应先对单页进行编号，用铅笔标记在表面不明显处，待重新装订前再擦去。已经编号的档案则不必重新编号，但要与档案备考表信息核对，逐页核查，若有编漏、重编情况，要及时做好登记。

有的待修档案质地脆弱、破损严重，不宜编号，可通过拍照等方法记录档案顺序。板结成"档案砖"的档案，无法编页，则需在开卷过程中注意原始顺序，以防错乱。

对修复工作量大的档案馆，为了保证修复档案不发生错乱问题，一般有两种方式来管理修复档案。一是包干修复。每名修复人员每次从管理人员手中领取一卷档案，拆卷、编号、修复由一个人独自处理，修复完成后再向管理人员移交档案。管理人员负责检查档案修复质量，包括档案页码顺序是否有误。二是流水修复。拆卷、编号由固定的人负责，根据不同修复类型（手工修裱、补洞等）分别做好不同的标注条，分类包好交给管理人员。修复人员根据分工从管理人员处领取相应类型待修复档案。修复完成后再移交管理人员，管理人员负责检查验收，包括档案页码顺序是否有误（见图3-23）。

图 3-23　档案流水修复标注条

标注条是在拆卷过程中，拆卷人员书写的一种签条。标注条上一般注明全宗号、卷号、修复类型、页码等，便于修复人员领卷、修复、归卷等，防止档案在修复过程中发生错乱。全宗号、卷号、页码根据档案实际信息进行准确记录即可，修复类型则需要修复人员根据待修复档案的保护状况和破损情况进行判断，一般标注为手工修裱、机器修裱、丝网加固及无需修复四类。前三种类型需要修复的档案，按类型进行分类打包，每包中夹注标注条。无须修复的档案仍放回原卷中，并在原卷中放入备注条，以说明整卷档案的修复分类、数量明细等情况，如手裱第5~10页、机裱第11~50页等，保证修复后档案归卷准确无误。有页码的档案，拆卷时按类型分开摆放，每种类型前面添加标注条，如全宗—卷号—手裱p.1~p.13、机裱p.14~p.29、不裱p.30~p.37。无页码的档案，则须按照档案原始顺序，根据档案的破损情况分类，逐段添加标注条，按顺序排列夹注，以示档案顺序，如全宗—卷号—开始—手裱①、不裱①、补洞①、手裱②、丝网①、补洞②、不裱②、手裱③、丝网②、全宗—卷号—结束。

三、除 尘

档案在长期保管过程中，会积聚一些灰尘，尤其是历史档案，灰尘含量更高，一般在修复前应对档案进行除尘处理。为了保护环境和人员身心健康，档案除尘应在通风橱或专用工作台上进行。除尘时，可用软毛刷扫除档案表面灰尘，也可用洗耳球将灰尘吹离档案表面，若档案破损严重，脆化絮化，则谨慎使用。保存较完好的档案，可使用吸尘器吸除灰尘，但对于较薄的或严重破损档案，则不宜使用吸尘器直接放在档案表面吸尘，以免档案碎片被吸入，可使用孔隙稍大的纱网包裹档案后，再进行吸尘操作。也可以将软毛刷与吸尘器配合使用，同时进行扫尘和吸尘，一手握软毛刷，一手握吸尘器吸头，在清扫灰尘的同时，用吸尘器及时吸除。

四、消毒杀菌

有些待修复档案出现了长霉的情况，尤其是历史档案，这种情况更加常见。对霉变档案，修复前应进行消毒杀菌处理。

大面积霉变的档案应进行集中消毒杀菌处理，借助专门设备或技术由专业人员进行操作。可使用甲醛或环氧乙烷做批量处理，一般采用小型专用熏蒸箱或真空熏蒸机熏蒸杀菌，熏蒸操作应严格按照操作规程进行。

小范围、轻微的霉变、霉迹或霉斑，可用75%的乙醇溶液对霉变处进行擦拭。如霉变发生在字迹处，应先测试字迹对乙醇的溶解性。档案字迹经过溶解性实验后发现有轻微溶解或易溶现象，不能使用乙醇溶液进行擦拭的，可以使用干棉花或面团进行擦拭和黏附。此种方法多用于干霉或死霉。

五、去 污

若待修档案中存在水斑、泥斑、油斑、蜡斑、霉斑、铁锈斑、墨水斑等污渍，在档案修复前，一般要进行去污处理。档案去污方法可根据档案污染的实际情况，选择不同的去污方法。

（一）机械法

档案表面有灰尘、烟熏、泥斑、蜡斑等时，可借助毛刷、手术刀、镊子、棉花等工具使其松动并清除。操作时应注意不能损伤档案，避免出现撕扯现象。

表面尘垢厚重的档案，使用可调功率的真空吸尘器配合毛刷清扫吸除，用纱布等包裹吸尘器吸嘴，避免吸入档案碎片。此方法不宜用于糟朽严重、成片渣状的档案。

质地脆弱的档案，可使用硫化橡胶干洗海绵或橡皮粉末轻轻擦拭，前者尤其适用于烟熏等沉积物的去除。此方法不适用于纸张纤维较长或铅笔字迹较多的档案。

上述操作应在通风橱或者其他专用设备上完成，操作人员应佩戴口罩等防护用具。

（二）水洗法

水洗去污适用于字迹遇水不溶档案表面尘垢、水渍、泥斑等水溶性污渍的去除。水洗之前应先用机械去污法去除表面灰尘。

档案质地较好且污垢较多时可使用冲淋法，将档案上下垫无纺布放在倾斜的平台上，用小水流冲洗或用毛刷蘸水淋洗，使污物排出。污垢与档案结合较为紧密时可选用浸泡法，将档案上下垫无纺布，并在下方垫衬支撑物浸泡在水中，根据需要可用软毛刷轻轻刷洗，多次换水，直至档案清洁。淋洗和浸泡去污后，档案含水量较高，可用干净的湿毛巾拧干后卷成卷，在档案上轻轻滚压，将污渍和水分都吸在毛巾卷上，反复多次，直至档案上的水分被完全吸收（见图3-24）。

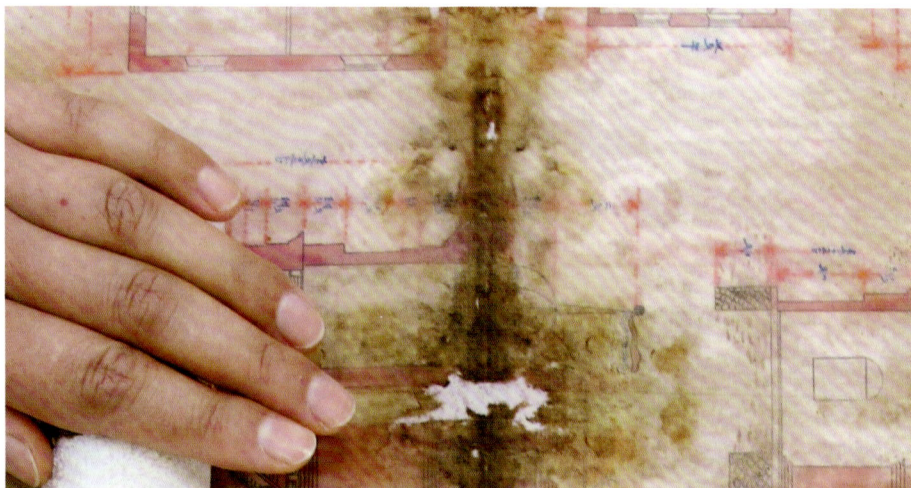

图3-24 湿毛巾滚动吸水去污

档案质地较差或污渍范围较小时，可只针对污渍局部进行清洗，但要避免出现水渍。根据污渍情况，可适当提高水温或延长清洗时间，但水温越高、清洗时间越长，对档案纸张和字迹的破坏会越大，应综合考虑各方面因素，选择合适的水温和时间。

经过水洗去污后的档案，若要进行下一步修复处理，应在其干燥前及时处理。若档案仅需去污，不需要后续修复处理，则应及时整平干燥。可以将水洗后的档案放在吸水纸中间晾干，根据情况及时更换吸水纸，并使用压板等使其平整。

（三）有机溶剂法

档案上若存在油斑、蜡斑、胶带粘痕等不溶于水的污斑，可选择使用无水乙醇、丙酮、汽油等有机溶剂进行溶解去除。使用前，应先对字迹溶解性进行测试，并进行局部试验。具体操作方法是在通风橱操作台上铺一张滤纸，将档案有污斑的一面朝下平放在滤纸上，用镊子夹脱脂棉蘸有机溶剂，在污斑处按压，污斑在有机溶剂的作用下软化并转移到滤纸上，重复上述操作，直至滤纸上不再有明显的污物。上述操作应在通风橱等通风良好的地方进行，操作人员应佩戴好口罩等防护用具。各种污斑对应使用的有机溶剂见表3-6[1]。

表3-6 有机溶剂去除污斑对照表

序号	污斑种类	有机溶剂
1	颜料	吡啶（处理后彻底水洗）、松节油
2	清漆	乙醇、甲醇、丙酮
3	漆	丙酮、乙醇、二甲苯、甲苯
4	虫胶	正己烷、甲苯
5	油	正己烷、甲苯、四氯化碳
6	脂肪	乙醇、石油醚或吡啶
7	蜡	正己烷、石油醚、汽油、甲苯、氯仿
8	脂膏	正己烷、汽油（白色）、石脑油、石油醚、松节油、甲苯、三氯乙烯、四氯乙烯、二甲基甲酰胺、四氯化碳
9	树脂	乙醇或吡啶
10	压敏胶粘带	丙酮、乙醇、汽油、氯仿、二氯甲烷
11	动物胶	温水
12	浆糊	水
13	焦油	石油醚、汽油、四氯化碳、吡啶
14	轻微霉斑	乙醇
15	茶或咖啡	过硼酸钾

---

1 国家档案局档案科学技术研究所. 新档案保护技术实用手册 [M]. 北京：中国文史出版社，2013：307-308.

续　表

序号	污斑种类	有机溶剂
16	铁锈	5%的草酸（不推荐用于脆弱的纸张）
17	泥	水或氨水
18	苯胺油墨	乙醇
19	圆珠笔油墨	二甘醇、乙醇
20	印台油墨	乙酸、乙醇

（四）氧化法

氧化去污，工作中使用较少，适用于锈斑、霉斑、蓝黑墨水斑等色斑的去除，是利用某些化学药品的氧化性达到清除污斑的目的。氧化剂可能对纸张和字迹造成影响，应谨慎选择氧化剂的种类和浓度，优先选用过氧化氢等较为温和的氧化剂，同时控制好浓度。使用后迅速用清水彻底清洗，减少氧化剂的残留。

六、脱　酸

根据《纸质档案抢救与修复规范　第四部分：修复操作指南》的规定，纸张pH在6.2以下的档案宜进行脱酸，脱酸后纸张的pH应为7~8.5。脱酸一方面要去除或中和纸张中的酸性物质，同时要在纸张中留下足够的碱储量，以中和未来由于自然老化或大气污染产生的酸。

档案脱酸方法大致分为液相脱酸和气相脱酸两大类。目前世界各国使用的档案脱酸方法绝大部分是液相脱酸技术，其脱酸液有水溶液、有机溶液、悬浮液等。选用何种方法脱酸，取决于档案纸张和字迹的具体情况，使用前应先测试纸张和字迹在脱酸溶液中的反应。

（一）基本要求

1. 要保持档案原貌。不允许因脱酸而造成档案内容、痕迹、标记遭到破坏。

2. 脱酸方法应安全无毒，保证档案和人员的安全与健康。

3.脱酸方法要有良好效果，能够有效脱酸，并产生适量碱性物质均匀分布在档案上。

4.脱酸过程不能污染环境。

5.脱酸的成本要控制在合理范围内。

6.掌握脱酸时机，pH值低于6.2时就应脱酸，这样才能有效地保护纸张。

7.明确脱酸指标要求，制定完善的质量控制措施。

8.脱酸前要充分试验，掌握脱酸的效果、适用范围、可能存在的副作用、对字迹可能产生的影响等[1]。

（二）浸泡法

将过量氢氧化钙（每升2克以上）加入纯水中，充分搅拌，静置，即得到pH值约为12.4的饱和溶液，其质量分数约为0.15%。将溶液过滤后取澄清液，检查档案字迹接触脱酸液是否扩散变色，没有字迹扩散变色现象的才可进行脱酸。将档案夹在合成树脂网中间，放入澄清液中浸泡约20分钟，然后放入0.2%的碳酸氢钙溶液中再浸泡20分钟，中和多余的氢氧化钙生成碳酸钙，作为碱储量保留在档案中。也可以将氢氧化钙饱和溶液按1∶1进行稀释，将档案放入稀释液中浸泡20~30分钟。取出档案，让多余脱酸液流走。然后，将档案放在吸水纸中间干燥，压平。档案纸张脱酸后，残留于纸中的氢氧化钙与空气中的二氧化碳反应，逐渐转变为碳酸钙。氢氧化钙、碳酸氢钙以及碳酸氢镁都可单独作为脱酸液使用。

（三）喷涂法

纸张质地较差、字迹易溶或无须拆解的成册档案脱酸时，可选择使用喷涂法。目前喷涂法脱酸使用较多的是美国的氧化镁悬浮液脱酸技术。脱酸液为微细氧化镁

---

1 国家档案局档案科学技术研究所.新档案保护技术实用手册 [M]. 北京：中国文史出版社，2013：311–312.

颗粒分散在全氟化合物中形成的悬浮液。氧化镁颗粒为脱酸剂，全氟化合物为分散介质。氧化镁平均粒径约1微米，具有很大的内表面积，在脱酸过程中能够吸附在纸张纤维上。氧化镁能够与水反应生成氢氧化镁，氢氧化镁吸收中和纸张中的酸，达到脱酸效果，同时还能作为碱性残留物持续保护纸张不受酸的危害。氢氧化镁还能与二氧化碳反应形成碳酸镁，碳酸镁也是有效的碱性残留物。脱酸方法有机器脱酸和手工脱酸两种。机器脱酸需使用专用设备，适宜大批量档案脱酸。手工脱酸只需使用喷壶，手工操作即可，适宜单页或少量档案脱酸，缺点是成本较高。因为该技术以氧化镁在纸张上物理吸附，与空气中水分反应逐渐产生脱酸物质，所以，该技术对光泽度高的纸张和涂布类纸张的脱酸效果会有一定的影响。喷涂法手工操作比较简单，将氧化镁脱酸液逐页均匀喷洒在档案表面，即可完成档案脱酸，无须预干燥和后期恢复，处理周期短，副作用小，脱酸液无毒、不燃。一些不能与水溶液接触的档案可以使用该技术进行脱酸。

（四）在浆糊中加入碱性物质

浸泡法和喷涂法脱酸，一般适用于档案单页脱酸，工作效率不高。档案脱酸前需要拆卷，脱酸后需要干燥、压平、装订等，处理周期长，人工成本高。《纸质档案抢救修复规范 第4部分：修复操作指南》推荐了一种在浆糊中加入碱性物质的档案脱酸方法，即在修复用的浆糊中加入浓度为0.15%~1.5%的纳米碳酸镁或氢氧化钙，将脱酸与修裱过程结合起来。

将碳酸氢镁水溶液加入浆糊中，在修裱过程中完成档案脱酸，也有很好的效果。具体方法如下。

1. 配置碳酸氢镁水溶液

称取75克碱式碳酸镁，加入盛有8升纯水的玻璃罐中，向其中持续通入二氧化碳，通气过程中使用电动搅拌器搅拌，直至溶液澄清为止。取出上层澄清液，得到浓度为0.093 mol/L的碳酸氢镁水溶液。

2. 稀释碳酸氢镁水溶液

酸化程度不同的档案，酸性物质含量不同，使用碳酸氢镁水溶液的浓度也应不同。否则，脱酸后档案纸张的pH值不能达到7.0~8.5的要求。前期试验中，使用0.093 mol/L的碳酸氢镁水溶液对民国档案脱酸，脱酸后档案纸张的pH值绝大部分都超过了8.5，说明脱酸液的浓度偏大。经过试验，对酸化和轻微酸化的档案，采用0.045 mol/L的碳酸氢镁水溶液进行脱酸；对酸化严重和酸化特别严重的档案，采用0.075 mol/L的碳酸氢镁水溶液进行脱酸效果较好。

3. 碳酸氢镁水溶液稀释浆糊

将制作好的干浆糊冷却，加入少量碳酸氢镁水溶液，用铜箩将浆糊过滤一次，再把配制好的碳酸氢镁水溶液加入浆糊中，将浆糊调至修裱所需的浓度即可。根据档案酸化情况，使用不同浓度的碳酸氢镁水溶液稀释浆糊。

4. 脱酸过程及效果分析

使用调好的浆糊进行手工修裱，修裱后档案上墙干燥，干燥后将档案从大墙上揭下，经质检、裁切后，档案修裱工作完成，同时档案脱酸工作也完成了。采用0.045 mol/L的碳酸氢镁水溶液对酸化和轻微酸化的民国档案进行脱酸，脱酸前档案的平均pH值为6.08，脱酸后为7.95；采用0.075 mol/L的碳酸氢镁水溶液对酸化严重和酸化特别严重的民国档案进行脱酸，脱酸前档案的平均pH值为 4.92，脱酸后档案的平均pH值为8.53。在实际工作中，可以根据档案酸化程度，参考以上实验结果，适当调整碳酸氢镁水溶液的浓度，以达到最佳的脱酸效果。

在浆糊中加入碱性物质，能够在修裱过程中完成档案脱酸工作，将修裱工作和脱酸工作合二为一，不仅提升了工作效率，而且减少了对档案的干预，有利于档案的保护。但修裱过程完成脱酸也存在一些局限性，一是只能对破损档案进行脱酸，其他未破损的酸化档案没有脱酸，导致案卷中或全宗内有的档案已经脱酸，有的档案还没有脱酸。脱酸工作不完整、不彻底，没有系统性，会为今后档案全面脱酸增加难度。二是修裱过程脱酸主要是手工作业，档案需要一张一张进行脱酸，脱酸工作效率还不高。

七、字迹加固和恢复

档案在长期保管利用过程中，会出现字迹褪色、扩散、松动、脱落等老化现象。有些档案字迹遇水易溶，修裱时字迹会遇水扩散、褪色。因此，修裱前应对这类褪变字迹进行加固和恢复，防止档案字迹在修裱过程中受到损害。

档案字迹加固和恢复涉及化学等很多相关学科专业知识，尤其是民国档案字迹种类较多，病害复杂，如圆珠笔等油性字迹的扩散、铅笔字迹的磨损、鞣酸铁墨水字迹的腐蚀等。字迹加固是对起翘、磨损、水溶性字迹等进行的稳定处理，避免字迹在未来保存、利用或修复过程中受到损害。传统墨、矿物颜料等由于胶料老化、起翘、剥落，修复时一般进行施胶加固。染料型印章等遇水易溶，可使用水性修复方法，如用环十二烷对其进行临时防护。环十二烷可以在字迹表面形成憎水层，能够通过物理挥发实现可逆去除，但其防护效果取决于纸张质地、字迹水敏程度、实施技法及与水接触程度等多种因素，使用前需先进行预试验。字迹的恢复实质上是使褪色、变色或被遮盖的字迹显现，处理方法主要分为两类：一是借助光学或数字方法显影，二是使用化学方法使字迹成分发生改变。相比之下，前者对档案实体干预较小，因此，建议首先使用光学或数字方法进行处理。

《纸质档案抢救与修复规范　第4部分：修复操作指南》推荐了几种字迹加固和恢复的技术和方法，在工作中可以学习使用。

1. 字迹由于色素、溶剂、黏结剂等老化失效，会出现粉化、起翘现象。对这类字迹可使用明胶等黏合剂进行抢救加固。操作时借助放大镜或显微镜，少量多次向字迹中填胶，保证良好的渗透和加固效果。

2. 遇水易溶的字迹，如在修复过程中需要接触到水，可使用环十二烷等材料涂覆字迹，进行临时加固处理。

3.褪色、变色或被污斑遮盖的字迹，可使用字迹恢复软件进行数字恢复，也可使用非可见光扫描设备、摄影等方法进行显影和记录，保证采用的方法不会对字迹造成进一步的损害。

民国档案字迹种类较多，病害情况复杂，在实际工作中，需要对各种字迹病害档案进行抢救和保护。有些专用处理材料和保护技术的使用应咨询有关专业机构。

第四章 民国纸质档案手工修复技术

从现有的历史记录看，解放后，民国档案的修复工作就已经开始了，至今已有70年的历史。但从工作情况看，已修裱档案的数量和需修裱总量相比还有很大差距，仍有大量破损民国档案亟待抢救修裱。

纸质档案手工修裱技术包括手工修补技术、手工托裱技术和揭粘技术三类。

第一节 民国纸质档案手工修补技术

针对破损程度不严重，档案纸张虽有部分残破，但绝大部分没有丧失机械强度的档案，如有孔洞、少量缺损、折叠处磨损、撕裂等，一般采用手工修补的方法进行修复。所谓修补，就是选择与档案原件纸质、纹理、颜色相同或相近的纸张，用黏合剂粘补在档案的缺损处，达到档案原件的完整性和外观的一致性。手工修补技术包括补缺、溜口、接背、加边等。档案手工修补技术对档案的干预程度较小，能够保持档案原貌，有利于延长档案寿命。

一、民国纸质档案手工修补技术的基本要求

（一）补纸的要求

民国档案纸张种类较多，有机制纸，也有手工纸，不同纸张的机械强度和吸水性能也各不相同。如果配纸不当，修补后的档案可能会出现质量问题，或对档案带来潜在的损害。因此，选配好修补用纸，是做好修补工作的基础。

1. 修补用纸的厚度应与档案纸张保持一致，或稍薄于档案纸张的厚度。若补纸厚于档案纸张，修补后的档案不易平整，修补的地方会高出周边纸张，影响档案原貌；若纸张厚的档案用薄纸修补，修补的地方会低于周边纸张，同样会影响档案原貌，而且修补接口容易损坏。

2. 修补用纸的颜色应尽量和档案纸张颜色一致，或稍浅于档案纸张颜色。若补纸颜色深于档案纸张，会在档案上形成色斑，影响档案原貌。察看补纸颜色时，应在采光条件良好的地方进行。若在光线过强或过暗的地方，容易产生颜色误差，造成补纸配色不当。

3. 修补用纸的纹理应和档案纸张保持一致，这样修补后的档案才能平整美观。如果补纸和档案纸张纹理不一致，修补后档案纸张伸缩会不一致，导致纸张不平整，影响美观。

4. 溜口纸应选用质地柔软、韧性好的薄棉纸。裁切溜口纸条时，要按棉纸的竖纹方向裁切，防止档案溜口后出现上下收缩不一致的现象。若按横纹方向裁切溜口纸条，会使棉纸与档案的结合强度降低，并且容易断裂。不要采用厚棉纸作溜口用纸，避免档案中缝部位凸出。溜口纸条颜色应与档案纸张颜色相近，或稍浅于档案纸张颜色。否则，在溜口处会留下一条明显的带状。

5. 档案接背、加边用纸要与档案纸张厚度一致，一般多用宣纸。

6. 撤潮纸应洁净、柔软，以免撤潮时污染档案，一般多用红辛纸（旧称高丽纸）。

7. 选择修补用纸，要尽量与档案纸张质地一致。为确保修补用纸质量，修复工作中应利用各种机会，收集各类补纸，便于修补时选择。如果选择与原档案纸张相同的旧纸（如档案中的衬纸）做补纸，应保证纸张的机械强度，否则不宜使用。

（二）浆糊的要求

修补纸质档案所用浆糊的浓度必须适度，如果使用不当，会导致修补的档案发生黏合不牢或起皱变形等，影响修补质量。在纸质档案修补前制备好的干、稠浆糊不能直接用于档案修补，需要待其冷却后兑水调稀使用。民国纸质档案修补用浆糊的浆、水调和比例一般为1∶10。调制时，先将浆糊搅拌均匀，慢慢兑入清水，用毛笔反复搅拌，使水和浆糊完全融合，直至成牛奶色稀糊状，不能有疙瘩块状物。隔一段时间之后，应及时查看浆糊的稠稀程度，若变稠则需要调稀后再使用。浆糊稠稀度应通过大量实践经验来掌握，也可根据档案的纸质和厚度等实际情况略作调整。

1. 吸收性好的档案纸张要用稀浆糊，如净皮、棉连使用的浆糊浓度一般为1%~2%。

2. 档案纸张是机制纸或偏厚的手工纸，浆糊浓度可适当加大一些。如70克书写纸使用的浆糊浓度可为6%~7%。

3. 档案纸张较薄的手工纸，修补浆糊的浓度应稀一些（见图4-1）。

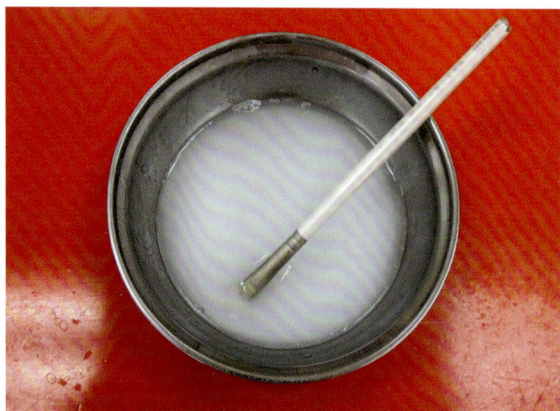

图4-1　修补用浆糊

4. 修补档案时，应顺着纸张的纹理刷浆糊；控制好浆糊用量，不宜过多。如果刷浆太多，一是档案不易平整，二是档案修补后会发硬变脆，影响修补质量和档案耐久性。

（三）其他要求

1. 档案需要补缺或接边时，搭接宽度应控制在2毫米以内。补纸边沿应撕出毛茬，以便搭接平整。

2. 为保证档案修补质量，修补档案用的撤潮板应平整洁净、无污染物；毛笔、喷水壶、镊子、剪刀等工具性能完好。每次工作完毕，应及时清洗有关工具、设备，以免因为残存的浆糊而使工具、设备等遭受生物污染，尤其不能给档案带来霉菌传染源。另外，还应定期检查并维修工具、设备等，确保修补工作顺利开展。

3. 在修补过程中，应注意采取不同措施，防止字迹洇化、扩散。如在抹浆糊时，应尽量避开字迹；喷水时，少喷水，或尽量遮挡字迹后再喷水等。

4. 铅笔字迹档案，虽然色素本身耐久性很好，但字迹与纸张的附着牢度较差，铅笔字迹或线条特别不耐摩擦。因此，修补时应注意尽量减少档案纸张之间的摩擦。

5. 在修补过程中，还要注意油溶性字迹，不要使档案字迹渗出的颜色污染相近的档案纸张。

二、民国纸质档案手工修补技术

对一些有孔洞、残缺或折叠处磨损的纸质档案，需要采用手工修补技术对档案进行修复。修补用纸应按要求进行选配。修补用浆糊的稀稠度应根据档案纸张的厚薄和质地来确定。手工修补常用的技术方法包括补缺、溜口、溜条、接背、加边、干燥和修整等。

（一）补 缺

补缺是对残缺或虫蛀档案进行修补的一种修复技术。补缺有手工补缺和机器补缺两种方法。手工补缺的工序包括展平、施浆、补洞等。

1. 展 平

将待修档案有字面朝下平铺在台面上，少量、均匀地喷水，用软毛刷从中间向四周展平档案。展平过程中，应注意档案的状况，对破损部位和纸质较差的部位一定要动作轻柔。若档案有脆化、絮化等状况较差的情况，应先在桌面铺上塑料膜之后再展平（见图4-2）。

图 4-2 档案展平效果

2. 施　浆

用毛笔尖蘸浆，均匀地涂抹在档案破损边缘或补纸边缘2~3毫米处，注意运笔轻稳，不要带起档案碎片和残渣，从毛茬厚处向薄处行笔。

3. 补　洞

将一张与档案纸张厚薄、颜色、质地基本相同的补纸轻轻覆盖在档案破损处，注意将补纸的纹理和档案纸张的纹理对准，使补纸与档案搭接处保持在2毫米左右。若有脆化、絮化等特殊情况，可适当增加补洞面积，用补纸覆盖档案纸张脆化、絮化部分。

补纸与档案破损处粘贴后，用手指或手掌轻轻按压黏结处，排出多余水分，使其更加贴合。若补纸较大，可用棕刷排实。多余的补纸，在干湿交接处用镊子小心撕下，或用手顺着补纸潮湿处把周围多余的纸撕去。

若页面残缺破洞较多，修补的顺序应先补中间，后补四周；先补大洞，后补小洞。

补纸一般单层搭接，若档案纸张较厚时也可使用双层或多层补纸，为避免接缝处厚度增加，可配合使用碰镶技法，减少搭接。如档案丝网加固前需补洞，可使用碰镶技法，然后再进行丝网加固。碰镶是书画装裱中一种镶料和画芯的粘接方式，是镶料与画芯边缘虽然碰触，但并没有粘贴重合的技法。在实际工作中，只要多加练习，就能熟练掌握这种补洞技术。

（二）溜　口

民国纸质档案中有很多筒子页档案，以及装帧形式与古籍类似的档案。这些档案的版心中缝、折边等容易磨损、开裂，有的虽没有开裂，但中缝处已经磨得很薄，一碰就破。对这种档案的修补，一般采用溜口技术。

1. 溜口所用的材料以质地疏松而又富有韧性的薄棉纸为佳，较厚的档案可选用颜色相近的薄皮纸做补纸。溜口纸的宽度一般约1厘米，长度应大于档案纸张长度约2厘米。修补后多出的补纸，可以等干燥压平后再进行裁剪。档案边缘破损严重、质地脆弱的，可适当加宽溜口范围。

2. 操作时，将档案有字面朝下，背面朝上。参照档案上的栏格或字迹，将中缝对齐，若档案中缝是全裂开的，则还要把两个单页拼齐。拼接时，不能把两个单页连得太紧或交错相搭，这样会导致折页时不平整；但拼接时也不能分开太大，否则折缝处只有一层薄的补纸，影响牢度。

3. 手持毛笔蘸浆，从档案纸张裂缝中间部位开始先上后下均匀向两头抹浆，不能一个方向从上往下或从下往上一笔涂抹，这样会破坏拼接效果或使溜口处产生褶皱。抹浆的宽度要以溜口纸条的宽度为基准。

4. 抽取一张溜口纸条，捏住纸条下端贴在档案纸张破损处下方，粘住后再把纸条沿破损处拉直贴在整页档案上，用吸水纸垫在溜口处，用手掌在吸水纸上轻压几下，使溜口处粘牢粘平，吸去多余水分。若档案边缘磨损形状不规则，则可以分段粘贴，避免直贴时产生贴歪或纸条断裂的情况。

5. 民国纸质档案中有很多栏格抄本档案，此种档案的栏格容易晕染，不可直接在档案上涂抹浆糊。把溜口纸条放在吸水纸上抹浆，借助吸水纸使其撤潮，然后再往破损处粘贴，这样，可以减少浆糊中的水分浸润栏格，有效防止栏格中的字迹色素洇化、扩散。

（三）溜　条

溜条主要是针对档案页面上的裂缝进行修补。其工序和补洞、溜口的手法基本相同，要求选用轻薄的皮纸（净皮、棉连）做补条，补条要窄些，一般为2~5毫米，补条的长度要长于撕裂处。修补前应注意先将档案的裂缝对齐，然后在补条上刷浆，待晾至半干时，在档案的撕裂（或断裂）处背面进行粘贴。粘贴裂缝时，要使补纸条中心线骑在裂缝上。上下垫压吸水纸，用手轻轻压实抚平。

（四）接　背

接背是主要针对档案装订边窄小、装订后容易压住字迹的情况而进行的一种修补技术。接背时，将档案正面朝下平放在台案上，在需要接背的装订边处靠里约2毫米处刷稀浆，然后顺着刷浆处贴补纸条，粘接固定后垫撤潮纸，用棕刷在接背处排实撤潮。

（五）加 边

对档案字迹距离纸边太近，或纸页短小的情况，应对档案进行加宽边沿处理。加边操作方法与接背相同，两者不同之处在于接背处理的是装订边，加边处理的是纸张的其他三边。若档案四周均需加边，则应先加长边，后加短边，使之美观协调（见图4-3）。

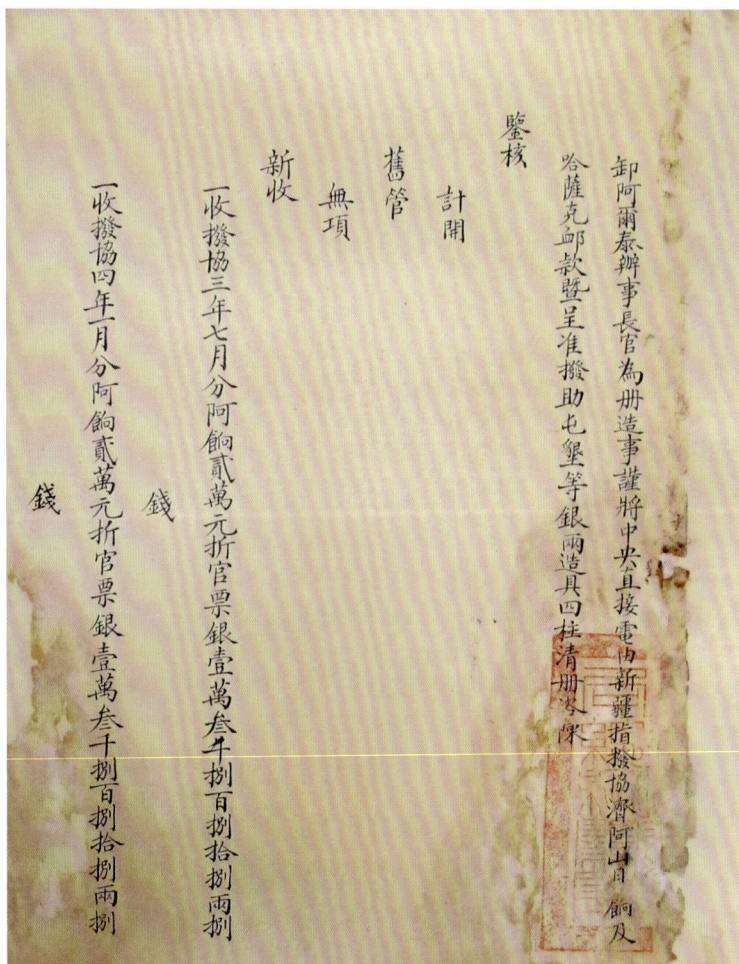

图4-3 加边

加边中有一种挖镶法，操作方法为平铺一张等于加边后档案尺寸的补纸，将待修补档案放在补纸正中间，用铅笔在档案边缘画轮廓线，之后将档案放置一边，在轮廓线内2毫米处用铅笔再画一条和轮廓线平行的线条，使用裁纸刀沿这条平行线裁切，形成一个和档案形状相同的洞；在洞边沿2毫米处涂抹浆糊，再把档案正面朝上放在洞上，使档案边缘与洞的边沿完美结合，用手轻压粘贴固定，垫撤潮纸，用棕刷排实撤潮[1]。

（六）干　燥

经过修补的档案，由于局部潮湿和使用了浆糊，自然干燥后会因纸张收缩而出现褶皱和不平，因此，需要经过干燥平整处理。

修补后的档案应放在吸水纸上，上面再覆盖一层吸水纸撤潮，之后再在上面放档案，按鱼鳞式错开排放，避免档案黏结部分重叠在一起。修补黏结处在干燥前结合力不强，容易松开，移送时一定要轻拿轻放，避免黏结处受力。

修复人员应注意观察修补档案干燥情况，及时更换吸水纸撤潮，使其尽快干燥，防止档案粘连在吸水纸上，防止档案霉变。但也不可翻动太过频繁，翻动换纸

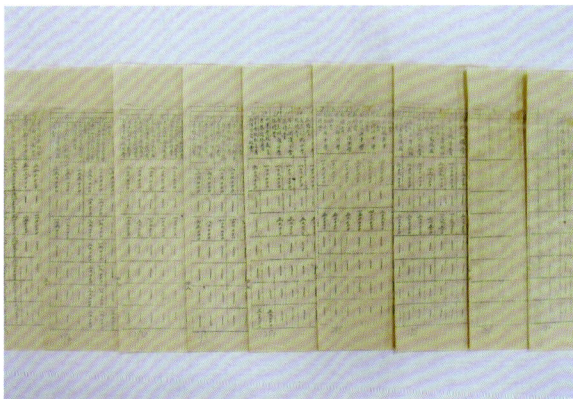

图4-4　修补后档案撤潮干燥

时间可根据档案实际情况和环境温湿度情况进行调整（见图4-4）。

1　冯乐耘主编. 中国档案修裱技术 [M]. 北京：中国档案出版社，2000：229.

（七）修　整

为防止档案纸张褶皱不平，需将初步干燥后的档案连同吸水纸一起，放入压书机或压板下压住。先轻压几小时，便于档案纸张上的水分散布均匀，然后按顺序把档案倒一次再压实。倒干时要按顺序进行，不要颠倒档案。注意溜口纸条和补纸的黏结情况，如有脱落应及时补救。档案潮湿时，要轻拿轻放，以免损伤档案。勤换撤潮纸，防止档案生霉。

档案经过修补后，应进行质量检查。没有问题的，可打包存放在档案周转库中，待归卷时再取出归入原卷，按原装帧形式装订成卷。有质量问题的，应及时返工，按档案破损情况进行重新修补，以保证档案修补质量。

第二节　民国纸质档案手工托裱技术

档案托裱是使用纸张、黏合剂等材料，对破损档案进行加固、艺术处理的一种修复技术，包括托和裱两方面的内容。托是在档案背面黏合纸张或织物，托后的档案一般称为托件。裱是在托件上进行镶、覆、砑、装等艺术处理，使托件更加悦目、美观。因此，托是裱的基础，裱是对托的修饰。托的技术在民国纸质档案手工修复工作中运用较为普遍；裱的技术相对运用较少，但也是一项不可或缺的技术。如书画、簿册、档案卷、轴、册的原貌恢复，就需要采用裱的技术，还有一些地图、珍贵题词、手稿等，也需要运用裱的技术进行揭旧重裱，使之便于保存或观赏。

一、民国纸质档案托裱基本要求

档案是历史的真实记录，具有重要的凭证和查考价值。因此，在开展民国纸质档案托裱工作时，应以档案安全为目标，在托裱工作原则指导下，把握档案托裱应用范围，坚持托裱技术质量要求，使托裱技术成为延长民国纸质档案寿命的有效保护措施。

（一）托裱工作原则

档案托裱工作是针对档案实体开展的抢救性保护工作，托裱工作的指导思想和质量要求对档案安全将产生直接的影响。托裱档案时应遵循以下基本原则：第一，保证档案安全。在对字迹、图形、印章及其他标记进行拼对时，应做到准确无误；托裱时，不能发生字迹洇化、扩散或脱落的情况；干燥过程中，应保证档案安全，不得使档案生霉；下墙时，应谨慎细心，不得撕裂或折损档案；选择托裱材料，应注重材料是否耐久，是否有利于增加档案强度，凡是不稳定的、不确定的、有副作用的，应禁止使用。第二，保持档案原貌。尊重历史，不删增档案内容。档案如果缺字，绝对不允许填补，对确有根据的可以作附加说明，记载于案卷备考表中。同样，在托裱过程中，也不能丢掉片纸只字，不能损坏档案中的历史痕迹。不对档案进行接笔、全色、修改等操作。第三，坚持质量标准。托裱技术要求做到"五要五不要"。"五要"是指托裱后的档案能够"薄、光、平、软、长"，即裱件匀薄、表面光洁、舒展平整、质地柔软、寿命延长。"五不要"是指托裱后的档案不能出现"崩、拔、走、裂、壳"的现象，即防止档案在上墙干燥时崩裂、拔开、走样变形或托纸与档案分离。

（二）托裱应用范围

在档案修裱工作中，托裱是工作的主体；在档案托裱工作中，托是工作的主体。修裱工作量大的档案馆，主要采用托的技术来修裱档案。因此，在工作中把握好档案托的范围，对做好档案修裱工作尤为重要。不能不管档案的破损程度，一托了之，这是不符合档案修裱工作基本原则的。目前，对档案修裱中托的范围还没有统一的标准。有关工具书对档案托的范围提出了一些指导性意见：一是看档案破损面积的大小。大部分幅面破损档案的修裱可采用托的技术。如纸张大部分霉烂的档案；虫蛀、鼠咬严重，纸张大部分残破的档案；风吹日晒、烟熏火烤，纸张已部分焦脆的档案。二是看档案老化情况。档案幅面尚属完整，但纸张已经老化并有恶化趋势的档案，可采用托的技术进行保护修复。三是揭粘后的档案应采用托的技术修复档案。如揭开后的档案砖、揭旧重托的档案。四是需要裱的档案，一般都会用到托的技术。托是裱的首道工序，并贯穿裱的多个环节。如档案的加固，各种镶料、覆背纸的托合，珍贵档案的托裱等。

根据以上指导意见，结合《纸质档案抢救修复规范 第1部分：破损等级的划分》（DA/T 64.1—2017），在民国纸质档案修裱工作中，可以将特残破损和严重破损的档案纳入托的范围。也可以根据实践经验，将有下列情形之一的民国纸质档案纳入托的范围。

1. 纸张机械化强度较差，脆化、絮化比较严重，翻动时出现掉渣、裂口、破损现象的。

2. 纸张酸化特别严重，pH值≤5.0，并伴有继续恶化的趋势的。

3. 纸张出现老化趋势，且残缺、霉变、虫蛀面积＞30%的。

4. 粘连面积＞20%，以及揭粘后需要托裱的档案，如揭旧重托和"档案砖"等的。

5. 字迹褪色、洇化扩散、酸蚀、磨损十分严重，影响档案信息识读的。

（三）托裱技术要求

根据《纸质档案抢救与修复规范 第3部分：修复质量要求》（DA/T 64.3—2017）的规定，档案托裱技术应符合以下要求。

1. 档案字迹无刷坏、刷花、刷痕或洇化、褪色、扩散等现象。托纸薄而柔韧，托件厚度增加不明显。镶缝接口横竖宽窄一致，黏结牢固。

2. 托件应光洁平整、质地柔软、舒展平整，天、地、左、右四边整齐，不出现崩、拔、走、裂、空壳、生霉、污染、褶皱等现象。

二、民国纸质档案托裱技术

（一）托裱技术种类

托裱技术按照破损档案单面或双面有字迹的情况，可分为单面托和双面托两种。单面托是在档案无字迹的一面托上一张合适的纸张；双面托是在双面都有字迹的档案上均托上一张合适的纸张。

1. 单面托

根据字迹的耐水性能，单面托又分为湿托和干托。

湿托是最常见的一种托裱方法，将浆糊刷在档案无信息的一面，然后再上托纸。湿托的优点是操作便捷，托出的档案平整，不易出褶，不易重皮。但湿托仅适用于耐水字迹档案的修裱。

干托是保持档案不湿或微湿，将浆糊刷在托纸上，托纸撤潮后和档案黏合在一起，防止耐水性差的档案字迹发生洇化扩散。干托适用于字迹遇水易扩散、遇水后润涨变形的档案（如绢本档案），以及火灾后的炭化档案。但缺点是操作相对复杂，托后的档案容易出现褶皱或重皮。干托又分为飞托和腹托两种。飞托是把浆糊刷在托纸上，撤潮后再把档案字面向上"坐放"在托纸上（见图4-5），适用于纸张强度尚可且无

图4-5 档案"坐放"在托纸上

褶皱的档案。需要注意的是，由于飞托是直接将档案刷到托纸上，所以尽量选用软毛刷轻触档案，以免对纸张和字迹造成二次损伤。排实时，在档案正面衬垫护纸。腹托是将刷好浆糊的托纸经撤潮后，浆糊面朝下扣在档案背面进行黏合的操作。腹托相较于飞托更安全，可操作性更强，适用于纸张强度较差的档案，在档案干托时可作为首选。

2. 双面托

双面托的方法是先托完一面，再托另一面，托的方法与单面托基本一致。但由于档案双面都有信息，宜采用干托而非湿托，以避免直接在档案上刷浆而损伤档案字迹。

双面托对托纸和浆糊要求都很高。首先，托纸要薄而透明，既不能影响阅读和复制，也不能明显增加档案厚度。双面托用纸一般选择玻璃纸、油封纸、镜头纸、薄手工纸等。其次，浆糊要稀薄均匀，不能有粘粒。浆糊过稠会导致黏合层厚度增大，既影响透明度，也降低档案的柔软性。

（二）托裱工序和技法

1. 一般破损档案

一般破损档案介于轻度破损与严重破损之间。相较于轻度破损，一般破损档案的托裱除做局部修补外，还需要整体加固。与严重破损档案相比，一般破损档案纸张强度较好一些，操作比较容易。

（1）检查字迹耐水性，确定托裱方法（干托还是湿托）

对字迹进行耐水性检查，如果档案字迹遇水不易扩散，可用湿托方法。反之，则首选干托中的腹托法。

（2）湿　托

第一步，调浆。湿托浆糊应稀薄如水，也可根据档案纸张质地和厚度略作调整。浆糊先搅拌均匀，水多次徐徐兑入，同时用排笔反复搅拌，使水和浆糊完全融合，最终形成如淘米水一样的浆水。通过排笔将浆水捞起时，要有如瀑布一样的水帘（见图4-6），这样的浆水

图4-6　湿托用浆糊

裱出的档案才能薄、光、平、软、白。

第二步，配纸。托裱用纸一般选用生宣纸。修裱民国档案时，小幅面档案宜选较薄的净皮棉连或特净皮单宣，托大幅面档案多用净皮单宣，托裱地图等档案一般用净皮夹连等相对较厚的宣纸。托裱用纸一般要求纸张中皮料含量高，纸张为中性或偏碱性，pH值范围为7~8.5。

大多数民国档案的版式尺寸都是A3或A4大小，配纸时，一般将四尺单宣批量裁切成比A3略大的纸张，针对不同尺寸的档案，选取适当大小的配纸。

第三步，展平档案。展平档案是托裱的基础，只有把档案展平了才能托裱好。具体做法是，先将塑料垫膜用水平整地固定在案子上，然后将档案有字一面朝下，扣在塑料膜上，淋湿、展平。手工纸因吸水性好，喷湿后容易展平。机制纸吸水性差，伸展速度慢，喷湿后容易出现褶皱，需要先润湿一段时间，待纸张伸展稳定后，再进行展平。

第四步，水洗去污。按照前面介绍的水洗去污方法，对被污染的档案进行去污。无污染的档案，展平之后可省略这一步。

第五步，施浆。施浆是指用排笔在已经展平的档案背面刷上一层稀浆糊。施浆时，注意手轻浆足，轻轻涂抹，走笔顺滑。施浆顺序为从中间向两边，尽量将档案上的皱褶往外抹平。由于破损档案纸质很差，施浆时不宜用力太大，避免把档案刷歪抹破或把碎片带到排笔上。已经上浆均匀的档案不可重复施浆。施浆完成后，用镊子夹去杂质及脱落在档案上的笔毛，再把档案四周多余的浆糊用毛巾擦干净。

第六步，托前修补。托前修补是指在上托纸之前对档案破损或边、角、残缺部位进行修补。修补之后，补纸上要补刷一层均匀的浆糊，以便上托纸。具体操作时，根据档案破损的具体情况，按照前面介绍的方法进行有选择的修补。

第七步，镶边。由于档案大小尺寸不同，书写时并不完全按规定写在栏线之内，经常有字迹处于档案边缘，后续装订时极有可能将有效信息装订起来，影响档案的阅读和利用。对此，托裱时应将字迹处于边缘的档案进行镶边处理。

与档案修补中镶边的方法类似，在档案装订边缘加粘纸条，在镶边条上补浆，形成镶边。有些民国档案尺寸较小，从规格上看，属于窄条类档案，这种档案的镶边条应适当加宽，以使裱后档案的尺寸与整卷档案大小一致。其他尺寸的档案，右边装订边2厘米内有字迹信息的，镶边条的宽度有2厘米即可。

第八步，上托纸。将配好的托纸刷在修补好的档案背面。上托纸时，应注意以下几点：一是须将托纸毛面向下，对准档案浆糊面进行粘贴。二是上托纸时要看准位置一次上正，不可重复揭起掀动，防止带起补纸或档案碎片。三是在排刷过程中，不能在托纸上形成褶皱，否则，时间久了，档案就会发生折断的情况。如果排刷过程中出现褶皱，可用手指轻按细撑，或用指甲轻轻拨开。如果褶皱较大或较

图4-7 上托纸

多，应将托纸整张掀起再重新刷平（见图4-7）。

第九步，排实撤潮。将塑料膜连带托件揭起，反扣在案子上并刷平。然后，在塑料膜上用棕刷刷实。排实时要注意先轻后重，档案上如有裂缝，须顺着裂缝的走向排刷，不能逆向排刷，否则会使裂缝加宽；对补纸的边沿、托纸的接口，可单独用棕刷轻啄几下，然后再整体排实。

排实撤潮的主要作用是可以使纸张与黏合剂、托纸与档案之间黏合更紧密；可以进一步排出托件多余的水分，便于上墙干燥；通过挤压，使黏合剂分布更加均

匀，并赶走托纸与档案之间的气泡，避免出现重皮现象，托裱后档案更加平整。

第十步，上墙干燥。在托纸四周均匀刷浆，再把托件从案子上揭起，贴在大墙或绷子上自然干燥。操作时，先在托件右侧上半部贴一张宽2厘米、长4厘米的纸条作为启口，以便托件下墙时启揭。然后，右手持棕刷抵住托件的右上角，左手的食指和中指横着夹住档案左上角，两手配合把托件竖挑起来移至墙面，将托件字面朝外，垂直摆正。然后，用左手把托件的左上角轻轻按在墙面上，右手用棕刷从右上角由里向外斜刷，把托件的右上角贴在墙面上。接着，从右至左先封上边，然后封左右两边，最后封下边。封右边时，注意先在启口处吹一点空气，使托纸与墙面分离，然后再把启口封住。封边完成后，用棕刷在托纸四边统啄一遍，保证托件粘贴牢固。

托件上墙干燥的方法有正贴和反贴两种。正贴是在托纸背面四周刷浆糊，档案有字面朝外贴在大墙上。反贴是在档案有字面的四周托纸上刷浆糊，字面向里贴在大墙上。两种贴法相比，反贴优于正贴。因为，反贴字面向里，档案不易受到污染和人为、自然的损坏，干燥过程也相应缓慢，能够减少托件出现崩、拔、走、裂、壳等现象。

需要注意的是，如果手持托件部位有字迹，应事先在手持部位垫一张宣纸，封边时隔着垫纸进行排贴，以免将字迹刷坏。如果不慎在托件上形成折印，应垫上干纸用手掌或棕刷把折印压平或排平，然后轻掀托件，勿使托件与墙面粘连。

第十一步，下墙。待档案在大墙上绷平干燥之后，把档案从墙面上揭启下来。具体方法是，用起子伸入托件右边的启口，起子与托件约呈45度角，起了的平面紧贴墙面，握住起子沿墙面慢慢向外划出，先启开托件右边，在启开下边，然后右手拿住右边，左手拿住左边与墙面呈45度角向上掀揭。托件取下后按顺序叠放在一起，用压书机或压板压平，等待进入修整、装订工序。

需要说明的是，下墙宜选择干燥的时候。下墙后的托件不能受潮或折损，否则，需要返工重做。

（3）腹 托

如果档案中的字迹耐水性较差，不能用湿托法，可采用干托中的腹托法。

第一步，展平档案。先在案子上铺一张宣纸，在档案背面均匀喷洒水雾，使之微湿。然后将档案字面向下，反扣在宣纸上。宣纸吸水性好，可吸收档案上多余的水分，防止字迹扩散。

第二步，补洞。参考湿托中补洞的做法，在缺损边缘用毛笔刷浆糊，进行补洞处理。注意整个过程动作要迅速，以免浆糊停留时间过久造成字迹扩散。

第三步，施浆、撤潮。把托纸毛面朝上平放在案子上，均匀地刷上浆糊，然后放到撤潮纸上晾置撤潮。

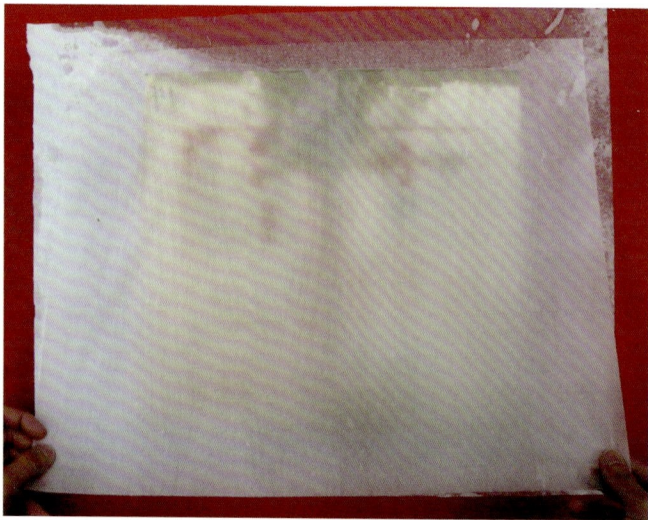

第四步，上托纸。将撤潮完成的托纸提起，浆面朝下对准档案背面，从上到下，或从右到左，将托纸边放边用棕刷刷平排实（见图4-8）。

图4-8 腹托上托纸

第五步，排实撤潮。上托纸之后，将宣纸连带档案一起揭起，倒扣在案子上，并揭掉宣纸，铺上撤潮纸进行排实撤潮。参考湿托中的排实撤潮工序，但要注意，速度要快，防止字迹被浆糊所余水分浸润、扩散。

后续上墙干燥、下墙等步骤与湿托法相同。

2.严重破损档案

常见的严重破损档案有酸化、脆化、掉渣掉块、霉烂、虫蛀严重的档案等。有些档案全幅损坏，有些档案虽有尚未损坏的部分，但纸张强度也已严重下降，托裱难度较大。一般来说，托裱严重破损档案，首选湿托法，干托法由于存在较大局限性，一般很少应用。对字迹耐水性较差的档案可考虑先对字迹进行加固处理后再进行修裱。

湿托严重破损档案和一般破损档案的工序基本一样，不同之处在于对展平、施浆的要求更高，托裱的技术难度更大。

第一步，展平档案。对严重破损档案来说，展平工序增加了破损档案的拼对工作。拼对是把档案碎片还原，裂缝对齐，字迹、印章、栏线对准。拼对分为干拼和湿拼两种，干拼一般指在未喷水前对破损档案进行拼对，湿拼是指在喷水展平后，借助水的浮力对档案碎片进行拼对。

具体操作时，往往是两种方法结合使用，先在档案保持原状的时候进行干拼，而后打湿进行湿拼。湿拼后，多余的水分可以用拧干的湿毛巾轻轻吸走，如果纸张强度尚可，可以将拧干的湿毛巾卷成卷，放在档案上轻轻推滚，做到一边吸水一边去污，但注意千万不要带起档案碎片。如果纸张强度较差，不可使用上述方法，可改用撒潮纸吸水。先沿着档案四周，再到档案的各个部位，依次吸收档案上多余的水分。

第二步，施浆。由于档案严重破损，施浆时用力要轻，掌握好排笔，由上到下，一刷到底，当排笔超出档案边缘以后再抬笔，以免将碎片刷跑或者带到排笔上。裂缝和碎片较多的地方，可采用淋洒浆水的方式，避免排笔直接刷浆。霉烂、焦脆的档案，吸水性较差，可用稍稠些的浆糊。施浆完成后，要及时检查碎片和裂缝有无移位现象。如果有，可用毛笔尖蘸浆水进行微调，拼好后，再用拧干的湿毛巾轻轻吸走多余的浆水。

后续步骤可根据湿托一般破损档案的方法进行操作。

3.大幅面档案

民国档案中有一些幅面较大的图纸档案。大幅面档案在长期保管过程中，容易发生折叠断裂的情况，档案纸张也出现了不同程度的酸化、脆化现象。大幅面档案的托裱和一般破损档案有一些不同之处。

第一步，展平。大幅面档案展平时，需要一段一段地打开、展平，较之普通档案，大幅面档案的展平难度更大。特别是部分大幅面图纸，纸张较厚，吸水性差，可以先均匀喷湿后润湿一段时间，待纸张完全伸展后，再行展平。如果档案是由数张纸拼接而成的，可在拼接部位刷上少量清水，使之润湿后伸展，以防在下道工序中出现皱褶。

第二步，修补。根据档案的具体破损状况，可以参考湿托一般破损档案的工序进行有选择性的修补。

第三步，施浆。在大幅面档案背面施浆容易出现不平或者出褶现象，有时褶皱容易聚集成不易刷开的死褶。普通刷浆法不适宜于大幅面档案，因为普通刷浆法是从右往左刷，一旦出现皱褶就要往前赶，由于幅面大，容易把皱褶赶在一起形成死褶。因此，大幅面档案施浆时，宜采取先中间、后两边的刷法，即先把档案中间部位施浆，再刷右边半张，然后再刷左边半张，最后整张刷平。

第四步，上托纸。由于大幅面档案一般宽度超过操作者臂长，上托纸通常需要两人配合，面对面同时上纸，其中一人主刷，一人辅刷。主刷人右手执刷并夹住托纸右端，左手提拿托纸左端，辅刷人与此相反。两人有主有从，共同把托纸上好。有些档案幅面超大，需要数张托纸拼接。要注意第一张托纸必须上正，否则，后面的托纸会越来越斜。不要忘记在托纸接口处刷一窄道浆糊，便于后续托纸的拼接。同时，应注意接缝方向应与档案案卷方向平行，接口处应避开档案信息的重要位置以及原件有裂缝的位置。如果档案纸张有接缝，托纸接缝应避开档案纸张接缝10厘米左右。

全部托纸上完后，还要将档案全面排刷一遍，并检查有无局部重皮现象。如有重皮，可用棕刷在局部来回排刷，使托纸与档案紧密结合，仍不奏效的，要揭起托纸加适量浆糊再刷。如档案上有皱褶，可用手指轻轻点按，使皱褶舒展。皱褶严重的，也需要揭起托纸重新排刷。

托裱时，可视档案纸张厚度情况，适当增加托纸层数。托机制纸档案时，用浆宜稠。若碰到纸张强度很差、裂缝比较多的情况，可借鉴字画修复中加"折条"的方式，对断裂处进行加固处理。在上一层托纸后，将0.5厘米宽、3厘米长的"折条"贴在裂缝处。待"折条"干燥后，再整体上一层托纸。有些大幅面档案如地图、挂图等，纸张强度差，破损又严重，上完托纸后，可再加一层白布，使其具有足够的强度，经得起磨损和撕裂，以便更好地利用。

第五步，排实、撤潮。与湿托一般破损档案工序一致。

第六步，上墙干燥。大幅面档案经湿托后重量增加很多，提拿时容易造成上端或两个上角破裂。为了防止出现这种情况，可用干的宣纸垫住托件两角甚至上半幅，然后在他人的配合下把托件提起贴到大墙上。

大幅面档案一般接缝较多，上墙干燥时容易发生崩裂现象。因此，上墙工序比一般破损档案复杂。排实、撤潮后的大幅面档案，一般先放在毛毡上晾至半干，然后整幅均匀喷湿再卷起闷润，再舒展开来用棕刷排实，最后在四边抹约1厘米宽的稠一点的浆糊，由两三人配合上墙。

第七步，下墙。与湿托一般破损档案工序一致。

有时，托裱大幅面档案也采用腹托的方法。腹托大幅面档案与普通档案工序基本一致。注意在展平档案时，用水在档案背面均匀喷雾，并保持字面朝外卷起来放在案子上稍加闷润，然后在案子上铺宣纸，进行展平。

4. 折件档案

折件档案是指长条形文书、手稿等。折件档案按照一定的版宽（也称扣或面）

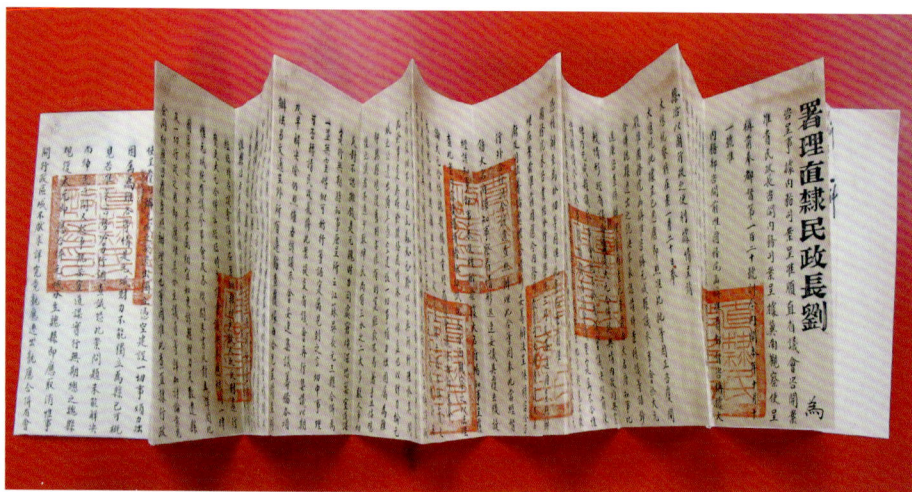

图4-9 民国时期折件档案

反复折叠成前后连接的折子，在首尾加上封面和封底，使其翻阅起来似折叠状的本子，合起来又似长方形的书籍（见图4-9）。民国时期折件档案字迹多为墨和墨汁，也有一些有红色栏格线，托裱过程中要注意防止字迹扩散。

具体操作时应注意以下几点：第一，折件的长度如果超过案子或大墙的尺寸，在托之前可将折件拆开。拆开折件时应从原件接头处拆，接头处如有字迹或印章，要注意保护，不能拆坏。第二，折件形体较长，展平时容易发生歪斜。可以选择带有黑色边线的案子进行操作，避免折件在展平中发生变形。第三，施浆时，要随时观察折边是否偏离案子的标线，如果发生歪斜或翘曲，要及时纠正。由于纸张受潮后润涨以及行刷的方向和力度都会对纸形变化有影响，应注意行刷的方向和力度。比如，过度上下行刷会使折边参差不齐，过度左右行刷又会造成版宽不一，所以在保证折边齐直的前提下，应适度行刷，勿使折件在折边和版宽上发生变形。注意观察折件上的断裂或接缝处，刷浆要轻，最好上下行刷，不要左右行刷，以免刷断或扩大裂痕。对已经断开的折缝，应用刷尖将其拼对严丝合缝，既不能留有间隙，也不能相互搭接。否则，会影响版宽，造成托后的折件折叠不齐。

其余步骤可参考湿托一般破损档案工序。

5. 揭旧重托

揭旧重托是指揭掉档案上原有的托纸，重新加新托纸。揭旧重托前应先观察旧纸的层数和厚度。具体操作如下：

第一步，闷湿。先将塑料膜展平固定在案子上，然后将档案字面向下，扣在塑料膜上，喷水展平。用排笔蘸温水，反复刷档案背面旧托纸，再用湿毛巾覆盖在档案背面，闷润半小时。时间长短也可根据托纸情况调整。

第二步，撤水。取下覆盖在档案背面的湿毛巾，拧干，再次覆盖在档案背面吸水，如此反复，直到档案呈半干状态。

第三步，揭旧。在托纸一角，用镊子、针锥挑起，顺势揭。如果发现揭的效果不理想，可以换一角再试。对纸张强度差的托纸，也可采用搓捻的办法，将托纸慢慢搓起一层成小细条进行搓除。如果有部分难以揭开，可以采用局部继续闷湿一段时间，再进行揭除。

后续展平、拼对、修补、施浆、重托、上墙、下墙等工序，与湿托一般破损档案相同。

（三）修整与装订

档案在经过修补、托裱之后，就进入修整和装订阶段。

1. 修整工序与技法

档案修整是指通过折页、裁切等一系列处理，将经过修补、托裱之后多余的纸边去除，使其整齐、平整。修整包括以下工序。

（1）折 页

按照档案页口处原来的折痕，把档案折叠回原来的形制，便于裁切、装订。有些民国档案在折缝处印有鱼尾标记，折页时须将此标记折叠居中，使折页后栏线整齐。

（2）裁　切

裁切是用裁刀将档案外沿多余的补纸、托纸裁掉，恢复和保持档案的原貌。裁切时应注意以下方面。

① 裁切补纸、托纸，不能裁掉档案原边。下刀的位置应与档案原边保持0.3~0.4厘米的距离。如果遇到档案原边为曲边，为避免裁到档案原边，宜多让出尺寸。

② 绝不能裁掉档案字迹信息，也不能把档案幅面裁小，同时要求整齐美观。下刀之前，一定要再次检查折页情况，防止下刀后裁掉档案原边。

③ 裁切时要求做到左进右出，即待裁的档案放在裁板左手边，裁好的档案放在裁板右手边，并顺手扣放，使档案正面朝下，防止发生错乱。

裁切不同幅面的档案时，方法也不尽相同。在裁切A3尺寸档案时，须在折叠的状态下裁切，保证裁切后的档案是矩形。若档案是折件、簿册或筒子页，宜折一页，裁一页。筒子页可折好后扎眼定位，打开档案后两个定位眼取直裁切。

2. 装订工序与技法

档案一般是以卷（或件、份）为保管单位经过装订保存的。档案修裱时，档案案卷需拆成单张散页进行修复。因此，修裱后应恢复档案原貌，将零散档案装订成卷、件、册页、轴等。

（1）民国档案装订工序与技法

民国档案装订常用的方式是线装。线装是用线把档案连同封面装订成册，并把订线露在外面的装订形式。装订的工序如下。

① 核对档案页码。将每一页档案按照页码顺序叠放好，确保每卷档案不丢页，页码顺序不出错。

② 对齐档案纸张。民国档案一般在右侧装订，但也有少部分原装订眼在左侧。应保护档案原装订风格，按照右边和下边同时对齐的要求，将每一页档案按统一尺寸折叠并对齐。折叠时，注意只能折叠左边和上边，露出右侧装订边。折叠对齐完

成后，将整卷档案左边和上边分别用夹子固定。

③ 包封面。由于原有的封面、封底容易遭到磨损，许多民国档案需要制作新的封面。新卷皮在包档案时要根据档案厚度进行相应的折叠，保证封面、封底与档案芯幅面大小一致。包好后在左边和上边分别用夹子固定。原档案封面即使再旧再破，也要保存在原卷中，不可随意丢弃。

④ 打眼。讲究的线装打眼，遵循一定的对称比例关系。也有一些简单的线装，打眼穿线按照平均距离分配。在实际工作中，无论采用何种形式，均应充分利用原有旧眼，保持原有装订风格，防止新打眼破坏档案。

⑤ 订线。订线的基本要求是拉线松紧适度，双股线并列排齐。较厚的档案用粗棉线，较薄的可用细棉线。订线的长度一般为档案长度的6~7倍。订线穿在打针上，两线并齐打结形成双股。以三眼装订为例，三眼装的起线在中间眼上，然后上下两眼分别穿线，将档案翻到背面，装订线一起打结，完成三眼线装。

（2）注意事项

①尽量少打新眼，充分利用原眼，目的是保护装订边。

②装订前应仔细对齐每一页档案，防止装订时漏页。

③仔细检查每一页档案装订位置，确保装订位置不会有文字信息。档案托裱时，已经考虑到装订位置并进行了加边处理，若装订时再出现此类问题，可采取临时加边的方式进行处理。

第三节　民国纸质档案揭粘技术

有些民国档案中有些纸张已经粘连在一起，严重的会整卷粘连，形成了"档案砖"。纸张粘连使档案页面无法展开，信息无法识读，档案无法利用。"档案砖"中存在很多有害物质，会加快档案损坏速度，严重威胁档案安全。因此，对粘连的档案应及时进行揭粘处理，防止档案状况进一步恶化，最大限度地延长档案寿命。

一、档案黏结原因及类型

档案粘连情况比较复杂，一般粘连档案中都会出现鼠噬、虫咬、霉变、酸化、板结、水浸等病害情况。档案粘连主要有以下几种原因。

（一）环境湿度过大或档案遭受水灾

纸张的主要成分是植物纤维，植物纤维分子中含有很多羟基，这些羟基容易与水分子结合，使纸张植物纤维具有亲水性。此外，纸张在形成过程中，会产生无数的细毛孔，这些细毛孔会吸附空气中的水分。纸张具有吸湿性，当空气湿度较大时，纸张吸附水分使纤维润涨，因水和纸张本身具有重量，纸张发生沉降使纸层逐渐闭合，从而发生纸张黏结。同时，水分又能助长各类破坏因素对纸张的作用。如水分能促使微生物、害虫在纸张上生长繁殖；浆糊吸水后黏性加大，使纸张黏合等。还有一些档案，因保管不善，遭受水淹、水浸，灾后档案容易沾染各种污染物，如不及时处理，极易板结成砖。

（二）纸张中的胶料

为了改善纸张的抗水性，造纸过程中都有施胶工序。因此，纸张中含有少量的胶料，如松香胶、淀粉、骨胶、阳桃藤汁等。在高温高湿、压力等条件长期作用下，纸张中的胶料容易使纸张粘连。

（三）字迹中的胶料

档案中有些字迹材料含有少量黏性物质。如墨和墨汁中含有少量动物胶，其作用是字迹干燥后在其表面成膜，固定和保护字迹。但在热、水的作用下，动物胶会熔化，使纸张粘连。某些油墨字迹中也含有胶性的黏结料，在一定条件下，也能使纸张发生粘连。

（四）有害生物的作用

档案长期保管会积累大量灰尘，灰尘上附有大量霉菌孢子，在一定温湿度的作用下，霉菌孢子在档案上生长出菌丝。微生物在生长过程中会吸收水分使纸张含水量上升，有些微生物还会水解纸张纤维素并产生黏液。同时，微生物在新陈代谢过程中也会产生一些有黏性的分泌物，如蛋白质、果胶、果糖等。灰尘上除了附有霉菌孢子、细菌外，还会黏附脂肪、胶类等物质，在一定条件下，也能导致纸张粘连。

档案纸张及含有的浆糊、胶粘剂等都是害虫、鼠类喜食之物，加之它们在生长过程中产生的排泄物、分泌物，在一定条件下，也会使纸张粘连。

二、民国档案揭粘技术

将粘连在一起的纸张分离成单页的技术，叫揭粘，包括揭旧和揭"档案砖"。揭旧是指对过去曾经托裱过的、现在已经损坏需要重新修裱的档案，揭去原有托纸，使其恢复原来形态的技术。揭"档案砖"是指将粘连成砖的档案逐页揭开的技术。揭旧技术相对简单，下面主要介绍揭"档案砖"的方法。

（一）干揭法

干揭法是指使用适当工具对粘连档案进行直接揭开的一种方法。此方法适用于粘连程度较轻且纸张强度尚可的档案，字迹遇水容易扩散的档案亦可。具体操作方法是：用起子、牙医刀等从纸张边缘找到纸张之间的空隙轻轻揭起，再逐步向中间揭开，直至把整张档案分离出来为止。干揭法是揭粘档案最为安全也是首选的方法，但容易把纸张薄、纤维短、纸张强度差的档案纸张揭破，手法要特别注意。能干揭的才可使用干揭法，不能干揭的不可强行干揭。

另一种干揭的方法是粘揭法，利用干浆糊和宣纸直接对粘连档案进行揭粘的一种方法。此方法适用于粘连严重且纸张强度较差的档案，缺点是容易造成不耐水字迹的扩散。具体操作方法是：提前准备好稠度适中、无疙瘩的干浆糊，将浆糊均匀地在宣纸上薄薄地刷一层，然后覆在需揭粘的位置。覆好后不可移动或重新更换位置，否则极易对档案造成二次破坏。反复轻轻擀刷宣纸，静置一段时间，待宣纸和档案充分粘连后，利用宣纸和浆糊的黏合力将粘连纸页揭开。揭开后，托裱时轻轻揭掉宣纸，清洗干净档案上残留的浆糊即可。纸张严重脆化、絮化的"档案砖"尤其适合此种方法。

（二）湿揭法

湿揭法适用于粘连较严重、纸张强度尚可且字迹遇水不易扩散的档案。湿揭法有以下几种操作方法。

1. 水冲法

将黏结档案用白布或宣纸包好，放在木板上，把木板斜置在水池中，然后用开水冲洗。冲洗时应尽量让水从"档案砖"的缝隙里通过，直到档案全部湿透为止。开水渗透力强，能把灰尘、泥沙等杂质冲走。水温高，能使档案中的黏结物熔化，从而使"档案砖"慢慢变软。冲洗时，应掌握水速和水量。水速过快、水量过大会冲坏档案；水速过慢、水量过小则冲洗不干净。应保持冲洗水速、水量适中，让档案中的泥土、灰尘等杂质慢慢流出。冲洗完成后，打开白布或宣纸，将档案晾置在干毛巾上，待半干再行揭粘。

2. 水泡法

水泡法是把"档案砖"浸泡在清水中，使水慢慢渗透进入档案纸页间，直到泡透为止。浸泡是用凉水还是开水，可根据实际情况而定。容易浸泡的档案用凉水，不易泡透的档案用开水。待档案完全润透一段时间后，将档案取出晾置在干毛巾上，待半干后再揭粘。

3. 蒸汽法

蒸汽法是利用高温水蒸气穿透力强、可熔化黏结物的特点，使板结档案变软后脱胶而被揭开。蒸汽法适用于霉变板结发硬、粘连严重同时字迹遇水不易扩散的档案，但对竹纸及有些较薄的档案纸张效果一般。

先将档案放在清水中充分浸泡，再用白布或宣纸包好，外面裹上吸水纸，放在蒸笼里蒸1~2小时。然后打开白布或宣纸，将档案晾置在干毛巾上，待半干再行揭粘。此方法的关键是掌握火候和时间。时间太短，"档案砖"不能软化，不易揭开；时间过长，容易损坏档案。另外，锅内的水不能太多，不能淹没档案，因为水沸腾后容易损坏档案；但也不能太少，否则容易烧干。应经常观察，不断加水，使锅内保持适当水位。

4. 冷冻法

冷冻法适用于纸张强度差且粘连不太严重的档案。先将档案内外均匀喷湿，充分润透。如遇硬度非常大的"档案砖"，可用注射器吸水后，注射进板结部位，使砖内充分吸收水分。然后用宣纸包裹档案放入冰箱冷冻一日。渗入纸张中的水分经过冷冻，凝结成冰，增大了纸张间的距离，使纸张分离。冷冻过的档案取出后，应先自然解冻，然后用毛巾吸去多余水分，待半干后再揭粘。

（三）酶解法

"档案砖"中的黏结物种类较多，有的用水冲、水泡、蒸煮都难以揭开。随着现代生物工程的发展，科研人员研制了一种生物酶揭粘技术。

酶是生物体内活细胞产生的一种具有催化能力的蛋白质。它能加快生物化学反应，而其本身的结构和性质在反应后没有发生变化。在常温下，它能迅速将不溶于水的高分子化合物催化分解为能溶于水的小分子化合物，如将蛋白质催化分解为氨基酸、将淀粉催化分解为葡萄糖、将脂肪催化分解为高级脂肪酸和甘油等。酶解法就是利用酶的这种催化性能，将"档案砖"中的黏结物如蛋白质、淀粉、脂肪、果胶等高分子物质水解变成溶于水的物质，使之失去黏性，从而达到揭开档案的目的。

酶的催化作用具有选择性、专一性，因此，必须根据黏结物的性质选择不同的酶。能被酶催化水解的主要是蛋白质、淀粉及糖类黏结物。蛋白质类黏结物主要是骨胶、明胶等动物胶，其主要成分是蛋白质。蛋白酶能破坏蛋白质分子结构，使之由大分子变成小分子，失去黏性。淀粉类黏结物主要是淀粉浆糊和含淀粉的黏结物。淀粉酶能使淀粉水解成葡萄糖，淀粉由大分子变成小分子，黏性消失。使用酶解法时应注意，此方法不能用于含有蛋白质的羊皮制品。用酶解法揭开的档案要用清水冲洗，除去档案中残余的酶，防止处理后的档案生霉。

三、注意事项

揭旧重托在前面有具体阐述，这里不做赘述。揭"档案砖"时应注意：

1. 工作开始前，确定最合适、安全的揭粘方案至为重要。一般来说，"档案砖"前后两部分难揭，中间比较容易揭。因此，对容易揭、字迹不耐水的部分宜采用干揭法，对难揭、字迹耐水的部分宜采用湿揭法。

2. 揭粘时一定要注意保护字迹信息。遇到字迹处，要有足够的耐心，一点一点地挑揭。万一把档案揭破，一定要将碎片放在原位，不可丢失。

3. 黏结档案纸张往往伴随着大量灰尘、霉斑、有害生物分泌物、排泄物，揭粘后一定要及时除尘、除霉、清洁档案，将档案清洗干净后再托裱。

4. 选用粘揭法时，需要特别注意三点：一是注意浆糊粘贴的位置，尽量粘在档案背面和无字的部分，这样，即使遇到纸张强度较差的档案，也可以直接进行托裱，无需揭下粘浆糊的宣纸，保留了完整的档案信息。如果没有条件粘在背面，粘在正面的档案接下后一定要第一时间尽快托裱，以免时间过长，浆糊凝固发生严重粘连导致不易揭下。二是粘揭用的干浆糊要厚薄适中、均匀、无颗粒。使用时将浆糊薄薄地、均匀地涂在宣纸上，浆糊过多过稠会发生粘连，后续托裱时不易清洗干净；浆糊过少过稀则黏结力不足，导致粘揭效果差。托裱时，如果发现揭粘处浆糊过多，一定要反复清洗干净。三是如果粘揭效果不够好，应注意粘的时间是否足够、档案是否过湿等情况，时间不够或者档案过湿都会影响粘揭效果。

5. 由于档案黏结成因复杂，有时采用一种方法无法完全揭开。必要时，可采用几种方法组合使用，以获得更好的揭粘效果。

第四节　民国纸质档案丝网加固技术

丝网加固技术是一种用天然桑蚕丝对脆弱的双面字档案进行加固的技术。蚕丝具有透明、柔韧和轻薄的特点，用它作为脆弱双面字档案的支撑加固材料，既不会对纸张、字迹产生不良影响，也不影响档案信息的阅读。因此，丝网加固技术为双面字档案加固保护提供了一种较好的方法，较之双面托裱透明纸，应用范围更广，也更容易操作。

20世纪80年代初期，丝网加固技术由南京博物院和江苏省档案馆联合研制成功。2009年，江苏省档案馆主持研制的丝网编织机和加固机分别获得国家实用新型专利。2011年，江苏省档案馆与企业合作，研制出新一代丝网加固技术与设备。新技术在丝网制作、胶粘剂应用、上胶工艺等方面进行了较大改进，丝网加固技术得到进一步丰富和发展。

一、丝网材料性能

丝网是由蚕丝和胶粘剂两部组成的。首先由专用织网机将天然蚕丝编织成经纬度交织的丝网。然后用机器在丝网上均匀浸润胶粘剂，将上胶后的丝网缠绕成卷，双面字迹加固用丝网就完成了。机织丝网幅面可调（40~200厘米），适合不同规格档案的加固，丝网密度为36目。机织丝网光滑平整、经纬适中、不易变形（见图4-10）。

图 4-10 编织成卷的丝网

（一）蚕 丝

蚕丝是熟蚕结茧时分泌出的丝液凝固而成的连续长纤维，也称"天然丝"，它的主要成分是蛋白质。蚕丝具有一定的耐酸和耐老化性能，但耐碱性差，对氧化剂比较敏感。机织丝网每根蚕丝由双丝缠绕，直径为22D（D，旦尼尔，表示茧丝的粗细程度单位，即9000米丝长重1克，定为1D），单根蚕丝强度较大。

（二）胶粘剂

胶粘剂的主要化学成分是聚酯、乙烯—醋酸乙烯共聚物和有机硅。其配方为聚酯、乙烯—醋酸乙烯共聚物和有机硅含量50%，水含量48%，其他物质含量2%。

胶粘剂为弱碱性，pH值为7.0~7.2，上胶后的丝网呈弱碱性，不会增加档案纸张的酸性；胶粘剂溶于水，具有可逆性。加固后的档案用水喷湿，即可将丝网与档案轻松分离，不会损坏档案。胶粘剂经过国家ISO14000环保认证，经济、环保、安全。

二、丝网加固技术

丝网加固脆弱双面字迹档案的具体操作方法如下。

1.将电熨斗通电，温度调至"丝"档放在安全的一侧预热。

2.案子上铺一张厚毛毡，毛毡上铺漆布，先将双面字档案在漆布上展平，并对残缺部位进行补洞处理。

3.根据档案尺寸大小，裁剪好相应大小的丝网，可以对局部破损处加固（见图4-11），也可以整张加固，视档案纸张强度而定。

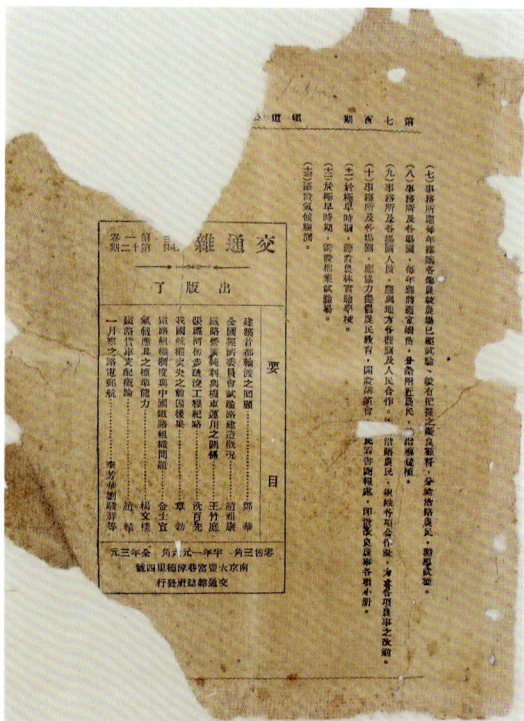

图4-11　档案丝网加固

4.将丝网铺平在破损处，盖上漆布，用电熨斗在漆布上反复熨烫几次，揭开漆布观察无误即可。如果纸张破损严重，可以双面分别丝网加固，效果更好。

三、注意事项

1. 注意调节电熨斗温度，温度过高对档案容易造成损伤，温度过低则会导致胶粘剂溶解时间过长，加固效果不佳。

2. 电熨斗不可直接接触、熨烫档案或丝网，一定要用保护材料（如漆布等）隔开，保证档案安全。

3. 熨烫时，电熨斗不可长时间固定在档案某一点，要保持经常移动，变换位置，防止局部高温，影响档案安全。

4. 针对表面光滑的纸张，如部分机制纸等，胶粘剂可能黏结效果不理想。可适当延长熨烫时间，或者在完成加固后，用毛笔轻刷或排笔滴灌稀浆糊在丝网表面，待晾干后丝网加固效果会更好。

5. 工作完成后，应及时关掉电熨斗电源，保证用电安全。

第五章 民国纸质档案机械化修复技术

传统的手工修裱技术是抢救和保护档案的重要手段，也是破损档案修复的主要方法。但手工修裱，速度较慢，难以满足档案抢救修复的需要。以二史馆为例，馆藏民国档案破损率较高，预计有几千万张档案需要修裱，而经过70年的不懈努力，才完成700多万张档案的修裱工作。如果仅靠手工修裱，完成馆藏民国档案修裱任务，将是一个漫长的过程。20世纪末，机械化修裱技术开始在档案界逐步得到应用，如档案修裱机、纸浆补洞机、档案烘干机等。采用机器修裱档案，可以大幅提高工作效率，具有成本低、操作简便、省工省时的优点。因此，在保留传统手工修裱技术的同时，按照手工修裱原理实现机械化修裱，对抢救修复破损档案具有重要意义。

第一节 档案修裱机

1997年，安徽省档案局研制出的一种机械化模拟人工修裱模式的档案修裱机（见图5-1），实现了展平、托裱、排实、烘干、收卷于一体的档案修裱自动化操作。档案修裱机在保留传统修裱技术特点的同时，解决了传统手工修裱效率不高的问题，为提升档案修裱效率创造了条件。

一、档案修裱机的结构和功能

（一）档案修裱机的结构

档案修裱机主要由档案铺平台（负压装置、输送网）、施浆装置、展平、复合

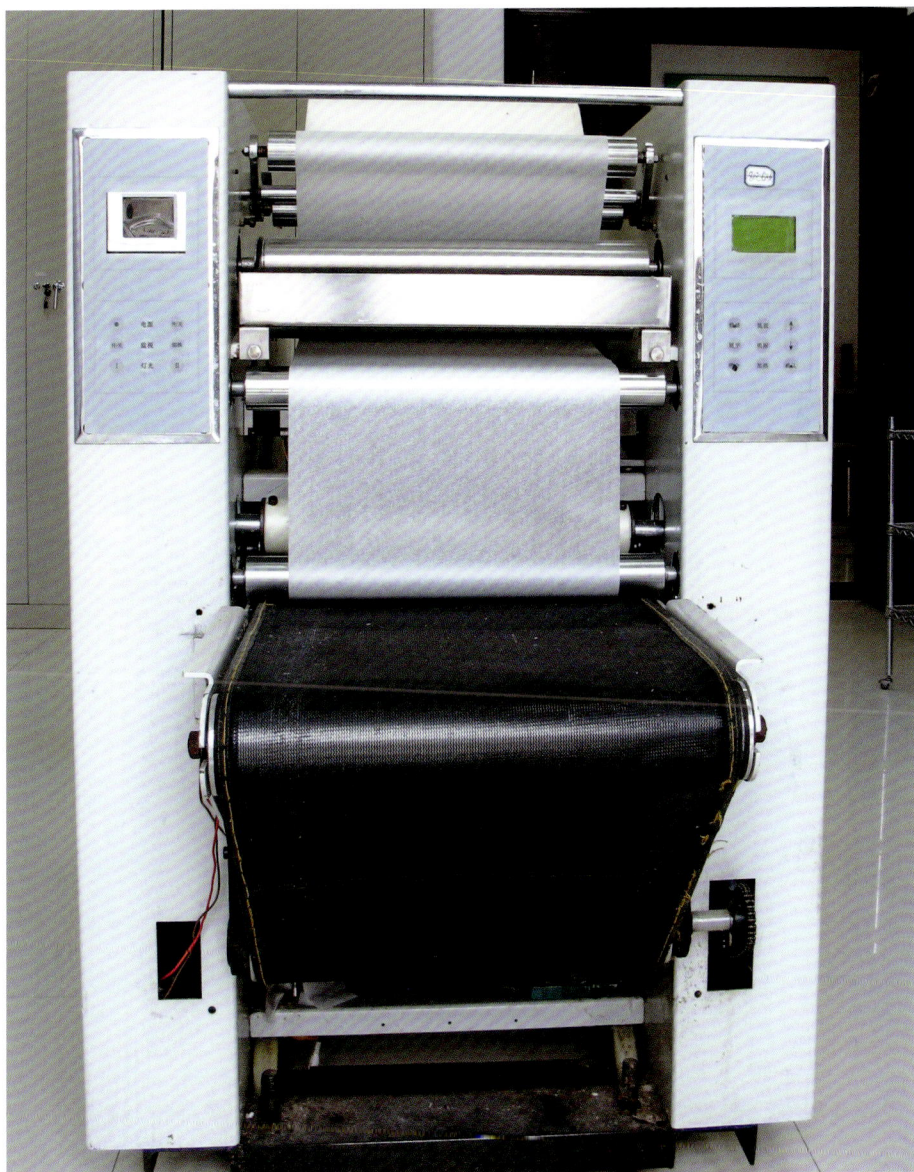

图 5-1 档案修裱机

装置（展平毛辊、复合辊、托辊、减速电机）、干燥装置、收卷装置等结构组成。档案修裱机能够实现档案修裱与干燥同步进行，同步完成。

（二）档案修裱机的功能

1. 档案铺平台

档案铺平台由外套式面板、支架和负压装置组成。主要用于操作人员铺放档案、摆放补纸及辅助修裱工具等。负压装置是通过气压差将档案吸附在输送网上，使档案能平整地进入压合部位与施浆后的托纸复合定型。

2. 施浆装置

施浆装置主要由进纸支架、施浆辊、浆料槽、不锈钢搅拌器、减速电机等组成。其作用是为托纸涂布施浆。施浆辊为金属质地，表面光滑，下半部分浸入浆料槽中，随着辊子转动和托纸的进入，托纸连续通过施浆辊表面，将浆液均匀地涂抹到托纸上。

3. 复合装置

复合装置由档案展平毛辊、复合辊、减速电机等部分组成。主要用于消除修裱档案中的褶皱，展平档案，保证档案能够平整地与托纸复合、排实定型。

4. 干燥装置

干燥装置是不锈钢板制成的一个直径为70厘米的缸体滚筒，内部是圆形支架，均匀安装电炉丝外套石英管式加热器，表面温度小于70℃。其功能是保证档案在运转过程中得到均匀干燥。

5. 收卷装置

收卷装置由收卷轴、收卷电机等组成。其作用是将干燥后的档案接收成卷，其速度由力矩变化自动调节，与修裱、干燥同步运行。

二、档案修裱机的工作流程

将档案正面朝下铺放在输送器上以后，通过负压自动完成定位摊平，并输送到复合装置，与施胶后的托纸复合，进入干燥装置进行干燥。其工艺如下：前处理→机器预热→铺放定位→输送档案→施胶→复合展平→干燥→收卷→归卷。

（一）档案前处理

档案前处理是将破损的、需要修裱的档案从案卷中抽出并展平的工作。在开展机器修裱前，需要将上机器修裱的破损档案准备好。前处理工作主要包括两个方面的内容：一是把破损的档案从案卷中挑选出来；二是将挑选出来的破损档案进行修补、展平，以满足机器修裱需要。

接收待修复档案后，首先要做的工作就是从案卷中挑选需要修复的档案。因为绝大部分案卷不需要整卷修复，需要对案卷中的档案进行鉴别，将破损的、需要修复的档案挑选出来，分清哪些档案需要上机器，哪些档案需要手工修裱。挑选档案时需认真、细致，否则，就会把档案弄乱，使档案回不到原来的位置。档案从案卷中抽出后，一定要在原处做好标注。标注的方法一般是在案卷中抽出档案的地方夹上标注条，在标注条上写清楚全宗号、案卷号和页码等标记，再写一张同样内容的标注条放在抽出的原档案上。这样，在案卷中和抽出的档案上都有了标注，档案就不会弄乱。如果碰到没有页码的档案则要在纸条上另外标注数字（例如，在第一处没有页码的地方，夹上纸条，写上全宗号、案卷号和机裱①字，第二处写上全宗号、案卷号和机裱②字，以此类推）。一卷档案挑选完成后，将挑选出来的档案整理好，然后，在第一页上放一张纸条，写上"全宗号、案卷号、开始"，在最后一页加一张纸条，写上"全宗号、案卷号、结束"。最后，将该卷档案用宣纸包裹好，在宣纸的表面写上全宗号、案卷号，这样，一卷档案的挑选工作就完成了。前处理的第二项工作是将破损档案进行修补、展平。为了适应修裱机的速度，对于一些破碎的档案，要事先做好准备，以免到时忙中出错，影响修裱质量和效率。例如，碎成几段的档案，在前处理时，应该用大小合适的纸片在背面预加固，将几段档案拼接好，以免上机以后，匆忙之间来不及拼接；对于破洞比较大或者某一块较脆弱、容易脱落的档案（如档案上有照片、邮票等），可以在修裱时垫衬上一块大小适宜的纸片（使用时把纸片喷湿，容易黏合），起衬托保护作用，防止档案在修裱过程中受到损坏或脱落移位。档案修补完成后，还应对档案进行整体展平。民国档案保护状况不佳，档案往往不平整，有很多卷曲、皱褶的情况，有的还有金属装订物，这样的档案是不能直接上机器修复的。展平的方法主要是利用喷壶将少量的水喷洒到档案上，使档案湿润，然后用毛笔或毛刷等工具将档案展平。同时，去掉档案上的装订物。展平的档案要错落有致地摊开平放，一张压一张，一卷档案展平结束后，用原来的宣纸把它盖好，等待上机修裱。需要注意的是，展平好的档案不能堆积过多，存放时间不宜过长。因为展平后的档案比较潮湿，档案中含有较多的霉菌孢子，遇到空气湿度大的时候，很容易长霉。因此，展平后的档案最好当天把它处理完，最迟在第二天要上机修复。

（二）机器预热

机器修裱开始前，应按照机器的使用要求，先将机器预热20分钟左右，做好机器修裱前的各项准备工作，如机器修裱纸上好、浆糊加好、将上机修裱的档案摆放好等。修裱机使用的关键是掌握好温度、施胶速度和修裱速度三者之间的关系。温度过低、施胶速度过快、修裱速度过快容易造成档案没有干透的现象；温度过高、施胶速度过慢容易出现档案脱浆的现象。因此，修复人员需要通过不断的实践和摸索，准确掌握一台机器的三个参数，保证机器修裱的质量。从实践看，档案修裱机的主要参数是干燥温度，它对档案安全影响最大。工作中，应该首先确定一个最佳的干燥温度，然后根据这个温度调整施胶和修裱速度。不能为了赶速度，随意调高干燥温度、提高施胶和修裱速度，要时刻把档案的安全放在第一位，严格控制干燥温度，调整好速度，确保档案安全。一般来说，修裱干燥温度控制在65℃以下比较适宜。需要注意的是，因为温度传感器的精度问题，有些修裱机的温度显示值和干燥辊表面的实际温度有差别，最好用非接触式的温度计再测量一下。操作时，先接通电源，打开主机开关，使机器低速运转，设定机器预热温度。然后引放机器修裱纸，将修裱纸穿过浆槽，打开修裱与吸附功能，使之顺利穿过机器毛刷部分，经过加热滚筒固定在卷轴上。关闭修裱及吸附功能，等待机器预热到指定的温度后开始运转机器。在这个过程中，可对机器热滚筒少量喷水，以防止因温度过高而滚筒打滑不动，影响机器正常工作。

（三）铺放定位

开始时，将机器引纸支架放下，开启吸附、展平功能，使托纸与施胶辊接触，档案在展平台上能够定位展平。采用辊式涂布法对托纸进行施胶，将粘过浆水的托纸引出来。正常修裱时，先走两张空白纸，检查施浆情况是否符合要求，以及档案展平、定位、复合效果。准备工作完成后，即可开始机器修裱工作。

（四）输送档案

开始修裱档案前，可以先走两张空白纸，因为机器刚启动时，施胶的效果还不是很充分，这时修裱档案容易发生脱浆现象。由于机器是流水作业，在使用过程中，应随时观察机器的运行和档案修裱情况，发现问题，及时处理。例如，出现脱浆的情况，可以适当提高机器施胶速度，同时降低修裱速度；出现收卷后档案未干的情况，可适当降低修裱速度；出现档案在辊筒上打滑的情况，说明干燥温度过高或者修裱速度过慢，可适当降低干燥温度，提高修裱速度，也可以在辊筒上少量喷水，使纸张与辊筒紧密结合，防止打滑。每卷档案修裱时，应在开始之前和结束之后分别放置开始条和结束条，并在开始条和结束条上注明修裱档案的全宗号和案卷号，以防止档案在修裱过程中出现错乱。然后，按顺序将档案依次铺放在展平台上（见图5-2）。铺放时，应将档案居中正面朝下，不间断地辅放。为保证后续裁切时档案的安全，每页档案之间应留有适当的间距（一般保持5毫米左右）。

机器修裱过程中有时会出现托纸粘连在干燥辊上的情况，有的是托纸的左右两边粘在辊上，有的是档案与档案之间的缝隙处与干燥辊发生粘连。第一种粘连是因

图 5-2 展平台输送档案

为档案比托纸窄，而托纸上是刷满浆糊的，两边多余的浆糊在档案干燥过程中会使托纸与干燥辊粘连。解决这个问题可用"镶边"的办法处理，在展平台左右两边各放置一条宽5厘米左右的纸条（提前用机器修裱纸边料裁切好），随档案一起完成整个托裱过程。这样，托裱纸就不会和干燥辊发生粘连，也可以采用高温胶布粘裹干燥辊的方法防止粘连，效果也不错。档案与档案之间空白部分的托裱纸与干燥辊粘连，是因为档案上机摆放时，留下的间隙过大。档案间的空白间隙部分的托纸上同样会刷上浆糊，干燥时，这部分托纸就容易和干燥辊发生粘连。解决办法是在修裱时，档案间预留的空隙不要过大，一张接一张，控制好适当间距。

（五）施　胶

施胶是采用辊式涂布法对托纸进行施胶。放下引纸器支架，使托纸与施浆辊紧密贴合。施浆辊通过不停转动，从浆料槽中带出浆料，均匀地将浆料涂布在托纸上，完成托纸施胶过程。采用托纸施胶修裱档案，类似腹托技术，可有效缩短档案与水接触的时间，在一定程度上减轻了不耐水字迹因水浸发生洇化或扩散的风险。机器涂布施胶，均匀一致，用量可调，保证了机器修裱的质量。

（六）复合展平

托纸上浆后即与档案贴合，完成托纸与档案的复合过程。复合后，"人"字形展平毛辊对运动中的托纸做反向运动，使档案上的纵向皱褶从中线向两边自然展平，从而消除皱褶；毛辊与托纸反向运行产生的纵向力，使档案上的横向皱褶向后自然展平。同时，展平毛辊与档案之间有一定压力，在展平档案时，又可使档案与托纸复合、排实。

（七）干　燥

档案复合展平后，即进入干燥程序。在干燥阶段，展平后潮湿的档案紧贴加热滚筒表面，随滚筒从上向下慢慢转动，运转到滚筒底部前完成档案干燥过程。滚筒转动速度可根据档案干燥情况自动调节。滚筒转动速度过快，会出现档案干燥不彻底的情况，影响修裱质量；转动速度过慢，则会导致档案干燥过度，对档案纸张和字迹造成损伤。因此，在工作中，应时刻注意档案干燥的情况，控制好滚筒转动的速度。发现问题，应及时进行处置，确保档案安全。

（八）收　卷

档案干燥后即与滚筒分离，进入收卷环节。当收卷档案的直径达到20厘米左右或一卷档案修裱完成时，便可更换收卷轴。如果遇到厚卷，机器运转一个多小时后，一卷档案还未完成修裱，而收卷轴需要更换，此时，可使用标注条或其他提示标志说明情况，如全宗号、卷号未完和接卷条，在两卷条中间铺放一张A3大小空白纸后继续铺放档案，等空白纸走到收卷轴处截断下卷，换上新的收卷轴继续运行。

（九）归　卷

机器修裱完成后，档案都连在一起，呈卷起的筒状，还需要经过裁切、折叠、压平等环节，才能使档案恢复原始状态，完成归卷。

裁切分两步，一是将机裱后连在一起的档案裁开，二是按照档案原来的大小裁切整齐。裁切工作应在专用的裁切板（或称切割板）上进行。裁切时一定要专心，不能图快，要保护好档案和人身的安全，既不能切掉档案，也不能伤到自己。裁切连在一起的筒状档案时，最好有一个固定支架，这样比较省力，也有利于保护档案。裁切时应注意检查档案是否有脱浆的情况，如果有，应及时进行补浆处理。档案裁切完成后，即可开始折叠工作，按档案原页面折叠方式将档案折叠整齐。折叠后，把档案四周多余的废纸边裁掉。一卷档案折叠完成后，可以用一张纸隔开，使两卷之间有一个区分。折叠的档案到一定厚度后，用压板（铁板）压住档案（一般在24小时以上），将档案压平。另外一种常见情况是，机器修裱后，有的档案边缘会出现脱浆的情况，需要手工对脱浆部位进行补浆。补浆后的档案要晾干后再裁切，否则，容易将档案裁坏。归卷时要耐心、细致，不能出现差错，否则，档案放错位置，就很难再回到原来的位置上。

三、机械化修裱用纸的选择

由于机器是连续运转，速度较快，且具有一定的规格，所以对机器修裱纸的质量有严格的要求。档案修裱机应用初期，配套使用的是安徽省潜山一家纸厂生产的专用机器修裱纸。这种纸以青皮、构皮和桑皮为原料，按不同配比制成。该纸具有以下优点：定量小、纸样轻薄，约为宣纸、书画纸重量的三分之一；白度适中，一般为50%~60%；耐折度大，比宣纸、书画纸高几十倍；撕裂度与中等质量的宣纸相当，优于书画纸。纵横向撕裂度比较均匀；pH值偏碱性，对档案耐久性有利。

档案修裱机应用一段时间后，机器修裱纸质量有所下降，主要问题是纸张pH值偏低，纸张抗老化性能不佳；主要原因是机器修裱纸用量不大，全国一年的需求量也只有1~2吨，厂家因为成本问题只能调整生产技术和工艺，以满足实际使用需求。机器修裱纸质量不佳，与造纸原料和工艺密切相关。机械磨木浆杂质多、木质素含量高，容易老化；酸性施胶剂和湿强剂的应用无法提升纸张的pH值。数年前，已有专业单位对机器修裱纸的生产进行了技术论证，从技术上看，完全可以生产出符合要求的机器修裱纸。总之，从档案安全考虑，机器修裱纸质量至关重要，选择合格的机器修裱纸，是做好机器修裱工作的基础。

四、机械化修裱黏合剂的制作

机器修裱用浆糊应事先准备好，浆糊质量优劣与机器修裱质量密切相关。传统的浆糊制作是利用手工进行调制，一边加热一边搅拌，比较费力，而且质量不稳定，搅拌的速度，加水的快慢、数量以及加热的温度都会影响到浆糊的质量。为了保证机器修裱浆糊的质量稳定，可以采用机器打浆法，利用打浆机制作浆糊。首先将容器从打浆机中取出，把小麦淀粉（已提取面筋）放入容器中，以少许冷水稀释并搅拌均匀。然后将容器放置于打浆机上搅拌，同时迅速不间断地冲入100℃的开水，直至以肉眼观察浆糊呈透明状即可关掉电源。把容器周边的稠浆糊搅拌开来继续通电搅拌，此时慢慢加入开水至浆糊稀稠合适。把打好的浆糊倒入筛箩中过滤掉小颗粒结晶体即可使用，浆糊制作完成。浆糊的浓度一般为3%~5%，视档案厚薄情况，调整浆糊的浓度。一般的毛边纸、连史纸采用3%的浓度即可，厚一点的新闻纸、道林纸等采用5%的浓度比较合适。

机械修裱既可以单独使用一种黏合剂，也可以采用混合配方。如小麦淀粉、羧甲基纤维素或聚乙烯醇等。

五、机械化修裱常见问题与处理

（一）机械化修裱的局限性

1. 在实际应用中，机器修裱还需要多人配合才能完成。机械修裱速度相对较快，施胶功能不停运转，要求铺放档案不能间断，必须连续作业。因此，除机器操作人员外，还需一名机器管控人员配合机器修裱的全过程。而修裱后的档案是卷筒式的，还需按页裁切、按卷归类、检查和修补，再按档案原件大小裁切，待质检合格后方可归卷完成。

2. 为保证修裱质量，避免档案返工受到二次伤害，对破损严重、霉烂脆化的档案，较厚且又比较光滑的机械纸档案，应采取手工修裱，防止机器修裱时造成档案损伤。如过于破损的档案，在展平台上不能一次性拼对完好；较厚和较光滑（硫酸纸）的机制纸档案，上机后容易出现脱浆和不平整现象，从而影响修复质量。

3. 档案修裱机是按标准规格设计的，对修裱的尺寸有局限性，适合16开大小的纸质档案、资料等的修裱，宽度不能超过370毫米，难以满足大尺寸档案的修裱。

4. 只能使用与档案机相匹配的专用机裱纸，无法根据档案实际情况选择相应的修裱用纸。

5. 机型较笨重，不易搬动，容易出现机械故障，有的故障直接影响档案的修裱质量，甚至导致机器无法运转。

（二）机械化修裱常见问题与处理

1. 修裱过程中的修补问题

机器修裱人员在上机前应准备好大小不等的补纸，在操作过程中，发现档案缺失的部位，要及时放入一张大小适宜的补纸，紧跟档案一起运行施胶、复合、烘干、收卷。待下卷裁切时，将补洞周边多余的部分补纸剔除掉即可。这种方法快捷简便，工作效率高，且不会增加档案的厚度或妨碍档案信息的阅读。

2. 档案脱浆问题

施浆配置是一次性完成的，不能针对不同质地档案调整施浆量。在机裱过程中，有的档案（纸张过厚或过于光滑等类型的档案）会因浆液量多少、快慢，影响粘连牢固度，造成脱浆现象。因此，在上机前要将不同的纸质档案进行筛选，并按照卷号、页码进行分类摆放。操作时，应针对档案类型和特点调整施浆量，随时关注加热滚筒上档案的修复效果，做到及时调整。发现不适合上机修裱的档案，要及时调整转为手工修复，并写好一式两份备注条，一份跟档案转手工，一份放在原档案处。关注浆槽里的施浆量，及时补给和搅拌，防止浆槽里的浆水过低或沉淀影响修裱效果。

3. 设备和技术方面的问题

档案修裱机在使用过程中，会出现各种各样的技术问题。因为档案修裱机不是一种标准化产品，也不是专门工厂的规模化产品，所以档案修裱机在使用过程中出现一些问题也是正常的。但档案修裱机在使用过程中出现设备和技术问题，不仅严重影响机械化修裱质量，同时对工作效率也会产生直接影响。修复人员应认真掌握档案修裱机的性能，不断总结工作中出现的问题，努力提升设备使用水平和解决常见问题的能力。根据档案修裱机使用说明书和实际工作经验，现将档案机械化修裱过程中出现的常见问题、原因和处置方法汇总成下表（表5-1），工作中如发现相关问题，可参照表中的处置方法解决有关问题。

表5-1 档案机械化修裱常见问题与处置方法

问 题	原 因	处 置 方 法
修裱机	●传感器损坏 ●加热管烧断 ●电源线烧断 ●加热接触器触点烧结	●更换传感器 ●更换加热管 ●更换连接加热管和接触器的电线 ●调换一组触点或更换接触器
电磁铁异响	●毛刷链条过紧 ●磁铁线圈槽内有异物	●降低施胶电机的高度，调整中心距 ●清洗毛刷 ●清洁铁线圈槽
展平电机不转或经常停转	●展平电机电容烧坏 ●展平电机烧坏	●更换电容 ●更换展平电机
吸附力差	●吸附换气电扇烧坏 ●吸附箱内填满档案碎片 ●吸附箱网孔板孔被堵 ●网上浆糊太多	●根据具体情况更换电扇或电容 ●清理吸附箱档案碎片 ●清理吸附箱网孔板 ●清洗网或更换新网
施胶不足	●施胶滚有油污 ●施胶皮带过松打滑	●清洁施胶滚和施胶箱 ●更换施胶皮带
死 机	●电压波动不稳 ●有干扰	●请电工检查 ●主板有问题，寄回维修
档案过干	●温度值设定过高 ●速度值设定过低	●降低温度设定值 ●提高速度设定值
档案过湿	●温度值设定过低 ●速度值设定过高 ●施胶过多	●提高温度设定值 ●降低速度设定值 ●降低施胶速度值

续 表

问 题	原 因	处 置 方 法
档案粘接不好	●胶粘剂浓度不够 ●温度和速度配合不好，档案和施过胶的修裱纸在缸上未能充分黏合 ●施胶过少	●提高胶粘剂浓度 ●重新设定温度和速度值，使档案和施过胶的修裱纸在缸上充分黏合 ●提高施胶速度值
粘 缸	●胶粘剂浓度过高 ●施胶过多 ●各滚轴表面不干净 ●收卷皮带过松	●降低胶粘剂配比浓度 ●减少施胶量 ●清洁滚轴表面 ●在干燥缸表明粘裹一层高温胶布 ●调整张紧轮或更换皮带
照明灯不亮	●灯泡损坏	●更换灯泡
链条耙齿	●链轮轴间距过小 ●链轮有端跳	●调整张紧链轮或增加调节垫片 ●重新装配链轮

六、机械化修裱的优点和注意事项

（一）机械化修裱的优点

1. 修裱速度快

一般用手工修裱档案，按A4大小规格，平均1人1天按6小时计算，修裱量在60张左右；用机器修裱档案，1台修裱机1天平均按6小时，每小时修裱150张计算，1台机器日均修裱档案近千张。即使1台按2人操作核算，机械化修裱的速度也是手工修裱的好几倍。

2. 干燥时间短

机械化修裱后档案的干燥是通过机器加热干燥的，档案干燥不受天气变化影响。一张档案从上机展平、上浆复合、干燥至收卷，一整套流程仅需7~8分钟，干燥时间短。南方空气湿度大，特别是梅雨季节，档案干燥时间长，还容易长霉，机械化修裱不会出现档案霉变现象。

3. 成本低

机械化修裱速度快，与传统手工修裱相比成本优势明显。机械化修裱的速度是手工修裱的好几倍，因此，机械化修裱的成本也会比手工修裱的成本低好几倍。

4. 适合超长幅面档案修裱

历史档案中有一些长幅面的档案，如奏折、经卷、册页等，传统手工修裱时，受环境和条件的限制，有时对这类档案的修裱只能分段处理，无法实现整件修裱。机械化修裱可实现修裱、复合、干燥等工序的流水作业，一次性完成整件档案的修裱。

（二）机械化修裱注意事项

1. 注意档案安全

历史档案纸张大小不一，破损状况五花八门。有些档案中会有一些小的纸条粘连在档案上，机器修裱时可能会影响小纸条的黏合力，导致小纸条从档案中脱落。因此，修复人员应经常检查机器下方及四周是否有档案碎片掉落。如果发现此类情况，应及时检查有关档案信息，及时将小纸条归回原卷、原位，保证档案安全。

2. 做好机器预热

开机预热时，应对机器各开关进行调试、检查，消除隐患，避免机器在运转过程中出现异常情况。同时，机器运转过程中发现问题，要准确判断，及时做出处理。

3. 控制修裱速度

操作时，应掌握修裱机温度、施浆、修裱三者之间的关系。当滚筒上的档案走到下端仍未干燥时，说明温度过低，施浆速度、修裱速度过快，应及时降低施浆、修裱速度；当滚筒上的档案已干并出现褶皱、凹凸不平等现象时，说明温度过高，施浆、修裱速度过慢，应及时提高施胶、修裱速度，并降低修裱温度；当滚筒上档案两边有明显未干的浆糊，说明机器运转速度偏快，浆槽里的浆水偏稠，应及时降低修裱、施胶速度，并调整浆水浓度。

4. 做好机器保养

每次修裱机工作结束后，机器各部位都会吸附一定的灰尘、垃圾和污染物。为保证机器正常运转，修复人员应每天清洁机器，做好机器维护保养工作。关机前，应将展平毛刷和电磁铁抬起，毛刷离开网面，防止鬃毛因长期受压弯曲而变形。关机后，用抹布对浆盒、浆轴、网面、毛辊、导纸轴及干燥辊表面进行认真清洗、擦拭，保证机器干净整洁。

第二节　纸浆补洞机

纸浆补洞机是利用植物纤维纸浆对档案破损处进行填补，以恢复档案强度和耐久性的一种新型档案修复设备。纸浆补洞技术与传统手工修补技术相比，不增加纸张厚度，可以对双面字迹档案进行修补，可同时对档案进行去污脱酸处理，增强档案的柔韧性和耐久性，修复效率较高。

一、纸浆补洞机的结构与工作原理

（一）纸浆补洞机的结构

纸浆补洞机的主要部件包括修复槽、储水槽、倒梯形箱体、进水泵、排水泵、上下进水管、排水管、上下进水切换阀、排水阀、筛屏和压条等（见图5-3）。此外，纸

图5-3　纸浆补洞机外观

浆补洞机使用时还需配置一些辅助设备，包括净水器、缓冲器、打浆机、上光机等。

1. 净水器

自来水中含有铁锈、氯、悬浮物和胶体等杂质，纸浆补洞时不能直接使用自来水，需要先对其进行净化处理。经过活性炭、石英砂等净化处理后，自来水净化为弱碱性的纯净水，可以清除档案纸张中的污染物及游离酸。

2. 缓冲器

可选用5~20升的玻璃容器，上接真空泵进口，下接出水口。其作用就是避免纸浆补洞机中的水带入真空泵，损坏机器。

3. 打浆机

打浆机是制作档案补洞纸浆的设备，打浆过程是对植物纤维进行疏解、切断和分丝帚化的过程。选择适合的打浆设备对保证纸浆质量非常重要。一般食品粉碎机刀口比较锋利，纸浆纤维容易被切断，导致纸浆中纤维太短，不易与档案纸张结合。可以将粉碎机的刀口适当磨钝，保证打浆后纸浆纤维长度合适。

4. 上光机

可选用冲洗相片用的上光机等设备，将修补后的档案经加温、压平、排实，快速去除档案中的多余水分，使档案与补纸黏结牢固。

（二）纸浆补洞机的工作原理

纸浆补洞机的工作原理类似于手工抄纸过程。纸浆补洞机利用负压，使稀释的纸浆经过纸浆槽，水位快速下降流向档案破损处，纸浆纤维在档案破损处不断地沉降交织，在洞口处形成湿纸层。此后，通过脱水与干燥处理，湿纸层形成稳定、牢固的纸膜，与档案纸张合为一体，从而达到修补纸洞的目的。

二、纸浆补洞机工作流程

纸浆补洞时，将破损档案正面朝下平放在修复槽中，向修复槽中注入纯净水和预先配制好的悬浮状纸浆溶液。当修复槽排水时，溶液中的纸浆便会在档案破损处留下均匀的纸浆交织物，档案洞口修补基本完成。

（一）检查档案原件

纸浆补洞前，应判断档案是否适合纸浆修复。核对档案的全宗号、目录号、案卷号及页码。确定档案的总页数、大小尺寸、装订方式、破损情况及污染程度等。破损过于严重和可能遇水洇化、扩散、褪色的档案不能进行纸浆修复。重要档案进行纸浆修复前应拍照留底，并做好记录存档。

（二）拆卷并处理

记录档案的原始装订情况，以便修复完成后恢复原状。清洁档案表面，展开页面，去除档案纸张表面的附着物，有粘连的要揭开。若破损处呈刀口状，需要将残破处打磨成毛边，便于修复时纸张纤维的结合。

（三）制　浆

将制作纸浆的纸张撕成小块碎片，在水中浸泡疏解。将浸泡后的水和纸张一起放入打浆机中打浆，直至纸张纤维蓬松，帚化成棉絮状，均匀地在水中悬浮，将制好的纸浆放入冷藏环境中保存。档案纸张为手工纸的，一般选用宣纸、毛边纸、棉纸等为纸浆原料。机制纸原料复杂，纤维短而粗，纸浆黏结性较差，在无添加剂的情况下，较难与档案纸张黏合，修复时可适量增加宣纸、棉纸等中长纤维纸浆，提高纤维黏结能力。

（四）注　水

使用循环水操作前，应使用pH试纸检测水质酸碱度。若不符合要求，应检查原因，及时排除故障，确保纸浆修复用水符合质量要求；向修复槽注水至筛网，去除残留在筛网下的气泡，放入衬纸。

（五）放入档案

将破损档案纸张平铺在衬纸（可用薄一些的有光聚酯切片，防止水流对档案造成伤害）上，档案居中放置、展平，均匀浸湿润透，不能重叠、错位；放下筛屏并固定，向修复槽注水至压条。

（六）纸浆修补

根据需要修复档案纸张的破损面积，加入适量纸浆，搅拌至均匀分布；打开排水阀门和排水泵，迅速取出筛屏，将水抽尽。

（七）取出档案

在档案纸张表面放上覆盖纸（可用厚一些的有光聚酯切片，以保护档案和破损处湿纸层），轻压使其均匀贴附在档案纸张上，不可移动。将覆盖纸、衬纸连同档案纸张一起取出修复槽。

（八）干燥压实

档案取出后，将其夹在吸水纸中间，放入压机压实。然后取出档案，用牛角刀或竹签揭去衬纸和覆盖纸。干燥压实后的档案，经整理、裁切、折页、平整、装订等工序后归入原卷中。

三、纸浆量的计算与纸浆制作

根据档案修复原则，补洞所用纸浆纤维应与破损档案纸张纤维相同。纸浆原料的选用以及纸浆用量将直接关系到纸浆修复质量。修复前，可以用显微镜或造纸纤维测量仪等设备对档案纸张和修复用纸浆纤维进行观察，建立纸张纤维图谱进行对比，选择最适合的纸浆纤维。

（一）纸浆量的计算

用下式计算档案纸张的定量：$G=m/(A-A_1)$

式中：G——档案纸张的定量，g/mm^2

M—— 档案的总质量，g

A——档案纸张的总面积，mm^2

A_1——档案纸张破洞总面积，mm^2

档案破洞面积的计算：先将档案铺在坐标纸上，档案上破洞的面积就可从坐标纸上读出来，每一小格的面积是$1mm^2$，每一大格是$100mm^2$。

计算纸浆用量：$m_1 = K \times G \times A_1$

其中：m_1——补洞所需纸浆的质量，以克为单位；

K——因数，与纸浆纤维流失有关，可根据经验确定。

（二）纸浆悬浮液的制备

1. 将定量的浆板撕成小块（纵向撕），同时加入一定量的水，放入打浆机中，进行湿法打浆。也可以将浆板撕成小块，在搅拌机中进行干法打浆。干法打浆的好处是可随时配不同质量分数的纸浆悬浮液。

2. 可选用二次纤维作为纸浆原料，如将宣纸或其他质地较好的纸撕成小块，浸泡在蒸馏水中，待浸透后，放入打浆机中进行打浆，效果也较好。

3. 如果对修补有特殊要求，需要补纸与原件纸色一致时，可以先将干法打成的纸浆分别调制成红、绿、蓝三种颜色的纸浆团，然后根据需要，再调制各种颜色，要注意在调制颜色时，同种颜色的档案纸张使用同一缸水，否则会影响其他颜色的档案[1]。

四、纸浆修复的优点及注意事项

（一）纸浆修复的优点

1. 广泛适用于宣纸、书写纸、新闻纸、竹纸、绘图纸、毛边纸、有光纸等纸张类型，支持最大A1尺寸的纸张修补，档案、字画、古籍、报纸的修补都可以使用。

2. 修补过程全自动完成，简单易用，配合计算机辅助分析系统，可以通过机器视觉技术，精确推算修补的纸浆用量。

3. 无论任何大小、位置、形状的破洞都能够精确修补，设备附带水循环装置，水经过滤后可以循环利用，避免浪费。

1　国家档案局档案科学技术研究所. 新档案保护技术实用手册 [M]. 北京：中国文史出版社，2013：387–388.

4. 纸浆修补不需要黏合剂，在筛网和衬纸作用下，纸浆纤维在档案破损处聚集交织，干燥过程中，纸浆纤维与档案破损纸张边缘紧密结合，干燥后的纸张纹路自然，纸张平整、均匀。

5. 修复效率高。手工修补时，破洞越多，耗时越长，而纸浆修补无论破洞多少均可短时完成，没有搭口，不增加纸张厚度。

（二）纸浆修复注意事项

修补破损档案时，必须精确地计算出需要修补的档案破损面积纸浆用量，防止纸浆沉积过多或过少，影响纸浆修复质量；要了解所修补档案的纤维种类和色调等情况，选择相似的纤维原料。需要调色的，应做好纸浆调色工作；修补过程是在水中完成的，因此，对破损档案的纸张要先进行鉴别，霉烂、耐水性差、字迹可能出现扩散或洇化的档案不适宜使用纸浆补洞机修复。凡水溶性字迹的档案，必须加固保护后方可上机修补。

第三节 箱式档案烘干机

箱式档案烘干机是为了快速干燥修裱档案而研发的一种档案机械化干燥设备。其基本工作原理是在一个密闭的箱式空间内，通过电加热的方法，提升空间内温度，降低湿度，使潮湿修裱档案大批量快速干燥。箱式档案烘干机是为了解决修裱档案自然干燥速度慢、干燥过程中容易长霉等问题而研制的。档案机械化干燥方法将现代技术与传统修裱干燥技术相结合，不但提高了时效、节省了工作场地，而且改善了修裱质量。

20世纪末，受客观条件限制，档案修裱工作中存在修裱后档案不能及时干燥的问题，特别是南方地区，高温高湿季节，修裱档案干燥问题更加突出。为了解决这个问题，箱式档案烘干机应运而生。随着经济社会的不断发展，档案修裱环境已全面改善，修裱后档案干燥问题已经得到解决，箱式档案烘干机已经退出历史舞台。

为了全面反映档案机械化修裱技术的发展，本节对箱式档案烘干机的基本情况作一简要介绍。

一、档案烘干机的结构与工作原理

箱式档案烘干机由机壳、电热恒温系统、去湿系统、测湿报警系统、干燥室和集装绷架等部分组成。

（一）机壳与干燥室

机壳下部为加热室、进风口，中部为干燥室，上部为风机室、排风口，右上角安装控制仪表箱。干燥室可容纳600毫米×550毫米×20毫米集装绷子8个，内壁采用热反射效果较好的铝板，内外壁间充填保温材料。顶部和底部分别用金属网隔断，以防档案掉入加热器或卷入风机。门框为铝合金型材，嵌厚玻璃，便于观察干燥室内情况。干燥室内设有温湿度监控探头。

（二）电热恒温系统

1. 发热原件

采用4块800W的远红外电热板，横向等距安装在柜体底部。通电后，电热板不发红，散射加热，干燥室内温度分布均匀。

2. 加热温度

干燥室内干燥档案和自然状态干燥档案不同，加热温度的调控至关重要。如温度过高，虽然能够缩短干燥时间，但可能对档案纸张和字迹造成不利影响。快速干燥还会导致档案纸张收缩不均匀，纸张起皱。如温度过低，干燥时间加长，达不到提高效率的目的。经过试验，干燥室温度在50℃左右，干燥时间约40分钟，档案干燥效果较为理想。

3. 恒温装置

干燥室内安装测温探头，当温度达到烘干所需值（50℃±2℃）时，测温仪表内的继电器通电动作，切断加热器电源，加热器停止工作。当干燥室内温度低于

50℃时，加热器电源接通，开始升温加热，实现干燥室内恒温状态。

（三）去湿系统

柜体顶部安装两台风机排风，空气由柜体底部进入，受热后从集装绷子间通过，带走绷子上托裱档案中的水分，风机将湿空气排出，达到干燥档案的目的。

（四）测湿报警系统

采用晶体管和集成块组成电阻测湿电路。三个测湿探头（瓷导湿敏原件）在绷子有效范围内成对角线分布，与绷架上的托裱档案有效接触。当其含水量降至规定值（≤7%）时，测湿电路中的继电器动作，接通声光报警电路的电源，发出声光报警信号，提示干燥过程结束。操作人员可打开箱门，取出集装架，准备下一轮干燥。

（五）集装绷架

集装绷架是用杉木为原料，参照传统绷子制作工艺制成的小型绷子。集装绷子间隙的大小与档案干燥效果有关。间隙过小，通过绷子间的风量减少，绷子下部温度偏高，托裱档案上、下部位干燥速度不一致。间隙过大，热风不能均匀地从每个绷子间隙通过，托裱档案纵向中部干燥较快，造成档案纸张收缩不均而发皱。经试验，干燥室温度恒定在50℃、排风量为23m³/min时，绷子间隙大小为2.5厘米较为合适。

二、档案烘干机工作流程

档案烘干机操作比较简单，其基本工作流程如下。

1. 将托裱档案贴到小绷子上，将8个小绷子装到金属集装架上。

2. 开启加热电源开关，待干燥室处于恒温状态时，将金属集装架沿轨道推入干燥室。托裱档案与测湿探头接触，声光信号显示接触成功，几秒钟后信号消失，关上箱门。

3. 开启风机开关。

4. 待声光报警装置报警后，打开箱门，取出集装绷架。

5. 在自然状态下冷却，从绷子上揭下档案。托裱档案机械化烘干过程完成。

三、档案烘干机主要优点和注意事项

（一）档案烘干机的主要优点

档案烘干机是适应工作要求而研发的档案烘干设备，其主要优点有如下。

1. 工作效率高

传统修裱档案干燥时间通常在24小时以上，使用箱式档案烘干机干燥时间仅为40分钟。修裱档案干燥时间大幅度缩短，修裱工作效率大幅度提升。

2. 节省场地，操作简便

绷子小型化，拆卸灵活，可以集中堆放，占地面积小。托裱后的档案上小绷子比较方便，比上大墙操作容易得多。

3. 干燥质量可靠

托裱档案自然干燥，全凭修复人员的感觉和经验，有时差异较大。烘干机有自动测湿报警装置，可避免人工操作的误差。此外，由于干燥温度合理，托裱档案上绷子干燥，烘干后档案自然冷却，保证了托裱档案的平整和档案纸张、字迹不受影响，托裱档案干燥质量可靠。

4. 防止虫霉滋生和污染

传统修裱档案干燥大墙因长期处于高湿环境，给霉菌滋生提供了条件。特别是南方高温梅雨季节，霉菌容易在大墙上滋生，甚至传播到档案上并带入库房，造成严重隐患。上墙干燥的档案，裸露在空间环境中，也容易受虫害和尘埃污染。使用烘干机在干燥室内干燥，档案与外界环境隔离，干燥室内的温度较高，不适宜霉菌滋生，远红外辐射渗透力较强，具有一定的杀虫灭菌作用，有利于修裱档案的保护。

5. 其他用途

箱式档案烘干机除了可用于修裱档案的干燥外，还可用于受潮档案或其他材料的烘干。

（二）档案烘干机使用注意事项

档案烘干机是直接对档案进行干燥的设备，在使用过程中应保证档案和人身安全，使用时应注意下以方面。

1. 烘干机应安装平稳，并接通地线。

2. 集装绷架进入干燥室时应轻推轻拉，推放到位。

3. 测湿探头应保持清洁，若有污染，应及时清理。可用湿布小心擦拭。

第四节　密闭去湿干燥法

密闭去湿干燥法也是20世纪末为解决修裱档案干燥问题的一种实践创新。这种方法适用于馆藏量较大、修裱工作量较大的档案馆。所谓密闭去湿干燥技术，是指在密闭的条件下，利用去湿机降低密闭环境的湿度，创造一个干燥环境，使托裱档案快速干燥的技术。

一、干燥条件

（一）建立干燥室

首先，要选择一个合适的用房作为修裱档案的干燥室。该用房应大小合适，满足一定量修裱档案干燥的需要。干燥室距离修裱工作场所不能太远，否则，档案运送不方便。其次，应选择密闭条件较好或容易完成密闭的环境作为干燥室。干燥室的密闭条件是密闭干燥技术的关键条件，密闭不严会严重影响修裱档案的干燥效率。干燥室的门窗应用密封胶条进行密闭，对干燥室其他位置的密闭情况应全面检查，如发现不密闭的情况，应做好相应的密闭处理。另外，如果干燥室没有窗户，可以安装一台换气扇，定期排出干燥室内污浊的空气。

（二）制作档案干燥架和搁板

档案干燥架和搁板是干燥室使用的档案干燥工具。干燥架用于存放搁板，一般以等距间隔制成类似"栅栏"的形式，以利于档案水分蒸发。在干燥架两边立柱上加工出凹槽，方便搁板插入。搁板类似于绷子，用于粘贴托裱后的档案。干燥架高度和搁板放置层数，应考虑工作人员操作方便和工作量的大小。搁板大小可以根据干燥档案幅面进行设计制作，干燥架的大小根据搁板的大小配套制作。搁板和干燥架应选用质地较好、不易变形、不会出油、不易虫蛀的木质制成。用金属材料制作，要注意防止生锈、脱漆或其他问题。

（三）配套设备

在干燥室安装一台或数台去湿机，保证干燥室的空气湿度能满足修裱档案干燥的需要。去湿机的功率和数量，根据使用的实际需要确定。使用时，一般2~3小时去湿机内盛水的塑料桶就会装满从空气中抽出的水分，应及时取出，将水倒掉。冬季室温过低时，为保证去湿机的正常运转，一般会配备没有明火的加热设备。为观察和掌握干燥室内的温湿度，需配备一个温湿度计。

二、操作方法

（一）将修裱后的档案，依照顺序鱼鳞般错落有致地排放在搁板上，一般每张搁板放30~40张。排放时应平整，不要卷曲不平、折角，不要过于紧密。

（二）一张搁板排放完成后，即依次插入干燥架的立柱凹槽内，直至干燥架上放满搁板。然后，可以将干燥架移入干燥室内。

（三）待全部档案放入干燥室内后，即可关闭门窗，开启去湿机进行去湿。如果室内温度过低，应提前开启加热设备，提升室内温度，以保证去湿机能够正常工作（去湿机最低工作温度一般为14℃）。

（四）经过一段时间的干燥，通过目测、手感和仪器测定，修裱档案已经脱水干燥，即可从干燥架上取出搁板，将档案从搁板上拿下来，准备进入下一道工序。

三、技术特点

密闭去湿干燥法是根据实际需要，结合当时的实际情况，有别于传统干燥方法的一种创新技术。其特点如下。

（一）占地面积小，节省空间，干燥容量大，工作效率高。一间10m²的干燥室，可一次干燥A4幅面档案3000张。而一面3米×10米的大墙，一次干燥档案最多350张；一个1米×2米的活动绷子，正反两面一次仅能干燥A4幅面档案30张左右，密闭去湿干燥的优势明显。该方法对有大量修裱任务的档案馆，较为适宜。

（二）干燥时间短，缩短了修裱周期，加快了破损档案抢救速度。密闭去湿干燥方法有效防止了档案修裱过程中，由不适宜的温湿度导致的档案崩裂、长霉现象。该方法对南方地区档案部门比较适用。

（三）投资小，效益高，简便可行。密闭去湿干燥所需的干燥架、搁板、去湿机等不需要很多的投资，干燥室的密闭也不用投入太多的费用。但干燥室年均干燥档案的数量却高出传统干燥技术好几倍，而且密闭去湿干燥工具、设备和干燥室的改造等都比较简单，可操作性较强。

（四）干燥质量有保证。密闭去湿干燥后的档案，与托纸附着牢固，未发生变形、脱浆现象。经过试验，密闭干燥后的档案，其抗张强度、耐折度与上墙、上绷干燥档案的数据接近，档案干燥的质量是有保证的。

四、需要注意的问题

（一）由于修裱档案在搁板上鱼鳞般错落排放，叠放与非叠放部分接触环境、温湿度不同，在干燥过程中，档案会出现不均匀收缩，导致档案不平整。因此，密闭干燥后的档案应使用平压设备或压板对档案进行平整处理。

（二）托裱时应格外注意，不能使托纸背面粘上浆糊。否则，档案在搁板上叠放时会与其他档案粘连在一起。因此，档案上搁板排放时，应注意检查档案背面的情况。如发现档案背面粘有浆糊，应及时予以清洁。

第六章　民国声像档案修复技术

　　声像档案是指通过专门设备和特殊载体以声音、图像等方式记录信息的档案。常见的声像档案有照片、胶片、磁带、硬盘、唱片、光盘等。声像档案和传统纸质档案相比，具有很多不同特点。从档案制成材料看，声像档案的载体材料多为天然树脂、塑料、金属等，通过感光、磁化、刻录等方式记录档案信息；声像档案记录信息量大，生动、形象地反映社会实践活动；声像档案一般选用通过专门的显示设备再现档案信息，不能直接阅读；声像档案制成材料种类较多，耐久性差异较大。

　　民国时期常见的声像档案有唱片档案和胶片档案。和传统纸质档案相比，民国时期唱片和胶片档案耐久性不佳，抵御外界理化因素的损坏和保持原来理化性能的能力不强，对外界环境和保管条件要求较高。因此，现存民国时期唱片和胶片档案的保护状况普遍不佳，有的已经发生了病害，有的甚至已经出现了严重的病害。如不及时抢救修复，这部分珍贵的历史音像将会逐渐消失。因此，从某种程度上说，民国声像档案的抢救修复更加迫切。

第一节　民国唱片档案修复技术

　　民国时期人类声音记录技术逐步发展，唱片和唱机成为那个时期主要的声音再现产品，不同种类、不同品牌的唱片和唱机开始走进人们的生活。时至今日，一些档案馆、音像资料馆、文博单位以及爱好者手中仍保存有民国时期的唱片。唱片是人类声音再现技术中最先发明的一种技术产品，至民国时期该技术还在不断发展之中。唱片材料和生产技术还不成熟，我们现在看到的民国唱片档案发生病害，部分原因也在于此。了解民国时期唱片的性能与耐久性，是做好民国唱片档案抢救与修复工作的重要基础。

一、唱片档案的种类与性能

（一）唱片发展的历史

唱片是记录声音信息最早、历史最悠久的载体材料。1877年，爱迪生发明用锡箔为记录材料贴在滚筒上的留声机和圆柱形载声体。1887年，德国人伯利纳（Emile Berliner）发明用蜡涂在镀锌圆盘上的留声机。1891年，用硬纸板作底，用虫胶复面的圆片型唱片研制成功。1895年，以发条为动力的手摇唱机问世，转速为每分钟78转。1902年，世界上第一张唱片由英国的留声机公司录制发行。1925年，Victor公司发行世界上第一批电录音唱片，第一台电唱机诞生[1]。

和传统纸质档案不同，唱片的性能及其耐久性比较复杂。从声音记录技术前期发展历史看，留声机从滚筒、圆盘发展成带唱盘的手摇唱机、电唱机，载声体从圆柱形载声体发展成圆片型唱片，声音记录方式从声能直接刻录发展成声电刻录，载体材料从硝酸纤维素发展成硬纸板加虫胶复面。不同时期、不同技术、不同材料都会对唱片档案的性能与耐久性产生直接影响。

（二）唱片档案的种类与性能

民国时期是声音记录技术发展的初级阶段，唱片、唱机和声音记录技术仍处于不断发展之中。从技术发展历史看，民国时期处于粗纹唱片和手摇唱机、电唱机的发展阶段。唱片种类主要以粗纹唱片为主。粗纹唱片的特点是声槽粗大，声槽密度低，声音记录时间不长，每面播放时间一般不超过5分钟，音质不佳，容易破碎。

---

1 李宝善.电子应用技术丛书 8·唱片 [M]. 北京：科学普及出版社，1986.

粗纹唱片颜色以黑色为主，也有少量唱片的颜色为棕色。唱片直径以10英寸（250毫米）、12英寸（300毫米）两种规格为主，少量特制小规格（如6英寸）的唱片也偶有所见。粗纹唱片以双面播放的占多数，唱片声槽宽度为0.10~0.16毫米，每厘米声槽数为35~39条，播放速度为每分钟78转。粗纹唱片的制作来自国内外不同的公司，以国外公司为主，如法国百代公司、美国RCA公司、日本JFAK公司等，国内公司较少，如上海中国晚报馆。从唱片组成材料看，粗纹唱片主要有天然虫胶唱片和合成塑料唱片两种类型。

1. 虫胶唱片

虫胶唱片是最早的圆片型唱片。20世纪初，随着东西方的文化交流，虫胶唱片传入中国，由于播放时使用钢制唱针而被称为"钢针唱片"。民国时期虫胶唱片主要有两种类型：一是由虫胶、牛皮纸相互交替五层复合压制而成。这种唱片是民国唱片中规格最大、最厚、最重的一种唱片。这类唱片主要来源于日本，是民国时期粗纹唱片的主要类型之一，双面播放。唱片盘径12英寸（300毫米），厚度约2.6毫米，重量约360克。其外观形貌见图6-1，声槽形貌见图6-2，截面形貌见图6-3。

二是以金属（如铝板）为基层材料，在金属上涂布虫胶漆片制成唱片。这类唱

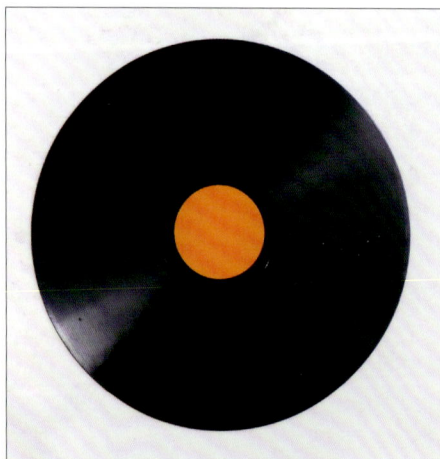

图6-1 民国时期夹层虫胶唱片

图6-2 夹层虫胶唱片声槽放大图（10×）

图 6-3 夹层虫胶唱片截面效果图

图 6-4 民国时期金属底虫胶唱片

片主要来源于美国，也是民国时期粗纹唱片的主要类型之一，双面播放。唱片盘径12英寸，厚度约1.2毫米，重量约210克。由于虫胶漆片与金属的黏合力不强，时间久了，虫胶漆片容易从金属上脱落，而且这种脱落一般都会在唱片两面同时发生，造成唱片损坏。其外观形貌见图6-4，声槽形貌见图6-5。虫胶唱片一直到1950年左右，才在国际范围内淘汰。我国在解放初期，生产的也是这种虫胶唱片。

虫胶是紫胶虫分泌出的紫色天然树脂，内含紫胶树脂、紫胶蜡、紫胶色素和水分等成分，其组成比例分别为70%~80%、5%~6%、1%~3%、1%~3%，其他为杂

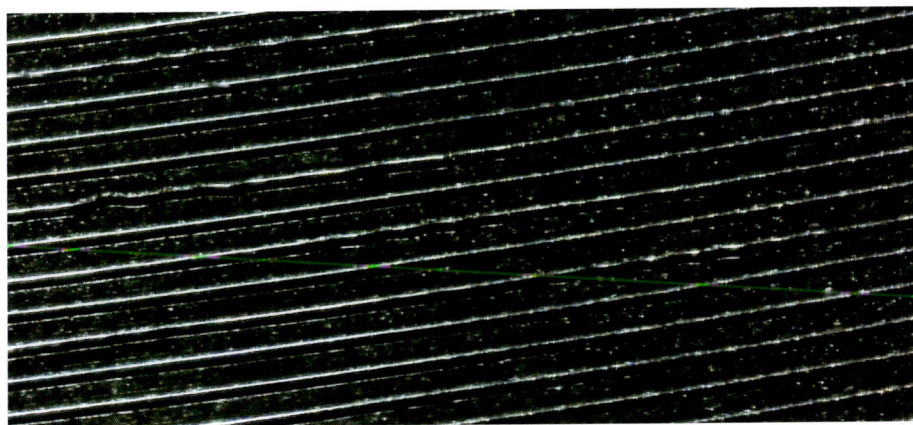

图 6-5 金属底虫胶唱片声槽放大图（10×）

质。紫胶树脂是酯和聚酯的混合物，黏着力强，光泽好，对紫外线稳定，兼有热塑性和热固性，能溶于醇和碱，耐油、耐酸，对人无毒、无刺激。紫胶蜡，又称虫胶蜡，是由脂肪醇和脂肪酸组成的混合物，硬度大，光泽好，对溶剂保持力强。紫胶色素为蒽醌类化合物。

2. 塑料唱片

民国时期塑料唱片也有两种类型。一是胶木唱片，习惯上又称"黑胶唱片"。这类唱片主要来源于日本，双面播放。唱片盘径以10英寸为主，厚度约2毫米，重量约230克。其外观形貌见图6-6，声槽形貌见图6-7，截面形貌见图6-8。

图6-6 民国时期胶木唱片

图6-7 胶木唱片声槽放大图（10×）

图6-8 胶木唱片截面效果图

胶木唱片的制成材料是胶木，即以木粉为填料的酚醛树脂。胶木是20世纪初发现的，因其机械强度高、坚韧耐磨、尺寸稳定、耐腐蚀、电绝缘性能优异，很快被用作粗纹唱片的生产材料。酚醛树脂由苯酚、醛或其衍生物缩聚而成，原为无色或黄褐色透明物，加着色剂后呈现各种颜色。胶木唱片一般以酚醛树脂为材料实心制成，与虫胶唱片相比，更加结实、牢固，不易损坏。酚醛塑料是一种硬而脆的热固性塑料，耐弱酸和弱碱，遇强酸发生分解，遇强碱发生腐蚀，不溶于水，溶于丙酮、酒精等有机溶剂。

二是聚氯乙烯唱片。这类唱片数量较少，主要来源于美国。唱片盘径以12英寸为主，厚度约1.1毫米，重量约102克。其外观形貌见图6-9，声槽形貌见图6-10。这

图 6-9 民国时期塑料唱片

图 6-10 塑料唱片声槽放大图（10×）

是粗纹唱片中最薄、最轻的唱片。聚氯乙烯唱片是另外一种塑料唱片，和胶木唱片相比，这种唱片比较柔软，能够在一定范围内弯曲，是当时的新技术产品。20世纪30年代，出现了一种新材料——聚氯乙烯，也就是我们常说的PVC塑料。比起虫胶，PVC有着更好的韧性和柔性，更耐用。PVC为无定形结构的白色粉末，有较好的机械性能和介电性能，因其多方面的优越性能而广泛地用于唱片工业。PVC的最大缺点是热稳定性差，软化点低，易分解，脆性大，是聚合物中自然稳定性较差的品种。

二、唱片档案的保护与修复

唱片在保管和利用过程中，随着时间的变化，会发生不同程度的老化现象，造成唱片变质，影响寿命。民国唱片档案保存至今，受损情况严重。有的已经完全损坏不能使用，如已经断裂破碎的、虫胶漆片从金属上脱落的；有的受损严重，需要进行保护处理后才能使用，如不同程度的霉斑、灰尘等。民国唱片档案是珍贵的历史音像遗产，一旦毁坏，就会造成无法挽回的损失。因此，我们必须特别注意唱片档案的保护，依靠科学的方法和手段来延长唱片档案的寿命。

（一）唱片档案的保护

唱片档案的制成材料是各种高分子聚合物，信息记录采用刻纹头在唱片材料上直接进行机械刻纹的物理方法录制。因此，唱片的保存和要求与纸质档案有所区别。

1.环境要求

管理唱片档案，应首先做好环境控制工作，如防尘、防高温高湿、防光、防有害气体和防有害生物等。

唱片是高分子材料，在保管过程中很容易产生静电，吸附空气中的灰尘，使唱片放音时产生爆裂声和摩擦噪音，同时灰尘颗粒在唱针的作用下，会进一步磨损声槽，导致声音质量下降。

唱片材料对环境温湿度比较敏感，容易受热变形、遇冷变脆、受潮长霉。如果唱片受热变形，声槽的深浅致密程度就会发生改变，导致重放时声音失真。低温可以减少唱片变形，但温度过低，容易导致唱片材料发脆。因此，唱片应存放在适宜的温湿度环境中，保存唱片的环境温度以14℃~24℃为宜。唱片长期处于潮湿环境中，不仅会生霉，而且会变形，尤其是有牛皮纸夹层的唱片变形会更严重。因此，保存唱片的环境湿度应控制在45%~60%。温湿度的急剧变化，也容易引起塑料唱片的剧烈胀缩，使其声槽变形，导致声音失真。因此，保存唱片的环境温湿度，不仅要控制在适宜的范围内，而且要避免波动过大。

高分子材料在高温高湿条件下，容易发生降解和水解反应，加快氧化反应速度，使材料性能劣化，唱片性能下降。光线特别是紫外光会促使唱片材料发生光氧化反应，从而改变唱片性能，影响其使用寿命。空气中有害的酸性和碱性气体，会参与唱片材料的老化反应，并加快老化反应速度，加速唱片的老化。

总之，唱片档案库房应做好环境控制工作，控制好库房温湿度，做好库房空气净化工作，防止灰尘、有害气体、有害生物等进入唱片库房。

2. 装具要求

唱片是由天然树脂、合成树脂和PVC塑料等高分子材料组成的。这些高分子材料的耐久性不理想，容易受外界环境的影响，导致自身理化性能下降，对唱片的正常使用和安全保管产生不利影响。唱片上的声音是通过声槽记录的，而声槽是直接刻录在高分子材料上的，声槽损伤（如污染、磨损、腐蚀等）将会直接对声音的质量产生破坏。因此，在管理唱片档案时，应选择合适的唱片档案装具，把唱片材料和声槽保护好。

民国唱片档案是珍贵的历史音像档案，应配备专门的唱片档案装具进行科学保管。唱片档案一般有一个半封闭的护套，能够防止唱片划伤和吸附灰尘，对没有护套的唱片，在保存时应制作一个护套。唱片档案柜的制作材料应符合唱片保护的要求，不能和唱片材料发生任何的化学反应。唱片档案库房使用防虫剂、选择档案装具应进行充分论证，确保唱片安全保管。库房防虫剂挥发物、木质装具散发的气味，均能使塑料发胀、发黏与水解。因此，存放唱片的环境应避免使用樟脑和有机溶剂，最好不使用木质装具存放唱片。

3. 保管要求

在唱片档案保管过程中，应防止唱片变形和机械磨损，制定相应的保护管理制度。唱片应平放在专门的柜架内，每格放置一张，使其各部分均匀受力，避免翘曲变形。唱片保存应与一般纸质档案分开，防止档案纸张和字迹中分解出来的物质对唱片耐久性产生不利影响。唱片档案管理应建立定期的检查制度，防止唱片发生污染、霉变或其他不利变化，发现问题，应及时进行抢救修复。

（二）唱片档案的修复

唱片档案是比较脆弱的一种声像档案，在保管和使用过程中极易损坏。在工作中，我们发现，有些粗纹唱片发生边缘缺损、局部裂纹、声槽脱落、整体断裂等严重病害，已经很难修复，造成不可挽回的损失。因此，在唱片的保管和利用过程中，必须特别注意对唱片的保护。对于一些轻度受损的唱片，应及时进行抢救修复。通过清洁除污、声音采集、声音处理等技术手段，将机械声音信号转换成数字声音信号，实现唱片信息的长期安全保存。

1. 制订方案

唱片档案修复前首先要了解唱片档案的详细信息，如唱片种类、材料性能、病害情况等；其次，根据唱片档案病害情况制订安全、科学的修复方案。对那些病害严重、没有成熟修复技术或成功修复案例的唱片档案，不能盲目尝试，否则，会造成不可挽回的损失。如以金属为基材的虫胶唱片，由于时间长久，虫胶漆片与金属结合力下降，很容易老化脱落，这种唱片不适宜用超声波清洁，防止超声波震动导致虫胶漆片从金属上脱落。唱片修复应以唱片实体和信息安全为第一原则，确保在修复过程中不会对唱片实体造成任何损失。对于整体完整、未有明显残缺、破损的唱片，可以采取清洁、声音采集和声音处理等技术和方法，对唱片档案进行抢救修复。

图6-11 清洁前的唱片

2. 唱片清洁

粗纹唱片保存至今，很多都黏附了大量灰尘、霉斑（见图6-11），如不及时抢救修复，会继续对唱片档案造成严重损坏，影响唱片档案寿命。

唱片清洁主要包括两方面的内容，一是去除唱片上的霉斑、灰尘等杂质；二是消除唱片上的静电。唱片清洁一般采用手动清洁和机器清洁，或者两种方法结合使用。手动清洁内容包括毛刷除尘、专用软胶除尘、转盘排刷清洁和超声波清洁等。毛刷清洁是指用唱片刷顺着声槽方向轻轻擦拭，分干、湿两种，以湿法效果较好，可以消除唱片上的静电。如果唱片上的污染较重，可以进一步使用专用软胶进行除尘。软胶清洁可以减少清洁过程对唱片的磨损，也可以对声槽进行深度清洁。软胶由水、乙醇、瓜尔豆胶等天然成分制成，无毒无害，具有较好的吸附污垢、灰尘和细菌效果。用软胶顺着唱片的纹理轻轻揉压，将灰尘或其他杂质吸附到软胶上，从而清洁唱片。如果清洁效果不理想，还可继续使用机器清洗，如超声清洁机、转盘排刷清洁机等。将初步清洁后的唱片，放置在专门的超声波清洁设备上，利用超声波对唱片进行深度清洁。也可以使用转盘排刷清洁设备对唱片进行清洁。通过转动唱片，用排刷以一定压力对转动的唱片表面进行全面清洁。经过以上四个物理清洁过程，基本上可以实现唱片清洁目标（见图6-12）。

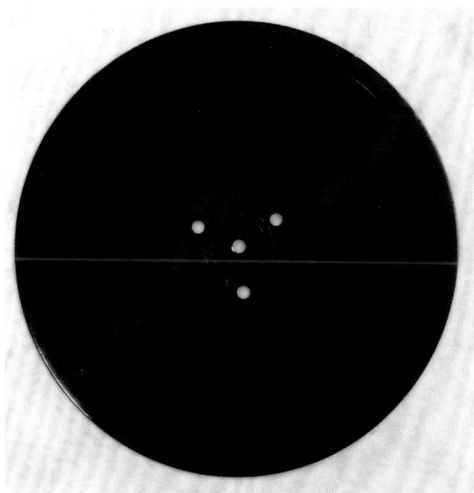

图6-12 清洁后的唱片

3.声音采集

唱片清洁完成后，即可开始准备声音采集工作。通过使用合适的唱针、唱机播放唱片，使用话筒、录音、模数转换等设备，将模拟声音信号录制成数字声音信号，完成唱片声音信息采集工作。声音采集工作的第一原则是保证声音采集安全，声音采集过程不会对唱片造成任何损害。因为声音采集工作是直接针对唱片实体进行的修复工作，任何不当的技术、设备都会对唱片造成直接的损害。使用的唱机、唱针等声音采集设备，都应与唱片的播放要求完全吻合。根据唱片的不同情况，选择不同的唱针、针压、转速、拾音臂等，保证唱片正常播放。声音采集的另一个原则是应清晰、完整地采集唱片中的声音信息。一般来说，粗纹唱片的音质不佳，尤其是唱片材料经过长期老化、环境影响，声槽中会有一些材料老化变性后出现的细小坑点、裂纹，致使唱片播放时出现噪声、杂音、爆音等。为了保证唱片声音信息的清晰、完整，在声音采集工作中，应保留唱片的原始声音信息，包括唱片本底的噪声和杂音。在后期的利用过程中，可以通过声音处理软件降噪、去杂音，提升音质、音效。

4.声音处理

唱片原始声音采集工作完成后，即可开始对声音进行数字化处理，以提升声音质量和效果。粗纹唱片声音处理的主要内容是降低噪声、去除杂音和爆音、增强音效等。声音处理过程主要靠设备、软件和工作经验。首先，唱片的声音处理要选择一款合适的软件。目前，声音数字化处理软件较多，应针对粗纹唱片需要处理的声音问题，选择处理效果好的软件。其次，是熟悉软件的使用性能，软件操作是个应用问题，只要多学多练，在工作中用心积累，就能很好地掌握粗纹唱片声音处理技术，胜任这项工作。市场上也有专门从事声像档案修复的技术公司，可以为有关单位提供专业的粗纹唱片修复咨询和外包服务，也为粗纹唱片抢救修复工作提供了一个专业化的服务平台。

第二节　民国胶片档案修复技术

19世纪下半叶，随着科学技术的发展，感光材料逐渐发展成熟起来。以感光材料为信息记录材料的档案简称为感光档案。民国时期感光档案主要有以玻璃为支持体的照相干板和以透明软片为片基的胶片档案两大类。民国时期形成了相当数量的感光档案，但遗憾的是，留存至今的并不多，保存依然完好的则更少。与传统纸质档案相比，感光档案能够更加直观、形象、生动地记录历史的真实面貌，具有不可替代的重要价值。研究感光档案的知识和保护修复技术，对做好感光档案的保护和利用工作具有重要的现实意义。本节以胶片档案为例，简要介绍民国时期感光档案的性能和修复技术。

一、胶片档案的性能与耐久性

胶片是以透明软片为片基的感光材料，是感光材料中使用最广、用量最大的一类。民国时期使用的感光物质主要是卤化银，使用的胶片为银盐型胶片。胶片一般由保护层、乳剂层、防光晕层、底层、片基和背涂层等几个部分组成。片基主要有两种，一种是以硝酸纤维素酯为片基，简称硝酸片基；一种是以醋酸纤维素酯为片基，简称醋酸片基。因此，民国时期胶片档案可分为硝酸片基档案和醋酸片基档案。

（一）胶片的结构

1. 保护层

保护层是胶片最上面的一层，其作用是防止乳剂层被划伤，产生摩擦灰雾。其成分是透明的明胶。

2. 乳剂层

乳剂层是胶片感光和成像的部分，是胶片的重要组成部分，主要由卤化银、明胶、增感剂及其他助剂组成。卤化银是卤素和金属银生成的混合物，包括氟化银、氯化银、溴化银和碘化银等。除氟化银外，其他三种卤化银是制造胶片的重要原料。一般乳剂层中很少存在单一的卤化银，通常都是复合性的卤化银。卤化银以微晶体的形式均匀分布于明胶中。明胶是银盐胶片中用量最大的一种原料，其主要作用是使卤化银颗粒悬浮而不沉淀聚集。此外，明胶还有增强卤化银感光性、稳定潜影、保护胶片和黏合剂的作用。

3. 防光晕层

防光晕层介于乳剂层和底层或片基与背涂层之间，其作用是防止入射光在乳剂层和片基分界面形成反射光，避免反射光返回乳剂层产生干扰影像的作用。其主要成分是着色染料，在显影过程中会被定影液溶解，在显影后的胶片中看不到这种染料。

4. 底　层

底层是涂覆在片基两面的材料，其作用是增加乳剂层、背涂层与片基的黏合力，防止乳剂层和背涂层脱落。其主要成分是明胶和少量的溶剂。

5. 片　基

片基是胶片的载体，是乳剂层和其他图层的支持体。民国时期片基材料主要有三种：一是硬片，即玻璃干板；二是软片，即塑料胶片；三是纸基，即照片纸基。软片材料有硝酸纤维素酯和醋酸纤维素酯胶片两种。

6. 背涂层

背涂层是位于片基背面的一层有色或透明材料，其作用是防静电、防卷曲，有色背涂层还有防光晕的作用。

（二）胶片的种类

1. 硝酸片基

硝酸片基的主要成分是硝酸纤维素酯，是纤维素在硫酸催化下被硝酸酯化的产物。纤维素葡萄糖基环上的羟基被全部硝化的产物被称为三硝酸纤维素酯，通常用于制造炸药。用于制作胶片的是二硝酸纤维素酯，配以增塑剂、稳定剂等助剂流延干燥成型。硝酸片基是最早发明的一种胶片材料，具有以下特性。

（1）机械强度高。片基抗拉、耐折，具有较强的弹性和柔韧性。

（2）物理稳定性好。由于两个亲水性的羟基被取代，硝酸片基具有明显的疏水性，吸湿性低，收缩性小；对酸、氧化剂稳定。由于硝基的进入，硝酸片基具有较好的耐酸、耐氧化剂的性能。

（3）透明度高。具有很高的透光率，可见光透过率可达91%。

鉴于以上优良性能，硝酸片基自发明后的几十年时间一直是电影胶片的主要材料。但硝酸片基有易燃易爆的致命缺点，一般保存年限为50~60年，不超过100年。自20世纪40年代起，硝酸片基已逐渐被淘汰。

2. 醋酸片基

醋酸片基的主要成分是醋酸纤维素酯，用于制作片基的材料多为三醋酸纤维素酯，由醋酐在一定条件下与纤维素发生作用形成。醋酸片基具有以下性能。

（1）化学性能稳定。不易燃烧，且难以点燃，燃烧速度仅1.3~1.5厘米/秒，属于安全片基。

（2）稳定性好。片基受温度影响小，影像清晰度与稳定性比硝酸片基好。

（3）对光稳定。

（4）不足之处是，机械性能不太理想，有形变和发脆现象，耐气候性欠佳。脆性比硝酸片基大，柔韧性比硝酸片基差。

（三）胶片的老化

自然界中的材料都存在老化变质的现象，胶片也不例外。在长期保管、利用过程中，胶片会逐渐老化变质，性能下降。民国时期的胶片只有黑白胶片，黑白胶片的老化主要是影像的褪变、明胶的变性和片基的老化。

1. 影像褪变

黑白胶片的影像是由一些极细小的银颗粒构成的。在酸和其他氧化性物质作用下，银会发生溶解，黑色的银颗粒会逐渐分解，导致胶片上的黑白影像褪色。

（1）硝酸纤维素片基的主要成分是硝酸纤维素酯，硝酸纤维素酯在室温下会缓慢发生自发性分解，释放出硝酸：

硝酸纤维素酯 + 水 ⟶ 纤维素 + 硝酸

硝酸与黑色银颗粒发生作用，形成易溶于水的硝酸银。

$$6Ag + 2HNO_3 \longrightarrow 3Ag_2O + 2NO + H_2O$$

$$Ag_2O + 2HNO_3 \longrightarrow 2AgNO_3 + H_2O$$

这样，构成黑白影像的银颗粒遭受破坏，黑白影像也就会逐渐褪色。

（2）空气中的含硫物质，如硫化氢等，也会与金属银发生作用而使影像变黄。

$$2Ag + S = Ag_2S$$

$$2Ag + H_2S = Ag_2S + H_2S$$

（3）胶片定影过程中，需要使用定影液（硫代硫酸钠）。残留的硫代硫酸钠会与银颗粒发生作用，使黑白影像变黄、褪色；硫代硫酸钠与空气中的二氧化碳和水反应，生成硫代硫酸和碳酸钠；硫代硫酸不稳定，分解产生硫及亚硫酸，硫与银反应生成棕黄色的硫化银使影像发黄；亚硫酸与空气中的氧气反应生成硫酸，硫酸与硫化银反应生成白色硫酸银和硫化氢使影像褪色。硫化氢也能和金属银反应生成棕黄色的硫化银。

2. 明胶变性

明胶是胶片中的一种重要组成物质，其作用是将银颗粒均匀分散、固定在片基上。明胶是由兽皮和兽骨经人工处理后制成的，其主要成分是各种氨基酸组成的蛋白质。蛋白质的性能容易受环境影响而变质。

（1）明胶的酶解

明胶中含有微生物生长所需的各种微量元素，是微生物良好的营养物质。因此，在潮湿的环境中，明胶容易滋生微生物，受到微生物的破坏。当胶片上滋生微生物时，微生物首先分泌出蛋白酶将蛋白质分解为肽，然后再分泌出肽酶将肽分解为可被微生物直接利用的氨基酸。随着明胶的分解，胶片的明胶层逐渐产生液化现象，胶片性能改变，质量下降。

（2）明胶的化学分解

氨基酸有两种官能基团，一种是氨基–NH₂，一种是羧基–COOH。氨基显示碱性，羧基显示酸性，所以，明胶是一种同时具备碱性和酸性的两性物质。因此，明胶的性能不稳定，碱性和酸性物质都会对其发生作用，加速化学分解，导致其性能下降。

（3）银胶络合物

空气中存在大量的氧化性物质，在氧化剂的作用下，金属银会被氧化成银离子，银离子能够与明胶相互作用形成不稳定的银胶络合物，络合物分解生产硫化银和金属银，使影像变色和返黄。因此，黑白影像返黄除了与环境中的有害物质和胶片加工过程有关外，一定程度上也是由明胶的性质引起的。

（4）变形性

明胶的凝固点为22℃~25℃，熔点一般在30℃~34℃。明胶具有吸水膨胀、失水收缩的特性，当其含水量发生变化时，随之发生变形。当环境温湿度过高时，明胶容易吸湿膨胀，引起影像画面尺寸的改变和粘连；当温湿度过低时，明胶会失水收缩，同样会引起影像画面尺寸的改变，并且增大胶片的脆性。

3. 片基老化

片基是胶片的载体材料，硝酸片和醋酸片都是由纤维素酯加入增塑剂、稳定剂、填料等助剂塑造成型。纤维素酯是最早使用的片基材料，纤维素酯片基机械性能较好，但硝酸纤维素酯片基易燃，在20世纪40年代被安全的三醋酸纤维素酯片基取代。

（1）硝酸纤维素酯

硝酸纤维素酯是用浓硝酸加浓硫酸在一定条件下对纤维素进行硝化处理制成的。将硝酸纤维素酯溶解在酒精和乙醚等溶剂中，加入樟脑等增塑剂及其他助剂，配制成具有一定黏度的溶液，经流延成型，待溶剂挥发后形成透明的片基。

从硝酸纤维素酯的生产过程看，片基中存在残留的混合酸等杂质，对材料的稳定性产生不利影响，其中影响最大的是纤维素的硫酸酯。在空气中水分的作用下，硫酸酯可分解释放出硫酸，硫酸又可以破坏硝酸纤维素酯，使之释放出氧化氮，氧化氮进一步氧化硝酸纤维素酯，并释放热量，导致片基温度升高，进一步加速氧化作用，最终造成硝酸片基自燃或爆炸。因此，硝酸片基的耐久性较差，一般保存年限为40~60年，最多也只有100年。

（2）三醋酸纤维素酯

三醋酸纤维素酯是用醋酐在一定条件下与纤维素发生作用形成的。将三醋酸纤维素酯溶解在二氯甲烷、甲醇或丁醇溶剂中，然后加入邻苯二甲酸二辛酯等其他助剂，配制成一定黏度的溶液，经流延成型，待溶剂挥发后即成为具有一定机械强度的透明柔韧的片基。

三醋酸纤维素酯在一定条件下会发生部分水解，随着水解程度的加深，亲水性的羟基在醋酸纤维素酯中的数量越来越多，片基的机械强度降低，湿变形性加大。当环境湿度波动较大时，片基由于吸水膨胀和失水收缩产生明显的畸变，使乳剂层与片基的黏合发生变形，严重时，乳剂层会从片基上脱落。

二、胶片档案的病害与修复技术

民国时期胶片档案保存至今，受材料自然老化和环境不利因素的影响，胶片档案病害现象普遍，严重影响胶片档案长期安全保管。对病害的胶片档案，应及时进行抢救修复，最大限度地延长胶片档案的寿命。民国时期胶片档案典型病害是醋酸胶片发生的"醋酸综合征"，如不及时抢救修复，胶片将会加速损坏，直至完全损毁，造成不可挽回的损失。

（一）醋酸胶片病害特征

醋酸胶片档案在保存环境和自身构成材料老化等不利因素的作用下，容易发生醋酸综合征。醋酸综合征是醋酸胶片特有的一种病害现象，也是危害醋酸胶片档案安全最为严重的一种病害现象。醋酸综合征的主要表现是胶片散发出刺鼻的醋酸气味、胶片收缩、析出结晶、扭曲变形、乳剂层脱落等。

1. 胶片散发出刺鼻的醋酸气味

如果胶片保存在片盒内，打开后就能闻到一股刺鼻的酸味。取出胶片后，纸质片盒中的酸味依然很浓，说明胶片包装材料上已经吸附了较多的醋酸。如果胶片数量较多、库房空间不大，库房内也会充满酸味。用精密试纸测试库房空气的pH值，甚至会达到5.0的严重程度。这说明醋酸胶片发生醋酸综合征是非常严重的。此外，醋酸胶片在酸解过程中释放出的醋酸气体，又可以作为催化剂加速醋酸胶片的老化降解，进一步加快醋酸胶片的老化损毁。

2. 胶片表面析出白色晶体

醋酸纤维素酯在酸、碱作用下会发生水解反应，片基材料由三醋酸纤维素酯逐渐向二醋酸纤维素酯、一醋酸纤维素酯转化，释放醋酸，片基材料的极性逐渐增强，片基中的增塑剂（磷酸三苯酯）与片基材料之间的极性差异逐渐增大，导致增塑剂从片基层析出，产生白色晶体（见图6-13）。

由于胶片缠绕于片轴上，片基层与乳剂层接触，片基层析出的增塑剂也会黏附于乳剂层表面（见图6-14）。

图6-13　胶片表面白色晶体微观形貌

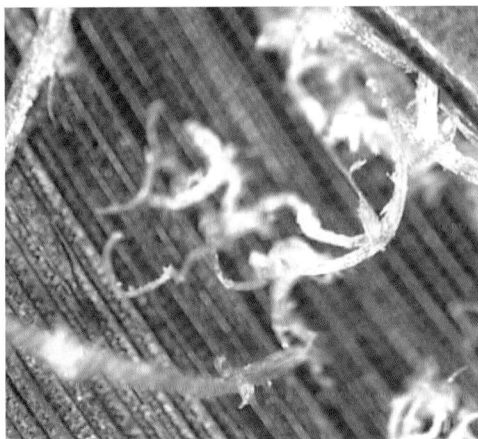

图6-14　片基析出增塑剂晶体

胶片发生醋酸综合征后，片基材料的组成物质发生变化，分子极性增强，同时片基中的增塑剂析出，片基发生收缩变形，轻者片基边缘产生褶皱，重者胶片整体扭曲变形（见图6-15）。

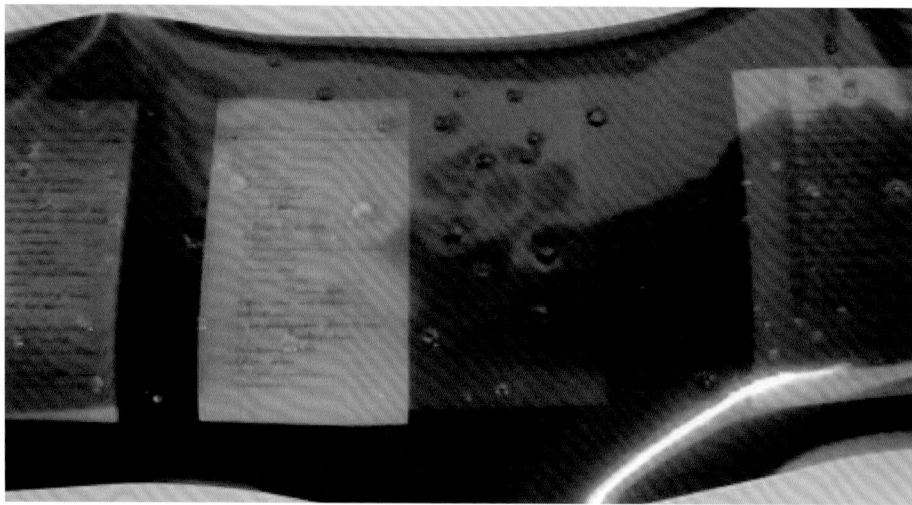

图6-15 胶片整体扭曲变形

醋酸胶片老化收缩变形情况，与保管条件和环境因素有关。过去醋酸胶片一般使用铁盒装具，密闭性较好。时间久了，胶片发生老化，挥发的醋酸不能及时散发，导致胶片盒内积聚的醋酸越来越多，浓度越来越大。高浓度的酸性环境又反过来进一步加快醋酸综合征反应速度，加快胶片损坏速度，形成恶性循环。另外，环境温度越高，胶片中的增塑剂挥发速度越快，与空气接触面越大，挥发量越多。在光、氧、潮湿等不利因素作用下，增塑剂会发生氧化或水解反应，失去增塑作用。

3.胶片粘连、乳剂层脱落

胶片乳剂层中的明胶是由氨基酸通过肽键结合而形成的天然高分子材料。在胶片酸解过程中释放出的酸性气体作用下，明胶与其中吸附的水分容易发生水解反应，导致明胶层发黏、脱落，严重时导致明胶液化。明胶部分降解后会导致片轴上缠绕的胶片发生粘连。析出的增塑剂晶体从片基层表面渗透到乳剂层中，也会导致胶片发生粘连，乳剂层开裂、脱落（见图6-16、图6-17）。

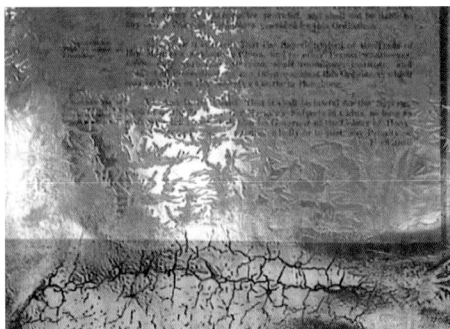

图 6-16 醋酸胶片乳剂层开裂

图 6-17 醋酸胶片乳剂层脱落

（二）醋酸综合征产生的原因

1. 醋酸综合征产生的内因

醋酸纤维素酯在酸、碱作用下会发生水解反应。环境中的酸性气体、水分子长期作用于醋酸胶片，使其发生缓慢的水解反应。开始时，反应速度较慢，但随着醋酸的不断挥发，环境中的酸度不断积累，反应速度会逐渐加快。因此，醋酸胶片的水解反应具有自催化的特点，胶片损坏的速度会越来越快。三醋酸纤维素酯水解后产生醋酸，导致醋酸胶片散发刺鼻醋酸气味，这是醋酸胶片发生醋酸综合征的内在原因。

三醋酸纤维素酯水解反应的另一种后果是分子链断裂，大分子变成小分子，材料机械性能下降。这也是醋酸胶片发生醋酸综合征后，胶片机械强度下降的根本原因。

2. 醋酸综合征产生的外因

醋酸综合征的产生除了与材料自身性质密切相关外，还与材料保存环境的温度、湿度、胶片生产及加工过程、包装材料等都有直接的关系。其中保存环境温湿度条件对醋酸胶片发生醋酸综合征影响最大。

（1）保存环境的温度、湿度

胶片醋酸综合征发生的内因是三醋酸纤维素酯的水解。从化学反应角度来考虑，保存环境的温度、湿度是影响三醋酸纤维素酯水解速率的主要因素。温度是影响化学反应速率的主要因素，一般来说，温度每升高10℃，化学反应速率平均增大2~4倍。因此，保存环境的温度越低，胶片的老化速度就越慢，越有利于延长胶片的寿命。水是水解反应必不可少的反应物，保存环境的湿度直接影响胶片的含水量，保存环境湿度越高，胶片中含水量就越高，水解反应的速率就越快。因此，保存环境的湿度越低，醋酸综合征发生的概率就越小。低温低湿低湿环境可以大幅度减缓醋酸综合征的发生。

（2）胶片生产、加工过程

三醋酸纤维素酯在生产过程中使用浓硫酸作为催化剂，胶片成型后，片基中都会残留一定的游离酸。残留的硫酸会加速片基材料的水解速度，促使发生醋酸综合征；乳剂层中添加的一些辅助材料，如媒染剂等，也可以促使醋酸胶片发生醋酸综合征；显影加工过程中使用酸性溶液，也会在胶片上残留，同样可以催化醋酸胶片发生醋酸综合征。因此，胶片生产过程、后续显影加工过程都会对胶片醋酸综合征的发生产生一定影响。

（3）包装材料

过去的胶片普遍使用铁质或者塑料材质的包装盒，这类包装盒最大的优点就是强度高、密封性好，可以防止外界环境中有害物质对胶片的破坏。但其最大的缺陷恰恰是密封性好。醋酸胶片在发生醋酸综合征过程中释放出的醋酸气体，由于使用密闭性能好的包装材料，胶片释放的醋酸气体不能有效分散，导致其在片盒中积聚，进一步催化三醋酸纤维素酯发生水解，加速胶片发生醋酸综合征。同时，醋酸气体会逐渐腐蚀铁质包装盒，导致其锈蚀，产生铁离子、铬离子等。这些金属离子会渗透到胶片中，催化增塑剂（如磷酸三苯酯）发生水解，分解出酸性物质。

实验证明，铁、铬离子都有加速醋酸片基分解的倾向，片基中的铁离子浓度在10~20 ppm就能显示出催化作用。因此，醋酸胶片包装材料也是醋酸综合征发生的影响因素之一。

（4）其他因素

环境中的有害气体、微生物、灰尘等也是诱发醋酸胶片发生醋酸综合征的重要因素。环境中的酸性气体如氮氧化合物、二氧化硫等与胶片长期接触，会导致并催化三醋酸纤维素酯发生水解，释放醋酸；环境中的霉菌孢子与胶片接触后，会在胶片乳剂层与片基层表面滋生霉菌，产生大量的霉斑。霉菌在生长过程中会分泌出酸性物质，这些酸性物质可以催化三醋酸纤维素酯水解；空气中的灰尘组成复杂，在与胶片接触后，也可以加速胶片醋酸综合征的发生。

（三）醋酸胶片病害修复技术

醋酸综合征是危害醋酸胶片安全的"罪魁祸首"，其发生过程中释放出的醋酸气体加速胶片组成材料的老化降解。随着病害程度的增加，胶片表面析出晶体、胶片扭曲变形、乳剂层液化脱落、板结成块、影像消失，胶片完全自毁。醋酸纤维素酯胶片发生醋酸综合征之后，在胶片乳剂层脱落之前均可进行抢救修复，恢复影像信息。如果乳剂层出现脱落现象，修复难度就会加大，有的甚至无法修复。因此，对已经发生醋酸综合征病害的胶片应及时进行抢救修复，防止病害进一步恶化。醋酸胶片修复应遵循安全、有效的原则，确保修复工作不会对胶片产生损害，保证修复过程中胶片的安全。采用的修复技术和方法应有效解决病害，且能对胶片起到长期的保护作用。另外，开展醋酸胶片修复工作应制订具体的修复方案，必要时，可组织专家对方案进行安全性、有效性论证，确保胶片档案抢救修复工作科学、规范。根据档案部门醋酸胶片抢救工作开展情况，醋酸胶片修复工作一般包括以下几项内容：一是胶片的清洗，去除析出的增塑剂；二是对胶片进行整形恢复，保证胶片的利用和修复；三是对胶片进行保护性处理，延缓不利环境条件对胶片的破坏，防止病害反复。

1.醋酸综合征胶片表面析晶清洗

民国时期醋酸胶片中使用的增塑剂一般为磷酸三苯酯，也是胶片上析出的白色晶体的成分。修复发生醋酸综合征的胶片首先应清洗去除胶片表面析出的增塑剂，然后才能进入后续修复环节。清洗溶剂不能对胶片造成发脆、黏结、变形、卷曲、乳剂层脱落等危害，给胶片造成不可恢复的破坏。据资料介绍，正丁醇或者异丁醇作为发生醋酸综合征胶片表面析晶清洗溶剂比较安全、有效。这两种溶剂不会对胶片产生破坏作用，且可以有效去除胶片表面析出的白色晶体，消除其对胶片影像遮挡、覆盖的影响。据资料介绍，清洗后醋酸胶片的抗张强度、耐折度不会受到影响；耐久性不会受到影响；胶片pH值明显升高。说明清洗剂可以起到脱酸作用，有利于延缓醋酸综合征的发生。清洗前后效果见图6-18、图6-19、图6-20和图6-21。

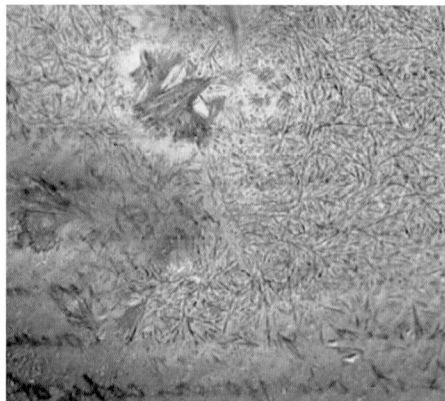

图 6-18　清洗前

图 6-19　清洗后

图 6-20　清洗前

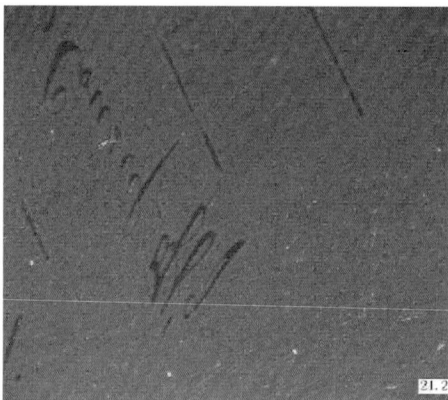

图 6-21　清洗后

2.扭曲变形胶片的形体恢复

醋酸纤维素酯胶片发生醋酸综合征，片基中的增塑剂析出，导致胶片扭曲变形。尤其是电影胶片发生扭曲变形之后，胶片无法正常放映、复制及数字化修复。研究发现，醋酸纤维素酯胶片发生醋酸综合征之后，片基材料尚具有一定的热塑性，当加热到一定的温度之后，对其施加一定的压力，可以使扭曲变形的胶片恢复平整。据资料介绍，加热温度为80℃、压力为0.5MPa、作用时间为50s处理效果最佳。经过形体恢复处理后，胶片的抗张强度、耐折度和耐久性

图6-22 醋酸胶片形体恢复前后效果

均不会受到影响。胶片形体恢复效果见图6-22。

3.胶片涂层保护材料

醋酸胶片发生醋酸综合征后，乳剂层明胶发生降解，耐水性显著降低，在潮湿环境中保存或者与水接触后，会直接导致乳剂层脱落。发生醋酸综合征后，片基的吸水性显著提高，极易吸收空气中的水分，而胶片含水量的提升会直接影响醋酸综合征发生速度。实验证明，醋酸胶片经过清洗去除表面增塑剂以及形体恢复后，在室温下保存一个月左右，胶片表面又会析出晶体，胶片开始扭曲变形。因此，醋酸胶片经过清洗与形体恢复处理之后，还应进行相应的保护处理，在胶片两面涂覆具有保护作用的高分子材料，防止胶片继续恶化。

据研究，乙基纤维素是一种较好的醋酸胶片保护材料。为了提高胶片抗磨损能

力，还可在材料中添加纳米二氧化硅，增加材料的硬度；为了提高材料的稳定性，可以在材料中添加癸二酸二酯。据资料介绍，涂布后胶片的憎水性与耐水性明显提高，可有效减缓水对胶片的破坏作用；胶片抗张强度、耐折度不会受到影响；胶片耐久性不会受到影响。

附录 民国纸质档案修复案例

一、 馆藏珍品孙中山书法"博爱"修复案例

"博爱"是孙中山先生一生乐书的两个字。据记载,孙中山先生一生共书写"博爱"64次。二史馆馆藏"博爱"是孙中山先生1907年给邓荫南先生所题,是现存年代最早的一幅"博爱"真迹,具有极高的文物价值和史料研究价值。2002年,孙中山先生"博爱"书法入选首批《中国档案文献遗产名录》。

孙中山书法以唐楷为本,风格舒展大方,气息淳厚自然,笔画圆融厚实,自创一体。"博爱"二字既是孙中山先生伟大人格的真实写照,也是孙、邓二人革命情谊的生动诠释。"博爱"精神集中体现了孙中山先生的"三民主义"革命理想,充分展现了伟大革命先驱的爱国情操。

"博爱"书法保护状况不佳,经过百余年历史变迁,出现脱落、断裂、折痕、水渍、污渍、皱褶、糟朽、字迹残缺、色变等多种病害,档案纸张酸化严重。按照《纸质档案抢救与修复规范 第1部分:破损等级的划分》(DA/T 64.1—2017)的标准,二史馆馆藏"博爱"珍品属于严重破损的档案,急需抢救修复。2017年,二史馆与有关单位合作,开展了"博爱"珍品的抢救修复工作。

(一)保护状况调查

修复工作开展之前,首先做好档案的保护状况调查。修复前"博爱"状况见图1。

图1 修复前"博爱"状况

"博爱"保护状况调查结果见表1。《馆藏纸质文物病害分类与图示》（WW/T 0026—2010）规范，"博爱"病害分类与图示见图2。

图2 "博爱"病害分类与图示

表1 "博爱"保护状况调查情况汇总表

档案编号	三〇三〇(4)	名称	博爱

现状描述	画芯大面积断裂、脱浆，有水渍，画芯残缺，字迹笔画有错位

病害类型			

画芯病症		旧料病症	
水渍	■少量 □大量	水渍	□少量 ■大量
污渍	■少量 □大量	污渍	■少量 □大量
褶皱	■少量 □大量	褶皱	□少量 ■大量
折条	□少量 □大量	折条	□少量 ■大量
掉色	□少量 □大量	断裂	□少量 □大量
断裂	□少量 ■大量	残缺	■少量 □大量
残缺	■少量 □大量	烟熏	□少量 □大量
烟熏	□少量 □大量	炭化	□少量 □大量
炭化	□少量 □大量	粘连	□少量 □大量
通花	□少量 □大量	霉变	□少量 □大量
粘连	□少量 □大量	机械拉伤	□少量 □大量
霉变	□少量 □大量	糟朽	■少量 □大量
机械拉伤	□少量 □大量	碱性腐蚀	□少量 □大量
糟朽	■少量 □大量	脱落	□少量 □大量
碱性腐蚀	□少量 □大量	酸化严重	■少量 □大量
脱落	□少量 □大量	裱料色差	■少量 □大量
墨色/色彩晕染	□少量 □大量	绫绢经纬错乱	□少量 □大量
酸化严重	□少量 ■大量	天地杆残损	□少量 □大量
字迹残缺	■少量 □大量	羊眼圈老化	□少量 □大量
绢质经纬错乱	□少量 □大量	轴头残损	□少量 □大量
返铅	□少量 □大量	签条残损	□少量 □大量

病害综合评估	□基本完好 □微损 □中度 ■重度 □濒危

备注	若需选定的用"■"表示

（二）制订修复方案

保护状况调查完成后，开始制订档案修复方案。"博爱"修复以有利于延长档案寿命、尽量保持档案原貌和最低程度干预为原则，通过去污、脱酸、修复等技术，对病害情况进行科学治理，全面提升"博爱"档案的耐久性。"博爱"修复方案的具体内容见表2。

表2 "博爱"修复方案

档案编号	三〇三〇 (4)		档案名称		博 爱	
作者	孙中山		年代	1907年	是否二次修复	是
画芯尺寸	长：74.2厘米 宽：34厘米		画芯质地	纸本	修复前画芯 pH值：4.8	修复后画芯 pH值：7.2
原裱格式	镜片	原裱尺寸	总尺寸（厘米）		边料（厘米）	耳料（厘米）
			长：100.2		长：74.2	长：39.6
原裱质地	棉料		宽：39.6		宽：2.8	宽：13
修复后装帧形式	镜片	新裱尺寸	与原裱尺寸相一致		镶料形式	整体挖镶
裱料质地	绢料				裱料颜色	藏蓝色
主要病害及修复办法	主要病症		处理办法			
	断裂、折痕		湿拼复位			
	字迹错位		湿拼矫正			
	水渍、污渍		超纯水清洗			
	酸化		用碳酸氢镁水溶液脱酸			
	画芯残缺		老命纸修补			
	画芯脱浆		重新托裱			
	折条病		加折条			

（三）修复前准备工作

1.准备染纸

根据修复前保护状况调查，画芯宣纸颜色已经变深，生宣托纸较白，需事先进行染色。根据"博爱"原件纸张颜色，使用国画颜料配制染色液，对托纸进行染色。染色液主色用石绿、藤黄、砵碌三种颜料按比例混合调制，用少量稀释的墨汁压色。将染色液与原件纸张颜色进行对比，若混合液较暗，加少量赭石及胭脂提色，若混合液较亮，加少量稀释的墨汁和花青压色。染色液配制好以后，装入喷壶，以雾化方式均匀喷湿托纸，待半小时左右再次喷湿托纸，反复操作2~3次，直至托纸颜色与档案原件纸张颜色接近或稍淡。

2. 准备清洗液、脱酸液

用纯净水对档案原件进行清洗去污。提前准备好净水器，制备纯净水，以备档案清洗去污之用。提前制备好碳酸氢镁脱酸液。用一定量的碱式碳酸镁，制备出0.1 mol/L浓度的碳酸氢镁水溶液备用。

3. 准备覆背纸

根据原件纸张情况，选择适合的覆背纸。"博爱"原裱尺寸100.2厘米×39.6厘米，画芯长74.2厘米、宽34厘米、纸本、生宣，纸张厚度0.243毫米。根据档案纸张情况，选择两张四尺单宣作为覆背用纸。将两张生宣托裱后制成覆背纸，并完成揉成菱形的过程，使覆背纸柔软、服帖。

4. 准备绢料

"博爱"原裱为藏青色，选择藏蓝纯色绢料作为装裱用料。根据镜片装裱工艺，选用的绢料尺寸略大于原裱尺寸，方便挖镶与方裁。

5. 准备辅助材料

准备保护纸：修裱过程中需要使用一些保护纸，用于保护档案原件，防止原件受损。该纸张尺寸应大于档案原裱尺寸，纸质为韧性强的机械纸，喷湿展平待用。

准备折条：将生宣棉连托成双层，裁切成2~3毫米宽、截面斜切30°的纸条（截面30°可以使折条与命纸、覆背纸更加贴合，没有直角棱状，卷画时不会擦刮画芯）。根据画芯折痕长短，裁切长度适宜的纸条作为折条，以备修复中加折条之用。

准备局条：根据画芯长度，将双层单宣棉连裁切成约75厘米长、4厘米宽的纸条4张，以备修复中软镶局条之用。

（四）修复方法与步骤

1. 湿拼复位

"博爱"原件上有部分纸张已经出现断裂、折痕，原件纸张与命纸、覆背纸分离，出现翘曲、断裂等情况。修复工作的第一个环节是将这些破损纸张拼对复位。在档案原件四周留出1~2毫米边缘后，将多余的边料剪掉；在案子上铺上一张保护纸，喷湿展平；将"博爱"原件正面朝上平放在保护纸上，以少量纯净水雾化湿润档案原件，以便纸张舒展；用小毛笔蘸水湿润纸张，使翘曲、断裂的破损纸张复位。重叠部分先不触碰，以防之后难以打开；将脱落的碎片按字迹笔画、破损裂纹准确拼对，并蘸水复位；纸片起翘未脱落的，先用铲刀翻起，正面刷水软化，背面刷浆糊，正面用小毛笔压实；裂缝处暂不回帖，待后续展平后打水生根。湿拼复位后，档案上应看不出任何起伏和折条的痕迹。湿拼复位工作应一次性完成，不能中断，保证工作质量。在湿拼复位过程中，档案原件要始终保持一定的湿度。

完成拼对复位后，在档案上再铺一张保护纸，与档案展平服帖后，连同底下的保护纸一起抬起，翻转铺平，揭去档案背面保护纸，准备去污、脱酸工作。

2. 去污、脱酸

"博爱"原件上存在少量水渍、污渍，需要进行去污处理。原件修复前pH值为4.8，属于酸化严重的档案，需要进行脱酸处理。使用纯净水、碳酸氢镁脱酸液对档案进行清洗去污、脱酸处理。用毛巾覆盖在档案上，用喷雾器向毛巾上喷洒纯净水，至毛巾湿透，闷润档案15分钟左右。然后，拧干毛巾，将毛巾卷成卷，把档案上的水分慢慢向外搓赶。重复上述步骤三遍，直至从档案上赶出的水变清为止。去污完成后，使用配置好的0.1 mol/L的碳酸氢镁水溶液，采用去污的方法，对档案进行脱酸处理，直至档案原件上pH值达到7以上。在实际操作中，经过以上脱酸处理，"博爱"原件的pH值提高至7.18，档案中的酸性物质全部去除，档案耐久性大幅度提升。

3. 揭旧料

"博爱"原件以前修裱过，修裱用的覆背纸、命纸已经出现破损、开裂、污染、酸化、脱浆等情况，需要揭除重新修裱。原件经过去污、脱酸后处于湿润状态，在原件空白处用镊子轻轻挑起软化的覆背纸，顺着纸的纤维纹路慢慢带起（见图3），轻轻揭除原裱中的覆背纸。揭覆背纸完成后，用镊子去掉档案周边残留的绫

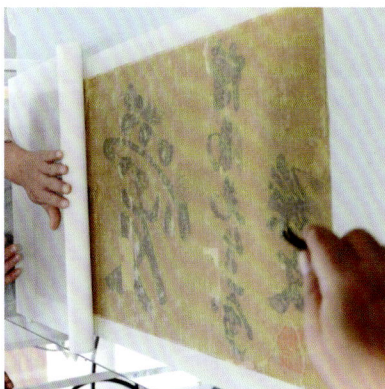

图3　揭覆背纸　　　　　　　　　　　　　　　图4　揭命纸

边。然后，开始揭除档案上的命纸。根据命纸性能强度，采用镊子轻挑慢揭、手指搓捻等方法，将命纸慢慢揭除干净。揭命纸（见图4）时，应特别小心，命纸与档案直接粘连，稍不注意就会损伤档案。

4. 补　残

揭旧料完成后，开始对档案上破损的部分按要求修补完整。原件上"博""爱"两字分别都有一块残缺，两字之间也有一块相对小一些的残缺，三块残缺都需要补残修复。根据"颜色一致、质地相同、宁薄勿厚"的补残用料原则，考虑到原命纸强度较好，与档案结合较为紧密，以及档案残缺的实际情况，补残时决定保留原命纸。在揭除命纸时，保留三块残缺部位的命纸，揭除其他部位的命

纸。命纸揭除后，用刀片沿档案残缺处小心地将多余的命纸剔除（见图5）。

图5 补残

5.加折条

"博爱"原件幅面已经很不平整，出现了很多纵向的折痕。有的只有折痕，没有断裂，通常称为暗折条；有的折痕已经断裂，出现裂缝，称为明折条。为了修复折条病，保证幅面平整，提升档案耐久性。针对明折条病害，采取直接在断裂处加折条的方法进行处理。将提前裁切好的折条平放在案子上，用小软刷在其表面刷浆，刷完后将其提起翻转，使有浆糊的一面朝向裂缝，一手高一手低，呈一定的斜度提着纸条，按照档案上的折痕纹路加贴折条。加贴时，应注意将折条中心线与折痕处重叠，将折条贴在折痕中心位置，顺着折痕纹路加贴，顺势顺走。加完折条后，用布锤敲实，使折条与档案黏结牢固（见图6）。

图6 在画芯上加明折条

　　针对暗折条，在小托后的托纸上加折条进行处理。通过拷贝台观察档案上的折痕，并用笔轻轻在托纸上标记出来。或者将档案干燥后卷成筒状，放开，观察档案上的折痕，在托纸上标记出来。加暗折条的方法和加明折条的方法一样（见图7）。

图7　在托纸上加暗折条

6. 小　托

　　小托是修裱过程中重要的一环。小托前，将档案原件进行湿裁，保持方正（见图8）。由于档案原件破损严重，直接在档案上施浆可能会造成画芯碎片错位，故不宜采用湿托的方法进行小托。为了保证档案安全，采用封拉式飞托方法进行托裱。

　　将命纸平铺在保护纸上，少量喷水展平、施浆，撇去多余水分。将命纸和保护纸腹托在画芯上，展平、

图8　湿裁画芯

压实、撤潮，揭掉保护纸。然后，开始加暗折条、补小洞。加暗折条方法前面已介绍。补小洞使用原命纸，补洞方法按第五章中"补缺"的技术方法操作。

在画芯四周镶软局条（见图9），上下左右各搭边2毫米，排实；将画芯抬离桌案，翻转置于毛毡上，用排刷轻刷赶平，去掉保护纸。检查画芯位置，如有错位，微调复位。检查无误后，将画芯放置在毛毡上阴干。

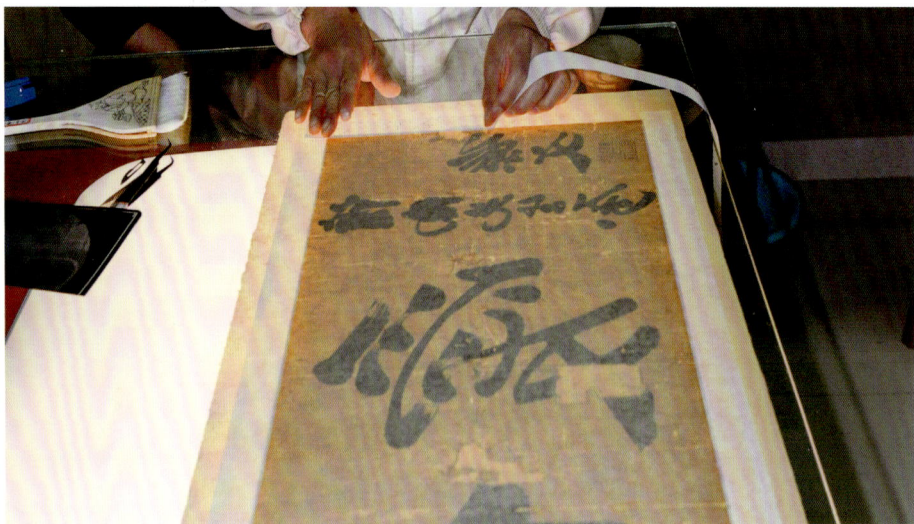

图9 软镶局条

7. 上 墙

"博爱"原件破损严重，不宜直接上墙绷干，故采用封护上墙法，使用活动板将档案展平、干燥。在活动板上提前粘贴宣纸，制成干燥墙，将阴干后的档案翻转，正面朝下，平放在活动板上，少量喷水、展平。将幅面大于档案的保护纸喷水、展平后，平铺到档案上，排实、展平。掀起保护纸的长边，施浆、赶平，固定在活动板上，然后，依次将保护纸其余三边施浆、赶平。此方法利用保护纸晾干时的绷力将画芯拉平、绷干，不损伤画芯。

8. 挖镶镶料

"博爱"装帧形式为镜片，为了保证整体效果，采用挖镶镶料工艺对"博爱"

进行装裱。将提前准备好的藏蓝色绢料方裁至尺寸与原裱尺寸一致，用针锥四周倒边，倒边宽度3毫米；将画芯从活动板上取下，按最终要求的尺寸方裁画芯，然后将画芯平放在方裁好的绢料上。测量尺寸，使上下边料、耳料长宽相同，固定画芯，用针锥在画芯四角的局条上扎眼做记号；挪走画芯，平放绢料，按孔裁切，把绢料中间部分挖出；将档案原件正面朝上放置于挖出的洞中，检查二者是否严丝合缝；画芯四周用隔糊板在局条处施浆，施浆宽度为2毫米。施浆后，用毛巾将四周多余的浆糊擦干净；把挖好的绢料覆盖在画芯上，使画芯正好处于洞中（见图10）。

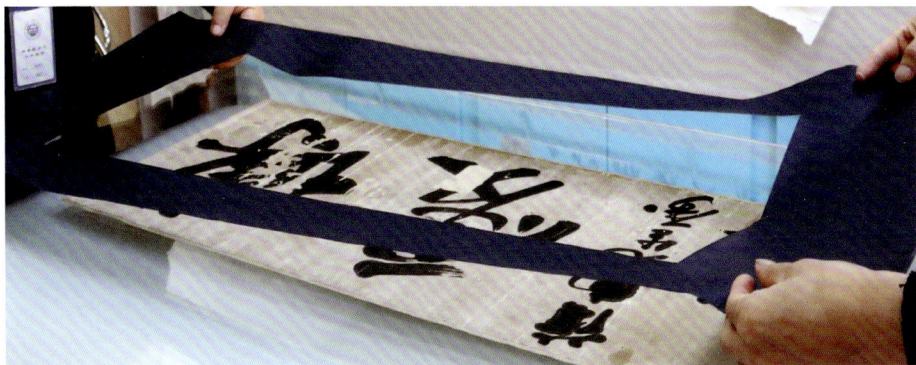

图 10　挖镶镶料

画芯与绢料留有1毫米距离，局条与绢料搭边、压实（见图11）。

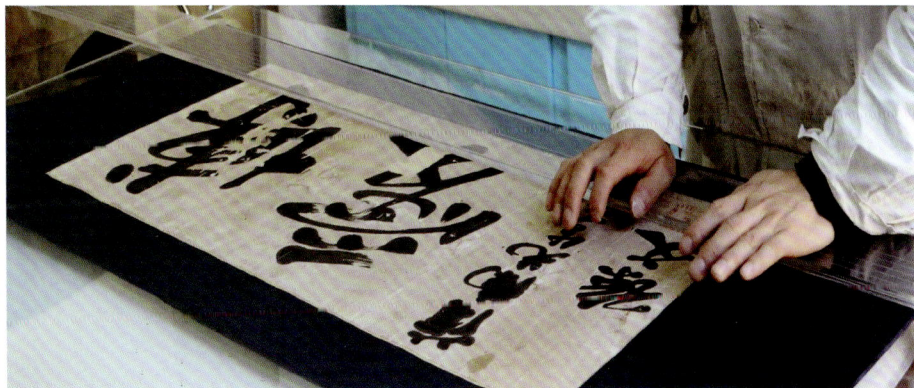

图 11　压实镶料

9. 大　托

将画芯翻转，正面朝下，平放在案子上，湿润、展平（见图12）。倒边施浆，校正使之齐边。

图 12　画芯展平

将制备好的覆背纸揉成菱形，喷水湿润展平，在覆背纸上施浆；将施浆后的大覆背纸腹托在画芯上，腹托方法（见图13）按照本书第五章中"腹托"技术的要求操作。

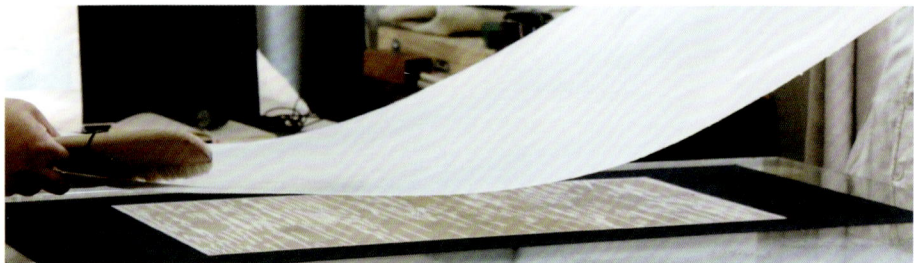

图 13　腹托覆背纸

大托后用吸水纸撤潮，棕刷排实赶平（见图14）。

图 14　排实赶平

用棕刷敲实折条处，并用大砸刷砸实搭边连接处；将"博爱"翻转，正面朝上，平铺在毛毡上。仔细检查画芯是否平整，字迹、碎片是否拼对严丝合缝（见图15），检查无误后将档案平放、阴干。

图 15　仔细检查画芯、字迹和碎片拼对

10. 上　墙

将阴干的"博爱"原件少量喷水、展平，放置于活动板上，采用封护上墙法干燥。上墙方法与小托时一致。

11. 裁废边、打蜡、砑背

"博爱"下墙后，正面朝下沿倒边将覆背纸多余的废边折起，再慢慢提拉废边至露出一丝倒边缝，用指甲将其压实，用马蹄刀或美工刀裁除废边；使用石蜡按圆圈状均匀打蜡；双手握住砑石，在档案背面来回均匀用力将蜡砑光。

（五）修复后工作

1. 验收和质量评估

验收和质量评估由相关专家或负责人按照DA/T 64.3规定的修复质量要求，对脱酸、去污、修裱工艺三方面的质量进行评估。经过评估，"博爱"修复质量为优秀。

2. 拍 照

对修复后的"博爱"拍照存档（见图16）。

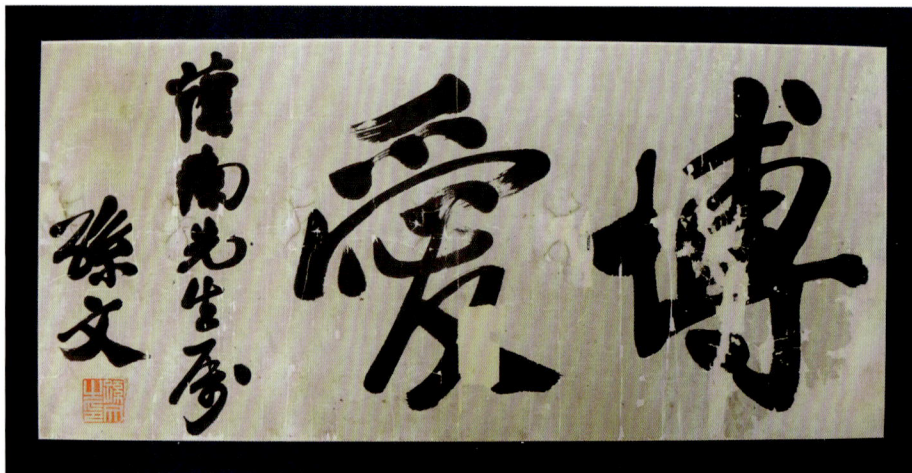

图 16 修复后的"博爱"

3. 移交档案

按档案移交手续，将"博爱"原件移交保管部门。将修复工作记录、验收报告、照片和视频档案整理、归档，完成馆藏珍品"博爱"档案的修复工作。

二、馆藏珍品《孙总理建国方略图》修复案例

《建国方略》是孙中山先生1917年到1919年写成的关于国家建设方针的著作。书中阐述了六个实业计划：以个人企业、国家经营开发北方港口、铁路、运河、制铁炼钢等事业；发展东方大港上海等一系列工业；建设南方大港广州，包括商埠及渔业港、造船厂及西南铁路系统；规划中央、东南、东北、西北、高原五个铁路系统；论述工业本部必须依靠外力才能得到发展；论述矿业与农业为工业原料的主要源泉。该书从心理建设、物质建设、社会建设三个方面对中国的未来做出规划，构想全面宏图，具有很强的全局观和先见之明。当时正是北洋政府爆发府院之争、黄埔军校还未建成的时候。为了鼓舞革命低潮时期的革命党人，孙中山在《建国方略》中提到"夫革命事业，莫难于破坏，而莫易于建设"。

二史馆馆藏《孙总理建国方略图》是以图示的形式直观展现孙中山先生的实业计划。该图高160厘米、宽115.6厘米，1929年8月由上海世界舆地学社发行。

（一）保护状况调查

《孙总理建国方略图》经过近百年的传承，已经有一些破损和病害。由于保管不善，档案上出现了三条横向贯穿全图的、严重的折条病；画芯存在少量水渍、污渍、褶皱、断裂、残缺和机械拉伤等病害；档案纸张轻微酸化；该图由两张大图和两张小图拼接而成，四处拼接有一些错位；地图装帧形式原为挂轴装裱，不利于档案的安全保管，需要改变装裱形式，提升档案的安全保管性能。该图保护状况调查

的综合评估结果为中度破损（见图17），保护状况调查的具体内容见表3。

图 17　修复前的《孙总理建国方略图》

表3 《孙总理建国方略图》保护状况调查表

档案编号	字画T3- 330	名称	孙总理建国方略图
现状描述	画芯主要病害是折痕严重、拼接错位、档案纸张轻微酸化，存在少量水渍、污渍、褶皱、断裂、残缺和机械拉伤等；原装裱旧料主要病害是存在少量污渍、褶皱、折条，覆背纸轻微酸化		

病害类型			
画芯病症		**旧料病症**	
水渍	■少量 □大量	水渍	□少量 □大量
污渍	■少量 □大量	污渍	■少量 □大量
褶皱	■少量 □大量	褶皱	■少量 □大量
折条	□少量 ■大量	折条	■少量 □大量
掉色	□少量 □大量	断裂	□少量 □大量
断裂	■少量 □大量	残缺	□少量 □大量
残缺	■少量 □大量	烟熏	□少量 □大量
烟熏	□少量 □大量	炭化	□少量 □大量
炭化	□少量 □大量	粘连	□少量 □大量
通花	□少量 □大量	霉变	□少量 □大量
粘连	□少量 □大量	机械拉伤	□少量 □大量
霉变	□少量 □大量	糟朽	□少量 □大量
机械拉伤	■少量 □大量	碱性腐蚀	□少量 □大量
糟朽	□少量 □大量	脱落	□少量 □大量
碱性腐蚀	□少量 □大量	酸化严重	■少量 □大量
脱落	□少量 □大量	裱料色差	□少量 □大量
墨色/色彩晕染	□少量 □大量	绫绢经纬错乱	□少量 □大量
酸化严重	■少量 □大量	天地杆残损	□少量 □大量
字迹残缺	□少量 □大量	羊眼圈老化	□少量 □大量
绢质经纬错乱	□少量 □大量	轴头残损	□少量 □大量
返铅	□少量 □大量	签条残损	□少量 □大量
病害综合评估	□基本完好 □微损 ■中度 □重度 □濒危		
备注	若需选定的用"■"表示		

（二）制订修复方案

档案保护状况调查完成后，开始制订档案修复方案。《孙总理建国方略图》的修复以有利于延长档案寿命、尽量保持档案原貌和最小程度干预为原则，通过去污、脱酸、修复等技术，对病害情况进行科学治理，全面提升《孙总理建国方略图》的耐久性。《孙总理建国方略图》修复方案的具体内容见表4。

表4　《孙总理建国方略图》修复方案

档案编号	T3-330	档案名称		孙总理建国方略图		
作者	孙中山	年代	1929年	是否二次修复		是
画芯尺寸	长：103厘米 宽：113.4厘米	画芯质地	印刷纸	修复前画芯 pH：5.9		修复后画芯 pH：8.6
原裱格式	中式挂轴	原裱尺寸	总尺寸（厘米）	边料（厘米）	天料（厘米）	地料（厘米）
			长：160	长：160	长：35	长：22
原裱质地	花绫		宽：116	宽：1.3	宽：116	宽：116
修复后装帧形式	镜片	新裱尺寸	与原裱尺寸相一致	镶料形式		整体挖镶
裱料质地	绢料			裱料颜色		银白色
主要病害及修复办法	主要病症		处理办法			
	折条病		加折条			
	污渍		纯净水清洗			
	纸张轻微酸化		碳酸氢镁水溶液脱酸			
	拼接错位		重新拼对			
	断裂、残缺		补缺			
	挂轴装裱		改为镜片装裱			
	折条病		加折条			

（三）修复前准备工作

1. 准备清洗液、脱酸液

《孙总理建国方略图》修复过程中清洗液和脱酸液的准备工作与"博爱"修复的准备工作相同，不再重复。

2. 准备命纸、覆背纸

根据《孙总理建国方略图》的画芯纸质，以六尺单宣作为命纸。根据档案原裱尺寸160厘米×115.6厘米大小、档案纸张厚度和质地情况，选择六尺单宣作为覆背用纸，托两层。托好的覆背纸揉成菱形，使覆背纸柔软、服帖。

3. 准备绢料

选择银白色绢料作为装裱镶料，将立轴装裱改为镜片装裱。根据镜片装裱工艺要求，选择幅面略大于原裱尺寸的绢料（见图18），方便挖镶与方裁。

图 18　制备绢料

4. 准备辅助材料

准备保护纸：该纸张尺寸大于档案原裱尺寸，纸质为韧性强的机械纸，喷湿展平待用。

准备折条：将生宣棉连托成双层，裁切成2~5毫米宽，截面斜切30°，使折条与命纸、覆背纸更加贴合，没有直角棱状，卷画时不会擦刮画芯。折条长度根据折痕长度裁切。

准备局条：根据原裱长度大小，将双层生宣棉连裁切成165厘米长、4厘米宽的软镶局条4条待用。

（四）修复方法与步骤

1. 拍照、检测

修复前对《孙总理建国方略图》拍照存档，开展一系列修复前的检测工作。测量地图准确尺寸（见图19），对画芯酸化情况进行检测，检查字迹是否掉色，裁去天地杆及边料。

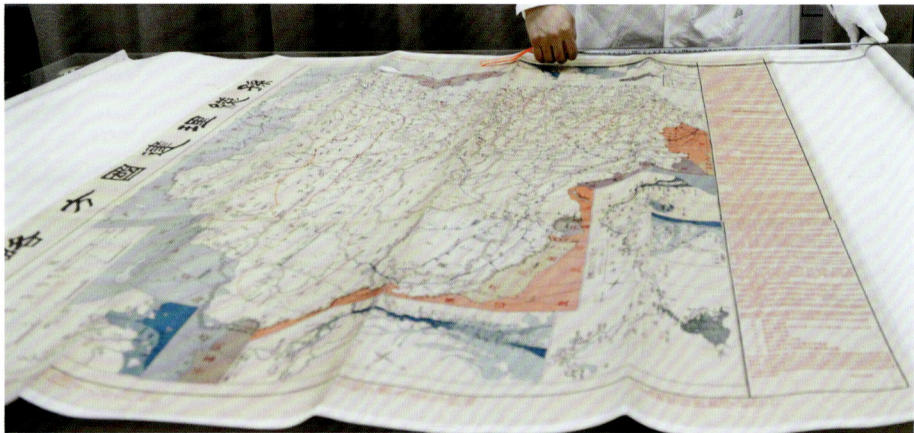

图19　测量地图尺寸

2. 去污、脱酸

《孙总理建国方略图》原件上存在少量水渍、污渍，需要进行去污处理。原件修复前pH值为5.9，属于轻微酸化，需要进行脱酸处理。去污、脱酸方法和"博爱"处理方法一致，不再重复。脱酸后，检测档案原件pH值为8.6，符合档案修复规范的质量要求。

3. 揭旧料

《孙总理建国方略图》原件以前修裱过，修裱用的覆背纸、命纸已经出现破损、污染、酸化、脱浆等情况。为改变原装帧形式，需要揭除覆背纸与命纸，重新修裱。揭旧料的方法与"博爱"处理方法一致，不再重复（见图20）。

图20 揭旧料

4.重新拼接

《孙总理建国方略图》由两张大图和两张小图拼接而成，原图上存在一些拼接错位。因此，揭完旧料后，需要对原图进行重新拼接（见图21），保证四张地图交接严丝合缝，不发生错位。拼接时，交接处会有一定的重叠，将重叠处用水打湿，利用水的浮力轻轻挪动纸张，使重叠处文字线条重合。原图交接处还有一些断裂的情况，需采用溜口的方法进行修复。溜口的方法严格按照本书第五章中"溜口"技术的要求操作。

图21 重新拼接

5.补缺、加折条

拼接完成后，即可着手对档案上破损的部分进行修补。档案原件颜色较淡，纸张为质地较厚的地图纸，故补缺用纸选择颜色略淡于档案原件的生宣棉连，将两张生宣棉连托裱后作为补缺用纸。补缺方法严格按照本书第五章中"补缺"技术的要求操作（见图22）。

图22 补缺

为了修复档案中的折条病，加固档案拼接处，保证幅面平整，提升档案耐久性，采用在折痕处加折条修复、拼接处加折条加固的方法修复档案（见图23）。加折条的方法和"博爱"处理方法一致，不再重复。

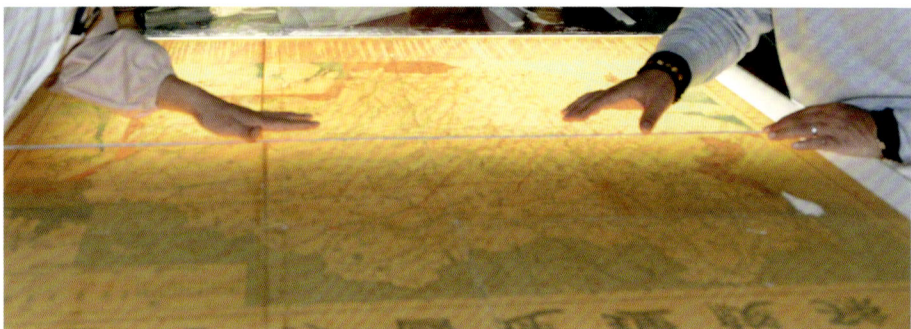

图23 拼接处加折条

6. 小 托

补缺、加折条完成后，检查档案正面是否还有错位，确定无误后，准备小托。由于档案原件为质地较厚的地图纸，纸质较好但吸水性差，可使用湿托的方法进行小托。针对档案纸张较厚的实际情况，将浆糊调制稍微偏厚。将浆糊均匀刷在档案背面，注意避开补缺位置，防止浆糊带动补纸错位。将六尺宣纸棉料湿托在档案背面，垫吸水纸撤潮排实（见图24）。

图24 小托

在画芯四周软镶局条，上下左右各搭边3毫米，排实。然后，将地图轻移至毛毡上，翻转地图，使之正面朝上，检查地图拼接有无错位，如有错位，需进行微调。

7. 上　墙

待档案原件在毛毡上自然阴干后，再次喷水湿润扫平于桌案上，在四周边缘打上浆糊。两到三人合作拎起档案，一人站于上方，借助棕刷和手拎住上方两角，另两人各拎住下方左右一角绷平，使用棕刷将档案四边按先上边，后右边、左边、下边的顺序，将档案粘贴在活动板上绷平晾干。由于地图纸较厚、较硬、抗水性较强，在上墙封边时，应将档案贴得略微蓬松，预留干燥收缩空间，防止绷裂。

8. 挖镶镶料

为了档案装裱后便于保存，将原立轴装裱改为镜片装裱，采用挖镶镶料工艺进行修复。挖镶镶料修复技术与"博爱"处理方法一致。

9. 大　托

档案干燥下墙后，将档案翻转，使之正面朝下，少量喷水展平于案子上；将提前准备好的大覆背纸揉成菱形，展开备用；将浆糊均匀地涂刷在挖镶好的档案背面（见图25），施浆时注意刷到挖镶搭边及倒边处要轻柔，防止用力过度，造成搭边

图 25　背面刷浆水

和倒边开裂；将大覆背纸湿托于档案原件上，垫吸水纸撤潮、排实、赶平，敲实搭边连接处；将档案翻至正面，平铺在毛毡上，检查画芯正面是否有错位，检查无误后平放，使其阴干。

10.上　墙

阴干后，将档案重新喷水扫平置于案子上，在档案四周废边处打上浆糊，多人合作，将档案粘贴到活动板上干燥。上墙步骤与前文小托上墙步骤一致。

11.裁边、打蜡、砑背

档案干燥下墙后，进行裁边、打蜡、砑背处理，处理方法与"博爱"处理方法一致。

12.移交档案

档案修复处理完成后，按档案移交手续，将原件移交保管部门。将修复工作记

录、验收报告、照片和视频档案整理、归档。至此，档案修复工作完成。修复后的
《孙总理建国方略图》见图26。

图 26　修复后的《孙总理建国方略图》

参考文献

[1] 冯惠芬. 档案图书害虫及其防治[M]. 北京：中国档案出版社，1985.

[2] 李宝善. 电子应用技术丛书[M]. 北京：科学普及出版社，1986.

[3] 宗培岭，赵秉中. 档案文献保护技术学[M]. 北京：航空工业出版社，1989.

[4] 傅献彩等. 物理化学[M]. 北京：高等教育出版社，1990.

[5] 邢其毅等. 基础有机化学[M]. 北京：高等教育出版社，1993.

[6] 赵铭忠，李祚明. 中国第二历史档案馆指南[M]. 北京：中国档案出版社，1994.

[7] 张生芳，刘永平，武增强. 中国储藏物甲虫[M]. 北京：中国农业科技出版社，1998.

[8] 冯乐耘. 中国档案修裱技术[M]. 北京：中国档案出版社，2000.

[9] 胡开堂. 纸页结构与性能[M]. 北京：中国轻工业出版社，2006.

[10] 王菊华. 中国造纸原料纤维特性及显微图谱[M]. 北京：中国轻工业出版社，2007.

[11] 中国轻工业标准汇编·造纸卷[M]. 北京：中国轻工业出版社，2009.

[12] 曹必宏. 光辉历程——中国第二历史档案馆60年[M]. 北京：九州出版社，2011.

[13] [明] 周嘉胄. 装潢志[M]. 北京：中华书局，2012.

[14] 林明，周旖，张靖，等. 文献保护与修复[M]. 广州：中山大学出版社，2012.

[15] 潘美娣. 古籍修复与装帧[M]. 上海：上海人民出版社，2013.

[16] 国家档案局档案科学技术研究所. 新档案保护技术实用手册[M]. 北京：中国文史出版社，2013.

[17] 杜伟生. 中国古籍修复与装裱技术图解[M]. 北京：中华书局，2013.

[18] 蔡杰，吕昂，周金平，等. 纤维素科学与材料[M]. 北京：化学工业出版社，2015.

[19] 南京博物院编. 中国书画文物修复导则[M]. 南京：译林出版社，2017.

[20] 庞海涛，马振犊. 档案数字化前处理工作概论[M]. 北京：中国文史出版社，2018.

[21] 马振犊. 民国档案研究[M]. 北京：金城出版社，2020.

[22] 袁杰. 中华人民共和国档案法释义[M]. 北京：中国民主与法制出版社，2020.

[23] 李爱玲. 试谈使用纸浆补洞机修复档案的操作实践与启示[J]. 广西档案，2011(4).

[24] 张建明. 纸浆修复档案操作规程研究[J]. 中国档案，2014(3)，58-59.

[25] 王芳，孙允明. 纸质档案破损原因与抢救保护研究[J]. 山东档案，2016(5).

[26] 李光发，吴静雷. 碳酸氢镁水溶液脱酸技术在档案修裱过程中的应用研究[J]. 中国档案，2021(2)，68-70.

[27] 中华人民共和国国家质量监督检验检疫总局，中国国家标准化管理委员会. 纸、纸板、纸浆及相关术语：GB/T 4687–2007[S]. 北京：中国标准出版社，2007.

[28] 中华人民共和国国家质量监督检验检疫总局，中国国家标准化管理委员会. 纸、纸板和纸浆 水抽提液酸度或碱度的测定：GB/T 1545–2008[S]. 北京：中国标准出版社，2008.

[29] 中华人民共和国国家质量监督检验检疫总局，中国国家标准化管理委员会. 纸和纸板 表面pH的测定：GB/T 13528–2015[S]. 北京：中国标准出版社，2015.

[30] 国家档案局. 纸质档案抢救与修复规范 第1部分：破损等级的划分：DA/T64. 1–2017[S]. 北京：中国标准出版社，2017.

[31] 国家档案局. 纸质档案抢救与修复规范 第2部分：档案保存状况的调查方法：DA/T64. 2–2017[S]. 北京：中国标准出版社，2017.

[32] 国家档案局. 纸质档案抢救与修复规范 第3部分：修复质量要求：DA/T64. 3–2017[S]. 北京：中国标准出版社，2017.

[33] 国家档案局. 纸质档案抢救与修复规范 第4部分：修复操作指南：DA/Z64. 4–2018[S]. 北京：中国标准出版社，2018.

后　记

　　档案修复工作是我馆一项十分重要的基础工作，经过几代档案工作者的不懈努力，民国档案修复工作取得了很大的成绩。但就数量庞大的破损档案而言，民国档案修复工作可谓任重道远。为了总结我馆民国档案70年修复工作的经验，为今后继续做好民国档案修复工作提供参考，二史馆组织技术处的同志编写了《民国档案修复技术手册》。

　　本《手册》是集体合作的结晶。由参编者分工撰写初稿，其中绪论、第六章由邵金耀撰写，第一章由李光发（第一节第一、二、三部分）、窦茜（第一节第四部分）、吴静雷（第二节）撰写，第二章由汪一珺（第一节）、王琦（第二节）撰写，第三章由窦茜（第一节，第二节之第三、四部分）、王泽川（第二节之第一、二部分，第三节）、王伟郦（第二节之第五、六部分）、李宇（第四、五节）撰写，第四章由李宇（第一节）、干伟郦（第二、三、四节）撰写，第五章由邹素珍（第一、二、三节）、邵金耀（第四节）撰写，附录由邹素珍、李宇撰写；邵金耀对初稿进行了统稿和修改；曹必宏代表馆班子负责《手册》编写工作，审定编写大纲、提出具体编写意见，并对书稿进行最后的修改和审定，撰写后记。在《手册》编写过程中，陆君承担了大量组织协调工作，邹素珍承担了与作者和出版社编辑的联系、协调工作；保管处的同事在馆藏破损档案的调研和调阅等方面提供了便利；

馆学术委员会的专家对大量民国档案图片进行了审核把关；责任编辑姬登杰先生为《手册》的顺利出版付出了辛勤劳动。同时，本《手册》还充分吸收并参考了国内档案修复、古籍修复和书画修复、装裱的成果。在此，谨对他们表示衷心的感谢！

由于民国档案破损原因、状况存在较大差异，更由于编写者水平有限，本《手册》一定还存在着许多不足，恳请方家批评指正！

编著者

2021年6月